高等职业教育“双高”建设成果教材
高等职业教育新形态一体化教材

U1010602

# 创新创业实务

主　编　朱晓丹　邓小芸　杨　哲
副主编　闫　亮　张久丽　吴　荣　郭叶峰　陆秋健

中国教育出版传媒集团
高等教育出版社·北京

## 内容提要

本书是高等职业教育“双高”建设成果教材，也是高等职业教育新形态一体化教材。

本书以培养创新型人才为主线，以提高大学生的创新创业能力为目标，推进思创融合、赛创融合、专创融合和产创融合。本书对“创新创业基础”课程内容进行了重构，选取走进创新创业新时代、培养创新能力、打造创业团队、把握创业机会、提供产品、构思商业模式、制订商业计划、创办新企业八个项目作为主要内容，旨在让学生掌握基本的创新创业方法、具备创新创业核心能力，进而发现问题、分析问题，编制商业计划书，最终投身创新创业大赛或创办新企业，实现自我价值。

本书采用“项目引领与任务驱动相结合”的编写模式，体例新颖、栏目多元、可操作性强，既可作为高职院校创新创业教育通识课程教材，也可供作为有志创新创业的社会人士自学参考。

本书配套开发有教学PPT等数字化教学资源，具体获取方式请见书后“郑重声明”页的资源服务提示。

**图书在版编目（CIP）数据**

创新创业实务 / 朱晓丹，邓小芸，杨哲主编. -- 北京：高等教育出版社，2024.6（2025.7重印）

ISBN 978-7-04-062161-7

Ⅰ. ①创… Ⅱ. ①朱… ②邓… ③杨… Ⅲ. ①创业－高等职业教育－教材 Ⅳ. ①G717.38

中国国家版本馆 CIP 数据核字（2024）第 096080 号

Chuangxin Chuangye Shiwu

策划编辑 陈 磊　　责任编辑 刘紫祎 陈 磊　　封面设计 李小璐　　版式设计 杨 树
责任绘图 易斯翔　　责任校对 刘娟娟　　责任印制 刘弘远

| | | | |
|---|---|---|---|
| 出版发行 | 高等教育出版社 | 网　　址 | http://www.hep.edu.cn |
| 社　　址 | 北京市西城区德外大街4号 | | http://www.hep.com.cn |
| 邮政编码 | 100120 | 网上订购 | http://www.hepmall.com.cn |
| 印　　刷 | 北京七色印务有限公司 | | http://www.hepmall.com |
| 开　　本 | 787mm×1092mm 1/16 | | http://www.hepmall.cn |
| 印　　张 | 17.25 | | |
| 字　　数 | 330千字 | 版　　次 | 2024年6月第1版 |
| 购书热线 | 010-58581118 | 印　　次 | 2025年7月第2次印刷 |
| 咨询电话 | 400-810-0598 | 定　　价 | 42.00元 |

本书如有缺页、倒页、脱页等质量问题，请到所购图书销售部门联系调换

物 料 号 62161-00

# / 序 /

习近平总书记指出，“抓创新就是抓发展，谋创新就是谋未来”。党的二十大报告强调，“创新是第一动力”“必须坚持守正创新”“加快实施创新驱动发展战略”。国务院办公厅《关于进一步支持大学生创新创业的指导意见》（国办发〔2021〕35号）中指出，要深化高校创新创业教育改革，健全课堂教学、自主学习结合，实践指导帮扶、文化引领融为一体的高校创新创业教育体系。

创新驱动发展战略实施以来，创新创业已成为全社会的共识，广大青年学生更是成为了创新创业的重要力量。为进一步推动和指导大学生的创新创业活动，黑龙江职业学院组织省内外多年从事创新创业教育教学工作的骨干教师、管理者、创业导师和企业专家共同编写了本教材。教材采用“项目引领，任务驱动”的编排模式，共设置了八个项目：“项目一　走进创新创业新时代”——解读创新创业发展新趋势，引导广大青年学生积极投身到创新创业中去；“项目二　培养创新能力”——理解创新的具体内涵，提升创新意识，培养创新思维；“项目三　打造创业团队”——组建拥有协作精神、坚强凝聚力和战斗力的一流创业团队，提高创业活动的成功率；“项目四　把握创业机会”——引导学生发现创业的商机，用科学的创新方法识别、评价创业机会，找准创业项目；“项目五　提供产品”——解决行业“痛点”，为创业活动创造条件；“项目六　构思商业模式”——将创业项目的特点与商业模式相结合，为创业项目的盈利出谋划策；“项目七　制订商业计划”——确定创业可行性；“项目八　创办新企业”——实现创业梦想。

教材编写以实用、实际、实效为原则，遵循创新创业基本规律，结合大学生群体特征，旨在帮助大学生了解和掌握创新创业的相关知识，增强大学生的创新意识、培养大学生创业能力。

教材具有时代性强，知识新颖、内容丰富、案例鲜活、贴近实际、注重素质培养和能力提升等特点，注重精讲细练，对各项目的知识重点和难点进行深入阐述，并针对各项目的关键能力点加以操作练习。教材突出案例教学，生动丰富的案例贯穿始终，具有较强的可读性。此外，通过设计训练、思考、测试等多种形式的教学环节，开拓大学生的创新创业思维，达到触类旁通、快乐学习、创业可期的目的。

全国高等职业学校校长联席会议秘书长

# / 前言 /

2014年9月，国家首次提出要掀起“大众创业”“草根创业”的新浪潮，形成“万众创新”“人人创新”的新态势。2021年10月，国务院办公厅发布的《关于进一步支持大学生创新创业的指导意见》（国办发〔2021〕35号）中指出“深化高校创新创业教育改革，健全课堂教学、自主学习结合，实践指导帮扶、文化引领融为一体的高校创新创业教育体系。增强大学生的创新精神、创业意识和创新创业能力”的新部署、新要求。党的二十大报告中涉及“创新”和“创业”关键词的重要论述更是多达20余条。

就业是民生之本，创业是富民之基，创新是发展之源。当代青年大学生富有想象力和创造力，是创新创业的有生力量。不断推进创新创业教育工作向前发展，既是国家实施创新驱动发展战略、促进经济提质增效升级的迫切需要，还是培养大学生创新精神、创业意识与创新创业能力和实践本领的重要途径，更是推进高等职业教育综合改革、促进毕业生更高质量创业就业的重要举措。而高水平的创新创业教材建设是开展高质量创新创业教育的基础工程，是培育新时代创新创业人才的重要依托。

基于此，本教材编写立足培养服务国家战略的人才需求和大学生成长成才需要，在系统把握高等职业院校人才培养方案和课程建设目标与要求的基础上，深入贯彻落实党的二十大精神、全面贯彻习近平总书记关于教育的重要论述、深刻领会教育部关于大学生创新创业教育的最新指导精神，坚持落实立德树人根本任务，强化对大学生创新创业理念价值、精神、能力等知识的灌输和传授，提升大学生创新创业能力和综合素质。本教材具有以下特点。

### 1. 立德树人，强化课程思政的价值引领

思想政治教育保证创新创业教育立德树人的政治方向，引领创新创业教育的价值导向；创新创业教育则是思想政治教育的新载体，是展示理想信念和践行社会主义核心价值观的新平台。本教材通过“任务辨析”“双创榜样”等特色栏目的设置，润物无声地将家国情怀、文化素养、法治意识、道德修养等课程思政元素贯穿教材，进而引导学生树立正确的创新创业观念。同时，本教材注重引入国家支持大学生创新创业的最新政策，以及高校深化创新创业教育的举措与实践，营造出浓厚的创新创业氛围，让学生想创业、能创业、敢创业，以“双创”行动为国家发展注入源源不断的活力。

### 2. 学训并举，探索内容体例的融合创新

本教材致力构建科学完整的创新创业理论与实践体系，强调“以学生为本”，积极吸

纳国内外创新创业新理念、新工具、新方法及前沿理论的同时，结合实际设置应用性强的实训实践环节，聚焦“实践获得”，遵循教育教学和学生认知规律，坚持将知识传授、思维激发和实践体验有机统一，调动学生学习的积极性、主动性和创造性，增强其参与感和获得感，激发其投身创新创业行动的内生动力。本教材采用“项目引领，任务驱动”的编写模式，共分八个项目十九个任务，项目任务环环相扣，项目级的“项目导引”“项目导言”“项目小结”“双创榜样”“项目实训”“项目检测”和任务级的“任务目标”“任务导入”“任务解码”“任务辨析”等特色栏目形成完整的教学闭环，而按需穿插其中的“案例分享”和“知识链接”等特色小模块则起到有益补充之效。本教材以校园创业项目“树洞猫咖”为实训主线，模拟创新创业实践真实流程，全方位呈现创业项目的运作与实施，并通过对实训的考核评量，促进创新创业知识的有效内化，从而有效提升学生创新创业素质能力。

**3. 一体设计，发挥多元资源的合力作用**

本教材编写坚持“四个融合”（思创融合、赛创融合、专创融合、产创融合）原则，积极发挥育人功能和大赛指导功能，推动创新创业教育与专业教育的融合发展及成果转化。此外，同步开发的在线开放课程及数字教学资源（二维码方式呈现），与纸质教材形成资源耦合、优势叠加、功能互补的新形态一体化教材体系，能极大满足“互联网+”时代多维教学场景的需要。

本教材是集体智慧的结晶，由朱晓丹、邓小芸、杨哲主编，负责构建全书知识结构、教材大纲和编写思路的制定及统稿工作。具体编写分工如下：项目一由朱晓丹负责编写；项目二由张久丽负责编写；项目三、项目四、项目八任务四和全书“双创榜样”“项目实训”由邓小芸负责编写并负责全书审稿；项目五、项目六由杨哲负责编写；项目七由闫亮负责编写；项目八任务一至任务三由陆秋健负责编写。吴荣和企业专家郭叶峰负责案例汇集与改编。

本教材在编写及出版过程中，参考了国内外关于创新创业的文献资料，吸收了创新创业教育专家学者的理论观点和精彩案例，同时得到了高等教育出版社的大力帮助和悉心指导，并对参与习题编写等工作的张志民、张群、杨明子、刘春鑫等人在此一并表示衷心的感谢。

本教材虽经团队反复研讨审读，但由于编者水平有限，书中难免存在疏漏和不妥之处，敬请同行专家和广大读者多提宝贵意见。

编　者

2024年4月

# / 目录 /

# 项目一

# 走进创新创业新时代

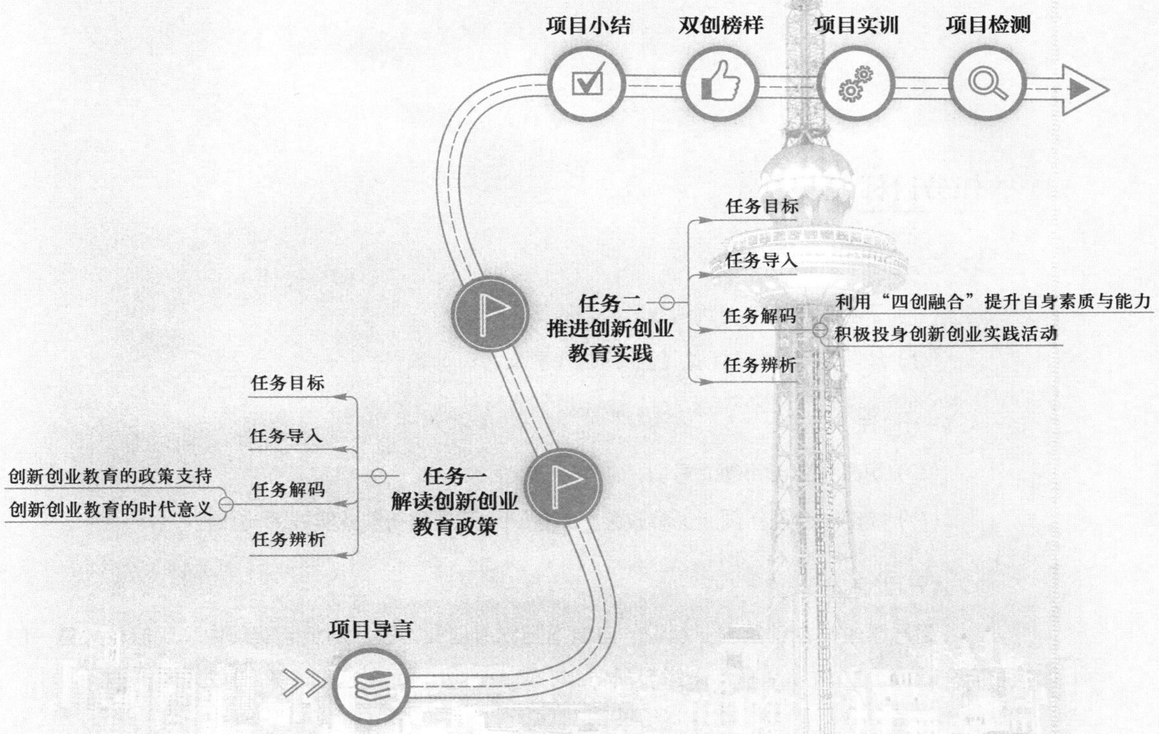


## 项目导言

大力发展高校创新创业教育，培养大学生创新精神、创业意识和创新创业能力，既是建设创新型国家的现实诉求，也是经济社会发展的时代要求。

2022年6月30日，习近平总书记考察我国香港特别行政区科学园时指出：青年人是全社会最富有活力、最具有创造性的群体，也是推动创科发展的生力军。要为青年铺路搭桥，提供更大发展空间，支持青年在创新创业的奋斗人生中出彩圆梦。

# 任务一　解读创新创业教育政策

## 任务目标

>>知识目标

（1）了解我国当前创新创业形势与政策。

（2）理解当代大学生创新创业的时代意义。

>>能力目标

（1）初步树立创新创业意识。

（2）能够结合创新创业优惠政策，有规划地开展创新创业实践活动。

>>素养目标

引导学生树立创新创业意识，自觉增强创新创业本领，肩负起实现中华民族伟大复兴的时代重任。

## 任务导入

### 把“诗和远方”留在家乡

对于长春工业大学毕业生杨永奇来说，返乡创业是他不断前行的动力，也是回馈家乡和施展抱负的情怀所依。毕业之后，杨永奇苦于没有合适的创业地点大展拳脚的时候，一条信息引起了他的注意——双辽市创业联盟协会诚招高校毕业生入驻创业就业服务大厦。这则信息激发了他的灵感：与其在大城市的夹缝中求生存，不如在家乡寻求发展希望。

经过调研，他发现互联网技术和软件开发在双辽还处于空白阶段，便立刻与双辽市创业联盟协会取得了联系。

在得知杨永奇的情况后，双辽市创业联盟协会明确可为其提供免费的办公场地和一系列帮助。当时，双辽市创业联盟协会还针对高校毕业生分类开展就业创业指导和培训工作，邀请就业创业指导专家在线为毕业生服务，指导各高校针对家庭困难、就业困难，以及有创业意向的毕业生群体实施“一生一策”“一对一”就业帮扶。为此，杨永奇激动不已，这无疑成为他创业道路上的有力支撑。

“现在，省市出台了一系列政策措施鼓励大学生自主创业，我们很幸运！”杨永奇说。如今，越来越多的毕业生通过各级创业联盟协会的帮助平稳度过创业瓶颈期。以创业带动就业，杨永奇的经历成为各地为高校毕业生提供帮扶的缩影。

2021年年底，杨永奇回到双辽市并入驻双辽市创业就业服务大厦，成立了吉林省指趣互娱网络科技有限公司，开始了他的创业之路。公司大部分员工是高校毕业生，是一家以一群怀揣梦想的年轻人为主导的网络运营公司，以互联网为传输媒介，贯穿游戏开发、运营和手游发行等于一体的新时代高技术企业。

回首创业历程，杨永奇感悟：“很多大学生往往把自己的‘诗和远方’放在一个实际上自己无法企及的境地，其实属于自己的美好未来，可能就在我们的脚下。家乡日益发展变化，已经逐渐可以承载我们的梦想，我们一方面可以实现自己的梦想，一方面还可以为家乡的发展尽一份力，何乐而不为呢？”

（资料来源：彩练新闻.一名大学毕业生的创业故事：把“诗和远方”留在家乡.北方法制网，2022-09-22.有删改.）

## 任务解码

大学生了解创新创业形势与政策对于个人的成长和发展具有重要意义，同时也有助于推动社会的创新和进步，那么，我们国家有哪些创新创业教育的政策支持呢？

### 一、创新创业教育的政策支持

创新创业教育在我国起步相对较晚，但发展迅速。进入21世纪以来，创新创业教育理念初步构建。2014年9月，国家首次提出“大众创业、万众创新”的号召，使得创新创业教育的研究与实践在国家和政府的推动下蓬勃发展。

为保证创新创业人才培养质量，国家相继出台了多项支持鼓励大学生创新创业的利好政策（表1-1、表1-2）。

表1-1　创新创业相关文件和重要论述

| 时间 | 创新创业相关文件和重要论述 |
|---|---|
| 2015年4月 | 国务院印发《关于进一步做好新形势下就业创业工作的意见》（国办发〔2015〕23号），提出把创业和就业结合起来，以创业创新带动就业，以就业创业带动经济发展 |
| 2015年5月 | 国务院办公厅印发《关于深化高等学校创新创业教育改革的实施意见》（国办发〔2015〕36号），指出深化高等学校创新创业教育改革，是国家实施创新驱动发展战略、促进经济提质增效升级的迫切需要，是推进高等教育综合改革、促进高校毕业生更高质量创业就业的重要举措 |

续表

| 时间 | 创新创业相关文件和重要论述 |
| --- | --- |
| 2015 年 6 月 | 国务院办公厅印发《进一步做好新形势下就业创业工作重点任务分工方案的通知》（国办函〔2015〕47 号），要求把创新创业课程纳入国民教育体系 |
| 2015 年 9 月 | 国务院印发《关于加快构建大众创业万众创新支撑平台的指导意见》（国发〔2015〕53 号），提出加快构建大众创业万众创新支撑平台、推进四众持续健康发展 |
| 2017 年 7 月 | 国务院印发《关于强化实施创新驱动发展战略进一步推进大众创业万众创新深入发展的意见》（国发〔2017〕37 号），要求在更大范围、更高层次、更深程度上推进大众创业、万众创新 |
| 2018 年 3 月 | 教育部高等教育司印发《持续加强“五学五干十落实”交出高等教育“得意之作”》（高教司函〔2018〕12 号），要求以“互联网 +”大学生创新创业大赛为抓手，将创新创业教育全方位深层次融入人才培养全过程，探索中国模式、中国方案，领跑全球创新创业教育 |
| 2018 年 9 月 | 国务院印发《关于推动创新创业高质量发展打造“双创”升级版的意见》（国发〔2018〕32 号），要求推动更多群体投身创新创业，持续推进创业带动就业能力升级 |
| 2020 年 4 月 | 国家发展改革委办公厅印发《关于开展社会服务领域双创带动就业示范工作的通知》（发改办高技〔2020〕244 号），要求引导更多服务领域大中小企业融通创新，发展更多线上线下相结合的服务业态，带动更多市场主体贴近强大国内市场需求大胆创新、积极创业、带动就业 |
| 2021 年 10 月 | 国务院办公厅印发《关于进一步支持大学生创新创业的指导意见》（国办发〔2021〕35 号），指出纵深推进大众创业万众创新是深入实施创新驱动发展战略的重要支撑，大学生是大众创业万众创新的生力军，支持大学生创新创业具有重要意义 |

**表 1–2　党的二十大报告中对“创新创业”的关键论述**

1. 创新

（1）坚持守正创新，坚持问题导向，坚持系统观念。

（2）中华优秀传统文化要坚持创造性转化、创新性发展。

（3）坚持科技是第一生产力、人才是第一资源、创新是第一动力，深入实施科教兴国战略、人才强国战略、创新驱动发展战略，开辟发展新领域新赛道，不断塑造发展新动能新优势。

（4）全面提高人才自主培养质量，着力造就拔尖创新人才，聚天下英才而用之。

（5）完善科技创新体系，坚持创新在我国现代化建设全局中的核心地位，健全新型举国体制，强化国家战略科技力量，提升国家创新体系整体效能，形成具有全球竞争力的开放创新生态。

（6）加快实施创新驱动发展战略，加快实现高水平科技自立自强，以国家战略需求为导向，集聚力量进行原创性引领性科技攻关，坚决打赢关键核心技术攻坚战，加快实施一批具有战略性全局性前瞻性的国家重大科技项目，增强自主创新能力。

（7）加快实施一批具有战略性、全局性、前瞻性的国家重大科技项目。

（8）加快建设世界重要人才中心和创新高地，着力形成人才国际竞争的比较优势，把各方面优秀人才集聚到党和人民事业中来。

（9）强化企业科技创新主体地位，发挥科技型骨干企业引领支撑作用，营造有利于科技型中小微企业成长的良好环境。

（10）加大国际科技交流合作，加强国际化科研环境建设

续表

| |
|---|
| 2. 创业<br>（1）构建高水平社会主义市场经济体制，坚持和完善社会主义基本经济制度，毫不动摇巩固和发展公有制经济，毫不动摇鼓励、支持、引导非公有制经济发展。<br>（2）促进民营经济发展壮大。<br>（3）完善中国特色现代企业制度，弘扬企业家精神，加快建设世界一流企业。<br>（4）支持中小微企业发展。<br>（5）必须完整、准确、全面贯彻新发展理念，坚持社会主义市场经济改革方向，坚持高水平对外开放，加快构建以国内大循环为主体、国内国际双循环相互促进的新发展格局。<br>（6）坚持把发展经济的着力点放在实体经济上来。<br>（7）营造市场化、法治化、国际化一流营商环境。<br>（8）强化企业科技创新主体地位，发挥科技型骨干企业引领支撑作用，营造有利于科技型中小微企业成长的良好环境。<br>（9）坚持多劳多得，鼓励勤劳致富，使人人都有通过勤奋劳动实现自身发展的机会。<br>（10）优化民营企业发展环境，依法保护民营企业产权和企业家权益。<br>（11）支持有意愿、有能力的企业、社会组织和个人积极参与公益慈善事业。<br>（12）促进非公有制经济健康发展和非公有制经济人士健康发展 |

近年来，越来越多的大学生投身创新创业实践，但也面临融资难、经验少、帮扶政策落实不到位等问题。为提升大学生创新创业能力，增强创新创业活力，进一步支持大学生创新创业，2021年10月，国务院办公厅印发的《关于进一步支持大学生创新创业的指导意见》从提升大学生创新创业能力、优化创新创业环境、加强服务平台建设、推动落实财税扶持政策和金融政策支持等方面提出政策措施，进一步支持大学生创新创业，是由国务院第一次出台专门针对支持大学生创新创业的政策文件，具体涵盖以下八个方面的内容。

1. 提升大学生创新创业能力

（1）将创新创业教育贯穿人才培养全过程。深化高校创新创业教育改革，健全课堂教学、自主学习、结合实践、指导帮扶、文化引领融为一体的高校创新创业教育体系，增强大学生的创新精神、创业意识和创新创业能力。建立以创新创业为导向的新型人才培养模式，健全校校、校企、校地、校所协同的创新创业人才培养机制，打造一批创新创业教育特色示范课程。

（2）提升教师创新创业教育教学能力。强化高校教师创新创业教育教学能力和素养培训，改革教学方法和考核方式，推动教师把国际前沿学术发展、最新研究成果和实践经验融入课堂教学。完善高校双创指导教师到行业企业挂职锻炼的保障激励政策。实施高校双创校外导师专项人才计划，探索实施驻校企业家制度，吸引更多各行各业优秀人才担任双创导师。支持建设一批双创导师培训基地，定期开展培训。

（3）加强大学生创新创业培训。打造一批高校创新创业培训活动品牌，创新培训模式，面向大学生开展高质量、有针对性的创新创业培训，提升大学生创新创业能力。组织双创导师深入校园举办创业大讲堂，进行创业政策解读、经验分享、实践指导等。支持各类创新创业大赛对大学生创业者给予倾斜。

2. 优化大学生创新创业环境

（1）降低大学生创新创业门槛。持续提升企业开办服务能力，为大学生创业提供高效便捷的登记服务。推动众创空间、孵化器、加速器、产业园全链条发展，鼓励各类孵化器面向大学生创新创业团队开放一定比例的免费孵化空间，并将开放情况纳入国家级科技企业孵化器考核评价，降低大学生创新创业团队入驻条件。政府投资开发的孵化器等创业载体应安排30%左右的场地，免费提供给高校毕业生。有条件的地方可对高校毕业生到孵化器创业给予租金补贴。

（2）便利化服务大学生创新创业。完善科技创新资源开放共享平台，强化对大学生的技术创新服务。各地区、各高校和科研院所的实验室以及科研仪器、设施等科技创新资源可以面向大学生开放共享，提供低价、优质的专业服务，支持大学生创新创业。支持行业企业面向大学生发布企业需求清单，引导大学生精准创新创业。鼓励国有大中型企业面向高校和大学生发布技术创新需求，开展“揭榜挂帅”。

（3）落实大学生创新创业保障政策。落实大学生创业帮扶政策，加大对创业失败大学生的扶持力度，按规定提供就业服务、就业援助和社会救助。加强政府支持引导，发挥市场主渠道作用，鼓励有条件的地方探索建立大学生创业风险救助机制，可采取创业风险补贴、商业险保费补助等方式予以支持，积极研究更加精准、有效的帮扶措施，及时总结经验、适时推广。毕业后创业的大学生可按规定缴纳“五险一金”，减少大学生创业的后顾之忧。

3. 加强大学生创新创业服务平台建设

（1）建强高校创新创业实践平台。充分发挥大学科技园、大学生创业园、大学生创客空间等校内创新创业实践平台作用，面向在校大学生免费开放，开展专业化孵化服务。结合学校学科专业特色优势，联合有关行业企业建设一批校外大学生双创实践教学基地，深入实施大学生创新创业训练计划。

（2）提升大众创业万众创新示范基地带动作用。加强双创示范基地建设，深入实施创业就业“校企行”专项行动，推动企业示范基地和高校示范基地结对共建、建立稳定合作关系。指导高校示范基地所在城市主动规划和布局高校周边产业，积极承接大学生创新成果和人才等要素，打造“城校共生”的创新创业生态。推动中央企业、科研院所和相关公共服务机构利用自身技术、人才、场地、资本等优势，为大学生建设集研发、孵化、投资等于一体的创业创新培育中心、互联网双创平台、孵化器和科技产业园区。

4. 推动落实大学生创新创业财税扶持政策

（1）继续加大对高校创新创业教育的支持力度。在现有基础上，加大教育部中央彩票公益金大学生创新创业教育发展资金支持力度。加大中央高校教育教学改革专项资金支持力度，将创新创业教育和大学生创新创业情况作为资金分配重要因素。

（2）落实落细减税降费政策。高校毕业生在毕业年度内从事个体经营，符合规定条件的，在3年内按一定限额依次扣减其当年实际应缴纳的增值税、城市维护建设税、教育费附加、地方教育附加和个人所得税；对月销售额15万元以下的小规模纳税人免征增值税，对小微企业和个体工商户按规定减免所得税。对创业投资企业、天使投资人投资于未上市的中小高新技术企业以及种子期、初创期科技型企业的投资额，按规定抵扣所得税应纳税所得额。对国家级、省级科技企业孵化器和大学科技园以及国家备案众创空间按规定免征增值税、房产税、城镇土地使用税。做好纳税服务，建立对接机制，强化精准支持。

5. 加强对大学生创新创业的金融政策支持

（1）落实普惠金融政策。鼓励金融机构按照市场化、商业可持续原则对大学生创业项目提供金融服务，解决大学生创业融资难题。落实创业担保贷款政策及贴息政策，将高校毕业生个人最高贷款额度提高至20万元，对10万元以下贷款、获得设区的市级以上荣誉的高校毕业生创业者免除反担保要求；对高校毕业生设立的符合条件的小微企业，最高贷款额度提高至300万元；降低贷款利率，简化贷款申报审核流程，提高贷款便利性，支持符合条件的高校毕业生创业就业。鼓励和引导金融机构加快产品和服务创新，为符合条件的大学生创业项目提供金融服务。

（2）引导社会资本支持大学生创新创业。充分发挥社会资本作用，以市场化机制促进社会资源与大学生创新创业需求更好对接，引导创新创业平台投资基金和社会资本参与大学生创业项目早期投资与投智，助力大学生创新创业项目健康成长。加快发展天使投资，培育一批天使投资人和创业投资机构。发挥财政政策作用，落实税收政策，支持天使投资、创业投资发展，推动大学生创新创业。

6. 促进大学生创新创业成果转化

（1）完善成果转化机制。研究设立大学生创新创业成果转化服务机构，建立相关成果与行业产业对接长效机制，促进大学生创新创业成果在有关行业企业推广应用。做好大学生创新项目的知识产权确权、保护等工作，强化激励导向，加快落实以增加知识价值为导向的分配政策，落实成果转化奖励和收益分配办法。加强面向大学生的科技成果转化培训课程建设。

（2）强化成果转化服务。推动地方、企业和大学生创新创业团队加强合作对接，拓宽成果转化渠道，为创新成果转化和创业项目落地提供帮助。鼓励国有大中型企业和产教融合型企业利用孵化器、产业园等平台，支持高校科技成果转化，促进高校科技成果和大学生创新创业项目落地发展。汇集政府、企业、高校及社会资源，加强对中国国际大学生创新创业大赛（原名中国国际“互联网+”大学生创新创业大赛）中涌现的优秀创新创业项目的后续跟踪支持，落实科技成果转化相关税收优惠政策，推动一批大赛优秀项目落地，支持获奖项目成果转化，形成大学生创新创业示范效应。

7. 办好中国国际大学生创新创业大赛

（1）完善大赛可持续发展机制。鼓励省级人民政府积极承办大赛，压实主办职责，进一步加强组织领导和综合协调，落实配套支持政策和条件保障。坚持政府引导、公益支持，支持行业企业深化赛事合作，拓宽办赛资金筹措渠道，适当增加大赛冠名赞助经费额度。充分利用市场化方式，研究推动中央企业、社会资本发起成立中国国际大学生创新创业大赛项目专项发展基金。

（2）打造创新创业大赛品牌。强化大赛创新创业教育实践平台作用，鼓励各学段学生积极参赛。坚持以赛促教、以赛促学、以赛促创，丰富竞赛形式和内容。建立健全中国国际大学生创新创业大赛与各级各类创新创业比赛联动机制，推进大赛国际化进程，搭建全球性创新创业竞赛平台，深化创新创业教育国际交流合作。

8. 加强大学生创新创业信息服务

（1）建立大学生创新创业信息服务平台。汇集创新创业帮扶政策、产业激励政策和全国创新创业教育优质资源，加强信息资源整合，做好国家和地方的政策发布、解读等工作。及时收集国家、区域、行业需求，为大学生精准推送行业和市场动向等信息。加强对创新创业大学生和项目的跟踪、服务，畅通供需对接渠道，支持各地积极举办大学生创新创业项目需求与投融资对接会。

（2）加强宣传引导。大力宣传加强高校创新创业教育、促进大学生创新创业的必要性和重要性。及时总结推广各地区、各高校的好经验好作法，选树大学生创新创业成功典型，丰富宣传形式，培育创客文化，营造敢为人先、宽容失败的环境，形成支持大学生创新创业的社会氛围。做好政策宣传宣讲，推动大学生用足用好税费减免、企业登记等支持政策。

## 二、创新创业教育的时代意义

党中央、国务院高度重视大学生创新创业工作。习近平总书记指出，创新是社会进步的灵魂，创业是推动经济社会发展、改善民生的重要途径，青年学生富有想象力和创造力，是创新创业的有生力量，希望广大青年学生在创新创业中展示才华、服务社会。

创新创业教育是适应经济社会和国家发展战略需要而产生的一种教学理念与模式。在高等学校中大力推进创新创业教育，对于促进高等教育科学发展，深化教育教学改革，提高人才培养质量具有重大的现实意义和长远的战略意义。创新创业教育要面向全体学生，融入人才培养全过程。要在专业教育基础上，以转变教育思想、更新教育观念为先导，以提升学生的社会责任感、创新精神、创业意识和创业能力为核心，以改革人才培养模式和课程体系为重点，大力推进高等学校创新创业教育工作，不断提高人才培养质量。

在高校开展创新创业教育，是服务国家加快转变经济发展方式、建设创新型国家和创新型人才强国的战略之举，是深化高等教育教学改革、提高人才培养质量、促进大学生全面发展的重要途径，是落实以创业带动就业、促进高校毕业生充分就业的重要举措，是高等教育主动适应、积极回应时代呼唤的创新、发展和升华。

高校切实实施创新创业教育，将成为推进高等教育综合改革的关键抓手，亦是推动高校毕业生更高质量创业就业的重要举措。通过创新创业课程学习，将创新创业教育理念融入人才培养全过程，建立课堂教学、自主学习、结合实践、指导帮扶、文化引领融为一体的高校创新创业教育体系。高校创新创业教育改革将遍地开花，培养一大批“大众创业、万众创新”的生力军，推动高等教育由从业就业教育向创新创业教育战略转型，为国家发展和民族振兴提供强大的人才和智力支撑。

## 任务辨析

下面看看大学生新新和业业是如何认识创新创业形势与政策的。

新新：我觉得当前国家支持大学生创新创业，我们所有人都要行动起来，一定能成功。

业业：国家鼓励我们通过创新创业来带动就业，促进我国的经济发展，在这样的时代背景下，我们有更多的机会和保障去实现自己的“双创”梦想。

新新意识到国家鼓励创新创业，但错以为所有人都要创新创业。其实创新创业过程很难一帆风顺，需要诸多条件，也会碰到很多困难。而业业通过学习，对当前的创新创业形势与政策有着更深入的理解和思考，如在未来进行创新创业显然更容易成功。

# 任务二　推进创新创业教育实践

## 任务目标

>>知识目标

（1）了解四创融合（思创融合、赛创融合、专创融合、产创融合）的概念和意义。

（2）了解高校在促进学生创业活动上的具体举措。

（3）熟悉大学生创新创业大赛的赛项。

>>能力目标

（1）能够运用专业知识和专业技能构思创业项目。

（2）能够充分利用学校提供的条件，积极参加大学生创新创业比赛。

>>素养目标

（1）努力学好专业课程，利用扎实的专业知识进行创新创业活动。

（2）以赛促创、以创促学、专创融合，在创新创业比赛中提升创新创业意识。

## 任务导入

稻渔共生创新引领者

2023年9月，在第九届全国“互联网+”大学生创新创业大赛（现更名为中国国际大学生创新大赛）上，由黑龙江职业学院智能制造技术学院电气自动化技术专业学生于福轩、尹文博等人负责的“龙门御水——稻渔共生创新引领者”项目，从黑龙江省赛选拔出的69支金奖队伍中过五关斩六将，进入了国赛，最终获得了“青年红色筑梦之旅”赛道创意组国赛铜奖。

在项目培育期间，指导老师徐伟、王亿等人带领项目组成员，历经一年多时间，夜以继日地跟踪、研讨、打磨。值得一提的是，创意组赛道没有院校、教学层次之分，但大部分参赛队伍都来自本科院校，参赛选手也大多为研究生级别，竞争激烈程度可见一斑。但团队成员秉持着不气馁、不服输、不放弃的精神，经过多轮回的不懈努力和奋力拼搏，出色地完成了路演、答辩等一系列比赛环节，最终创造了黑龙江省高职院校在“青年红色筑梦之旅”国赛赛道奖项上的最好成绩。同时也是本赛道自启动以来，黑龙江省唯一一支进入国赛的职业院校，可以说，他们为黑龙江省和黑龙江职业学院“创”出了光彩。

本项目源于对现代农业关键种植技术攻关取得的成果，能助力乡村振兴取得新突破、农业农村现代化创新迈出新步伐，这正是当代大学生参与“青年红色筑梦”之旅的题中应有之义。

（资料来源：梁潇.“龙门御水”助力稻渔共生.哈尔滨日报，2023-08-09.有删改.）

## 任务解码

高校推进创新创业教育实践可以激发学生的创新意识和冒险精神，让他们更有勇气尝试新事物，追求自己的梦想，也可以帮助学生提升综合素质和能力，还可以更好地满足社会需求，培养适应社会发展的人才。那么，高校学生如何参加学校的创新创业教育实践?

### 一、利用“四创融合”提升自身素质与能力

#### （一）思创融合

##### 1. 思创融合的概念

思创融合中的“思”指的是思想政治教育，“创”指的是创新创业教育，融合的意思是将这两种教育深度结合在一起。思创融合旨在将社会主义核心价值观教育贯穿人才培养的全过程，落实立德树人根本任务。

##### 2. 思创融合的意义

在创新创业蓬勃发展的当下，在机遇与挑战面前，创新创业中国化面临着新的现实需求：针对传统的创新创业教育中出现的思政引领不突出，发挥实践指导作用较弱等问题，要运用思创融合推动创新创业人才培养向更科学、更专业的方向发展。新时代的新人才需要兼具爱国情怀、道德素养和创新创业视野。改变单纯的说教理论，引入并推广实践体验式理念是当下高校思政教育的必然选择，更是我们广大青年学生成功成才的重要保证。思创融合的意义主要包括以下几个方面。

（1）思创融合是造就德才兼备新型人才的需要。根据高等教育“立德树人、促进学生德智体美劳全面发展”的人才培养目标要求，经过多年探索已形成了一套思创融合的创业实践的教育新模式。我们广大青年学生要在接受学校教育过程中，以将自己打造成为德才兼备、适应未来社会发展的应用型人才为目标，让自己的成长发展与时代发展同频共振、与人民群众血脉相连，作创新创业、服务人民、建设美好富强国家的奋进者、开拓者、奉献者。

（2）思创融合是服务社会发展的需要。新形势下我国经济社会发展持续向好，创新创业在一定程度上带动了经济发展，为大众就业贡献了应有之力。思创融合能推动思政教育主动适应社会发展，服务经济环境，丰富过程培养和实践教育内涵，优化创业生态圈。搭建人才培养、产学研转化、社会产业链和国家创新大格局之间的桥梁，提升大学生创业素养、弘扬大学生创业精神。作为新时代的大学生，要充分利用国家所提供的各种实践平台和指导服务，以奉献国家、服务社会为己任，主动了解社会需求，分析创业项目的困境，找准合作点，探索协同合作的最优路径，实现成功创业的目标。

（3）思创融合是把握学生成长方向的需要。如今创新创业技能已经成为拔尖人才发展所需的必备技能，我们广大青年学生应积极参与各种创新创业活动，在实践中不断更新理念，在追求创业成功率，提升创业技能的同时，重视自身创新创业理想和精神的培育。强化自身的思想政治教育，明确创新创业的正确思想方向。在学习和实践中，要充分利用学校提供的培育锻炼、实践指导、成果推广等方面的指导条件，挖掘自身的创造精神，在创新创业实践中增长智慧才干，提高自身的创新创业能力。

3. 利用思创融合的实施路径

思创融合的教育模式注重创新创业服务与实践育人相结合，以丰富多彩的创新创业活动作为创新创业人才的交流平台，以高质量的实践活动作为创新创业项目展示和服务社会的机会，打通创新创业实践与红色基因传承之间的通道，形成“实践体验——项目培育——创业孵化——思创育人”的四级递进式培养模式，这是促进同学们成长成才最为有力的条件，我们务必有效把握并充分加以利用。

（1）以培育锻炼为主导，促进大学生创新创业实践体验。该实践教育模式注重创新创业基础的提升和价值观塑造，充分发挥课程思政作用。在这种模式下，学校面向新生开展全覆盖的“创业大讲堂”，每学期面向全校同学推出“大学生创新创业启蒙与实践”和“大学生创新创业案例分析与实践”等专题课程。老师通过案例分析法讲授商业基础，用营销策略组织课堂，让成功创业案例发挥榜样示范作用，引导同学们的创新创业思考和行动。在课堂外学校每学期都会开展企业实践活动，带领同学们走出校园，到产业园、科技园等多个创新创业场所实践，由创新创业者分享创业经验、解读企业文化和社会责任，通过现场座谈、采访交流等方式锻炼大家的创业思维，提升我们的创业能力和素养。

（2）以实践指导为依托，推动项目培育发挥功能价值。学校鼓励同学们在学习创新创业相关知识的同时，通过各类创新创业赛事、社会实践活动，不断打磨创新创业项目，促进成果的转化应用。目前教育部、科技部等部门，均设有重要赛事和实践活动，这些平台涉及的创新创业类别丰富，可以较大程度满足创新创业同学的实战需求，以创新引领创业、以创业带动就业，提升创新创业实践的影响力。实践是创新创业人才培养的重要环节，鼓励同学们参与竞赛有利于提升其专业素养，培养创新创业意识和精神，让同学们模拟体验创业历程，培养遇到挫折时的抗压能力，端正心态，树立正确观念，实现“以赛促教、以赛促学、以赛促创”的良好效果。

（3）以师资团队为保障，强化创业孵化能力。学校思创融合团队遴选的都是思想政治水平和创新创业能力突出的教师，构建思创融合再教育基础，创造与企业接洽交流的更多机会，使团队具备良好的项目指导资质。首先，在人员选拔上吸纳了创新创业实战经验丰富的老师，通过指导各级赛事的“青年红色筑梦之旅”（助力脱贫攻坚、乡村振兴和城乡社区治理等）项目，引导团队研发适合当代大学生实践内容和活动形式，稳步推进实践教育开展；其次，选拔管理经验丰富、组织能力强且实践资源丰富的众创空间指导老师，可以强化该模式的实践功能和效果导向，筹办创新创业基地实践和训练营等；最后，让马克思主义理论课教师参与其中，使思政课程逐渐与实践结合，从而让教师也参与到多元化实践中，在“青年红色筑梦之旅”赛道创新创业实践指导中发挥方向指引和内涵实践作用。

（4）以思创育人为最终成果，提升创新创业内涵。很多高校都是通过众创空间为创新创业项目团队提供政策帮扶、咨询指导，搭建创客交流区域，挖掘创新创业项目的思政内涵，培育多个“青年红色筑梦之旅”类创新创业项目。例如第四届中国“互联网+”大学生创新创业大赛“青年红色筑梦之旅”赛道金奖项目“野生黑枸杞全产业链项目”，项目所在高校引导创始人通过专业水平、创业业务特点，建成黑枸杞基地防风固沙，带动当地村民再就业；“星火燎原”军事营地教育项目，拓展项目与多所中小学达成合作，致力于提升青少年国防教育素质。除了类似项目具有“青年红色筑梦之旅”内涵和公益性质的项目，高校在科技类等项目中也积极融入了红色筑梦之旅因素，在乡村产业振兴、社会服务等方面发挥了创新创业价值。

实践中，很多高校都构建了思创融合协同育人的创新创业实践教育模式，不仅将创新创业教育与思想政治教育相衔接，满足社会发展需求，也建立了立德树人实现的重要渠道。在这样的教育模式下，突出了学生的主体地位，在实践过程中培育了创新意识，培养了我们青年学生的创业能力和责任担当。

## （二）赛创融合

### 1. 赛创融合的概念

赛创融合是指以创新创业大赛为抓手，将创新创业知识融入创新创业大赛项目的实施中，真正实现“以赛促学、以学促创、以创促赛”的良性循环。

2. 赛创融合的意义

赛创融合能够激发我们青年学生的创新思维和创业意识。广大青年学生要积极参与各级各类创新创业大赛，将创新创业知识融入创新创业大赛实战中，从而锻炼团队协作能力、创新思维能力和项目执行能力，激发自身的创新创业意识。由于赛创融合赋能体系由高校、企业、政府多方参与，搭建竞赛平台，为我们青年学生提供了赛前培训、赛中指导和赛后孵化等的全方位支持，真正实现“以赛促创、以赛促学”，使我们青年学生有条件也有机会在赛创融合中有效提升自身的创新创业能力。

3. 利用赛创融合的实施路径

赛创融合的主要目标是建立赛教融合机制，探索赛教融合人才培养目标，将各项技能竞赛的相关理念与实践覆盖到全部专业、全部课程、全校学生和全体教师，推动学校专业教学改革，强化学生职业技能的培养，提高专业课的教学质量。

（1）教学内容与竞赛项目相互融合。将竞赛项目向重点课程、重点专业再到一般专业推广，由专业核心课程向其他专业课程、专业基础课程再到公共基础课程拓宽，以点带面，实现所有竞赛内容向项目课程的转化；邀请行业专家、高校相关专业教授，剖析赛事的内容和标准，并结合实践加以提炼，转化为教学项目，能够使我们广大青年学生普遍掌握竞赛的先进技术，具备参赛的同等竞争力；积极开发各类数字教学资源，推进竞赛内容的普及化，将竞赛规范化和标准化的要求，融入每一门课程、每一个项目。

（2）教学资源与竞赛资源相互融合。同步更新竞赛设备、教学实训设备和实训管理中的文化建设；发挥骨干教师的引领作用，成果辐射全部专业教师，大力发展名师工作室和双师型教学团队，整合大赛数字资源开发理论题库和模拟实训场地。一方面，完备、先进的大赛实训设备，能够保障学生同步受教，为学生创设良好的实训教学环境，提高利用效率和专业技能教学的效果。另一方面，通过邀请行业专家和吸纳大量中青年骨干教师加入，发挥师资队伍的引领和指导作用，使得青年学生参与创新创业活动更加有效率，成长更加迅速，团队优势和作用发挥更加明显。

（三）专创融合

1. 专创融合的概念

专创融合指的是专业教育与创新创业教育的有机融合，教育由学科专业单一型向多学科融合型进行转变。

2. 专创融合的意义

融合式教学形式更加符合现代化素质育人理念，专创融合让专业教育与创新创业教育各展所长，相辅相成。在产教融合背景下强化专创融合教育，不仅能够丰富现有教育体系和内容，也能够指导高校以人才培养为核心，以专业素质能力和创新意识为目标，培养更多具有专业技能和综合素养的全面型人才。将专业知识和创新思维相结合，以创造更大的商业价值。

### 3. 利用专创融合的实施路径

高校创新创业教育只有贯穿于专业教育人才培养全过程，才能实现二者有效融合。具体来说，应从以下方面予以完善。

（1）践行积极进取的高校创新创业文化。高校创新创业文化是伴随创新创业活动在学校场域的拓展而不断衍生出的奋发向上、寻求突破的校园文化，它肩负着创造新事物、引领新观点的重要使命。广大青年学生是校园文化的执行者和建设者，作为新时代大学生，要用实际行动践行学校的校园文化，要充分发扬敢于冒险、容忍失败、质疑权威、自己动手的精神，并营造良好的创新创业氛围。同时，要在学校的应用研究、科研成果转化、市场化生存等推动创新创业工作落实的过程中，不断强化创新创业意识，激活创新创业基因与创新创业动力。

（2）珍视完备的高校创新创业支持保障机制。高校创新创业教育的实施过程中，高校都提供了强有力的硬件设施和基本的政策保障。在创新创业的设施建设方面，积极投入，构建保证学生创业需求的基本实践设施，为学生的创业活动提供充足的物质条件支持；在政策方面，进一步健全党政工作领导与规章制度顶层设计；在中观层面，推进创新创业组织与政府、企业及其他社会组织的资源对接；在微观层面，加强创新创业组织自身资源获取能力、专业服务能力等建设，理顺高校、政府、企业三者权责边界，实现高校创新创业组织的良性发展。这些保证机制都为广大青年学子积极参与创新创业活动提供了坚强有力的支持，也形成了专创融合的有利局面。

## （四）产创融合

随着产业发展对高素质技术技能人才需求的不断提升，培养产业真正需要的人才，已经成为新时代高等职业教育发展的焦点。市场需求与政策双驱动下，产创融合进入新的阶段。随着现代产业学院建设进程的加快，越来越多的高校与企业积极探索合作机制，共建双赢的教育生态系统。

### 1. 产创融合的概念

产创融合是指将传统产业与创新技术相结合，以提升传统产业的竞争力，实现产业升级的一种新型发展模式。

### 2. 产创融合的意义

通过产创融合，带动一系列的技术突破，促进产品的更新换代，缩小传统行业和新兴行业技术、成本等的差距。创新产业结构，推进传统行业向高端制造业的转型升级，加快重工业向轻工业的转型。产业融合发展，可以有效地拓宽企业和行业视野，提升技术创新水平，促进产业间技术、经营模式的融合，增强企业和行业的竞争力，推动经济可持续发展。

3. 利用产创融合的实施路径

深化产创融合，关键是“真融”与“真合”。产创融合要求产业界和教育界两个不同行业领域的合作融合，这种跨界融合往往需要政府职能部门的政策引导和财政支持，需要企业、高校主动融合。

（1）有效利用政府主导的产创融合格局。政府是产生政策与制度的重要环节，好的政策与制度本身就是一种“教育资源”，可以产生推动力。应做好顶层设计，统领产教融合背景下大学生创新创业教育协同育人机制的构建和完善。

利用政府主导、多方联动的有效机制。由政府主导建立起来的内部协调联动机制，涵盖了财政、税务、市场、教育、科技和人社等部门，促进了教育链、人才链、创新链、产业链的有机衔接，深化了产教融合，有效利用这一机制能够极大推进创新创业活动的开展，推进创新创业的各项政策的有效落实，提高工作效率，促进创新创业的成功率。

（2）利用高校形成的“产学研”一体化育人机制。在实践中，我们要利用学校较强的师资优势，开展相关机制研究。现有地方高校多聚集于同一区域的“大学城”，空间上的近距离便于高校间共享资源。各高校可以按照“优势互补、资源共享、互惠互利、共同发展”的原则，拿出自己的优势专业，实现师资共享，聘请兄弟院校优秀教师参与本校教学，丰富教学风格，加强双方师资队伍建设，实现共赢。利用这一优势，可以让我们更早、更全面地从不同角度感受创新创业魅力，接触相关专业知识，在潜移默化中培养并拓展创新创业意识。

（3）发挥学生主角的作用。教育的根本任务是立德树人，在这一过程中，我们青年学生是教学的主体。协同育人作为高等教育的重要内容和新时代高校创新创业教育的必然要求，根本在于用教育培养人。根据协同育人的要求，必须要把学生作为主角，满足教育学生、培养学生和促进学生长远健康发展的客观要求。

① 明确个人发展目标和方向。每位教师在教学中都要会帮助引导学生形成“课前思考——课堂认真听讲——课后反思”的良好学习模式，以问题为导向，培养学生的发散思维，培养主动解决问题的意识和能力。因此，结合我们自身发展需要和实际，积极参与丰富的课堂活动，拓展课外实践活动，能够让我们在实践中拓宽视野，增长见识，提升潜能。

② 注重校企交流，强化企业实训。挖掘企业教育资源，严格按照企业的生产经营方式进行实践训练，是强化我们社会意识和参与生产经营活动的唯一方

法。要充分利用实践机会，尤其是“一对一”训练的机会，提升自身的动手能力和实践能力。适当突破专业限制，将实训与个人意愿相结合，真正做到学有所得。

创新创业精神是创新创业成功的起点和根本驱动力，创新创业素养和创新创业能力是创新创业成功的基本要求。产教融合背景下，要更好地培养新时代大学生的创新创业意识，创新创业教育协同育人机制的完善和落实至关重要。政府、高校、企业和学生等各组成成分要共同发力，努力形成有效合力和良性循环，不断健全完善协同育人机制，推动创新创业教育取得新的突破和进展。

综上所述，“四创融合”建设是产教融合最好的敲门砖，是拉长产业与高校结合点的有效途径，更是高校青年学生在参与创新创业过程中不断提升和锻炼的铺路石。“四创融合”既能够促进校企产教融合的快速发展，也是青年学生创新创业能力提升的坚强保障。

## 二、积极投身创新创业实践活动

在互联网技术不断发展的推动下，以及国家“大众创业、万众创新”号召的引领下，越来越多的大学生开始自主创业，并且也取得了一定的成绩。但大学生选取的创业项目的创新度普遍相对较低。由于缺乏创新性，这些项目会遭遇较大的外部竞争压力，成功率并不高。因此，各高等院校应该从强化学生创新意识、优化创新教育方式等方面提升大学生创业活动的创新度。

### （一）学生参与创业活动的重要性

在社会就业压力严峻复杂的背景下，创业将成为当代大学生就业和创造人生价值的重要选择。而大学生要想在竞争激烈的创业大潮中取得成功，除了要具备坚韧的意志力外，创业活动的项目选取将成为一个重要的前提因素。

如果大学生选取了创新度较低的项目，往往会面临更大的竞争压力。尤其是在面对一些资金实力相对雄厚的竞争对手时，成功的可能性将会大大降低。但是，如果大学生选取创新度相对较高的项目，尤其是自己可以掌握核心技术的项目，成功的概率将会大大提高。创新创业活动不仅有利于大学生进一步提高项目成功率，而且也可以引导高校院校主动变革创新创业教育，这对于强化大学生创新创业意识具有十分重要的现实意义。

#### 1. 强化专业知识的实践化应用

大学生选取的创业活动基本以大众性创业活动为主，包括独立开设餐厅、研发并上线电商平台、开设网店等。对于大部分大学生来说，他们选取的创业活动与其所学专业并没有太大的联系。大学生之所以不能将自己所学的专业知识应用到创业活动中，主要原因体现在两个方面：一是学生所学知识偏重理论，实践能力较差，无法将理论知识转化为实践经验；二是学生没有对所学专业知识进行系统研究，无法对专业知识形成自我理解，进而无法利用专业知识进行创业。如果大学生能结合自己所学专业知识进行创新，重新选取适合自己的创业活动，就可能获得差异化的优势。

2. 提升解决问题的能力

选取大众化创业活动可以确保大学生更容易上手，在创业过程中所面临的风险和挑战也会相对较少。相比于选取大众化创业活动，提升创业活动的创新力，虽然会加大大学生的创业难度和压力，但是学生解决问题的能力将会得到进一步提升。以工科专业的大学生为例，该专业的学生要尽可能选取与互联网、计算机、大数据、智能技术相关的创业活动。虽然工科类创业活动本身的难度较大，但是在解决困难的过程中，大学生解决问题的能力将得到进一步强化，创业的自信心和抗压能力也会得到全面提升。

3. 锻造坚韧的创业意志

创业是一项具有风险性的活动，机遇与挑战并存，也正是由于存在失败的可能性，很多打算创业的大学生都止步于想法阶段，因为他们无法承担失败带来的损失，尤其是经济方面的损失。而已经选择创业的大学生，也基本上选取一些风险系数小，且即便亏损也在承受范围内的项目。在这种情况下，大学生的创业胆识难以得到培养，他们无法具备面对未知风险的勇气，也无法具备解决风险和控制风险的能力。相比于选取风险系数相对较低的大众化创业活动，创新类创业活动的难度较大，创业成功率较低。但是，这种难度较高且富有挑战性的创业活动可以在很大程度上培育大学生的抗压能力和创新精神，更有利于他们未来创业活动的开展，以及自我人生价值的实现。

4. 培养独立的学习意识

无论选取哪种创业活动，学习都是一个必然要经历的过程，只有不断学习，才能掌握和了解自己选取的项目，成功的概率才能增加。不过，相比于大众性的创业活动，创新类创业活动具有更大的挑战性和探索性，在整个创业过程中，大学生可以不断消化自己所学的知识，并在创业的实践操作中不断学习新的知识。在不断获取知识和创新成果的情况下，大学生的自主学习意识和自主学习能力将会得到进一步强化。

（二）高校在促进学生创业活动上的具体举措

1. 开设创新创业通识必修课程

开设创新创业通识课程，可以填补高校创新创业教育教学必修课程的空白，还可以通过教育教学，逐步实现在课程中培育孵化项目的目标。开设创新创业通识课程对学生的重要意义如下。

（1）帮助学生掌握创业知识和技能。创新创业课程可以教授学生各种创业相关的知识，比如如何进行市场调研、商业模式设计、风险评估、团队管理等，帮助学生掌握从理论到实践的必备知识。

（2）培养学生创新思维和职业素养。在创业过程中，创新思维是非常重要的，而创新创业课程能拓宽学生的视野，培养他们的自主创新能力和职业素养，为日后的工作和创业打下基础。

（3）提高学生就业竞争力。随着社会经济的不断发展，人才竞争变得越来越激烈，因此，开设创新创业课程可以使学生的个人竞争力得到提升，尤其是那些有志进入创业领域的学生。

（4）拓宽学生职业选择范围。通过学习创新创业知识和技能，可以使学生了解如何进行职业选择和把握创业机会，有利于学生在未来做出更明智的职业发展规划。

（5）增加学生社交经验。开展创新创业课程可以在一定程度上增加学生的社交经验。由于在创新创业过程中，学生需要组建团队、与投资人沟通、与客户交流等，这些经历使学生能够初步认识社会、锻炼社交能力。

2. 定期举办"创业大讲堂"

高校创业大讲堂是在高校内举办的创业活动之一，主要邀请行业内知名的企业家、投资人或者成功创业者来分享他们的创业经验和实践心得。通过聆听创业大讲堂，一是可以激发学生创业热情，通过对成功案例进行交流与分享，学生可以了解到创业过程中面临的挑战和取得的成就，并激励学生在将来寻找机会实践自己的创新想法；二是可以鼓舞学生的创业信心，启发他们不遗余力地探索新的商业想法，并为实现目标做出更为努力的尝试；三是创业大讲堂也能够拓展学生的创新思维。企业家和成功创业者的创新思路和逻辑可以影响学生的思考方式，激发学生对有关问题进行更多洞察并发掘出解决思路，这种思考方式是学生在将来的工作或创业过程中非常重要的资产；四是创业大讲堂可以拓宽学生的社会视野，了解到不同行业的机会和发展动态，提高对市场的认知度，同时也能够深入了解每个行业的工作逻辑和特殊性质。

3. 设立大学生创业苗圃

高校创业苗圃专门为在校大学生提供创新创业的活动场所，是引领大学生创业就业，为大学生提供创业实践的平台，有创业意愿的大学生通过组建团队、提交申请、专家评估、项目路演等环节实现入驻。创业苗圃通常为创业者提供创业政策咨询、创业培训、创业场地、小额贷款、项目推介、市场论证、专家指导、市场拓展、成果展示等创业服务，为大学生提供免费的办公场地、办公桌椅、打印机等办公设施，并根据创业不同阶段的需要，为大学生提供沙盘模拟、SIYB等创业技能培训，开展创业论坛、创业沙龙、创业辅导等活动。创业苗圃将创业实训、创业孵化、创业指导有机结合，共享专业化、流程化的服务，打造全方位、融入式的大学生创业服务平台，为创新创业活动的发展提供管理、策划、资金、资源等支持，推动高质量创业活动的快速发展。

#### 4. 创立科技企业孵化器

高校科技企业孵化器是以大学生为主创办的平台，或与高校有着密切关系的、独立承担经济和民事责任、具有法人地位的经济组织，其主要使命是促进高校科技成果转化和产业化，培养高校创业企业和企业家。高校科技企业孵化器，大多是非营利性的，通过提供一个系统的微观环境，辅助大学师生创办高校技术企业来开展科技创新。这个微观环境可以为高校师生提供所需的基础设施和一系列支持服务，组织生产要素，使初创的小企业发展为成长中的企业，使高校的科技创新成果转化为现实的生产力。这种新的组织形式还能将人才、技术、资金和方法在其所搭建的微观环境中联系起来，是拓展高校职能的一种有效手段，也是高校创新体系中的重要组成部分。

### （三）中国国际大学生创新大赛

中国国际大学生创新大赛（原中国国际“互联网+”大学生创新创业大赛，以下简称大赛）是由国家提议，教育部等十二部委和地方省级人民政府共同主办的创新创业赛事。该项赛事旨在落实党中央、国务院提出的“大众创业、万众创新”的重大部署，深入实施创新驱动发展战略，引领新时代高校人才培养方式深刻变革，推动形成新的人才培养观和新的质量观。

大赛自2015年举办首届以来，得到了党中央、国务院的高度关怀与指导。培养了一大批有理想、有本领、有担当的青春力量。大赛秉持教育本色，将思想政治教育、专业教育和创新创业教育相结合，以赛促学、以赛促教、以赛促创，取得了丰硕成果。时至今日，大赛累计吸引了全球五大洲、“百国千校”、千万余名大学生参赛，打造了一支规模宏大、敢闯会创的“双创”生力军，涌现出一大批科技含量高、市场潜力大、社会效益好的高质量项目。充分展现当代大学生奋发有为、昂扬向上的风采，释放出“青年+创新创业”的无穷力量，大赛已经成为覆盖全国所有高校、面向全体大学生、影响最大的高校“双创”盛会。

大赛主要分为高教主赛道、“青年红色筑梦之旅”赛道、职教赛道、产业命题赛道、萌芽赛道等赛道。实现了基础教育、职业教育、高等教育贯通，促进了教育链、人才链与产业链、创新链有机衔接。如今，大赛已经成为提高人才培养质量的重要举措，成为展示新时代高等教育教学改革成果的重要窗口，成为培养“大众创业，万众创新”生力军的重要舞台。

2017年8月15日，习近平总书记给参加第三届中国国际“互联网+”大学生创新创业大赛“青年红色筑梦之旅”活动的大学生回信。在此期间，广大青年学子积极参加"青年红色筑梦之旅"活动，他们走进山区、贫困地区、城乡社区，接受革命传统教育和文化传统教育，增长了才干，锻炼了品德，传承了红色基因，为全世界搭建了一个实现创新创业梦想的大舞台。如今，"青年红色筑梦之旅"活动已经成为一堂融党史学习教育课、国情思政课、创新创业课、乡村振兴课、红色筑梦课为一体的，极具特色和标志意义的中国金课。

## 知识链接

### 习近平总书记给第三届中国"互联网+"大学生创新创业大赛"青年红色筑梦之旅"的大学生的回信

第三届中国"互联网+"大学生创新创业大赛"青年红色筑梦之旅"的同学们：

来信收悉。得知全国150万名大学生参加本届大赛，其中上百支大学生创新创业团队参加了走进延安、服务革命老区的"青年红色筑梦之旅"活动，帮助老区人民脱贫致富奔小康，既取得了积极成效，又受到了思想洗礼，我感到十分高兴。

延安是革命圣地，你们奔赴延安，追寻革命前辈伟大而艰辛的历史足迹，学习延安精神，坚定理想信念，锤炼意志品质，把激昂的青春梦融入伟大的中国梦，体现了当代中国青年奋发有为的精神风貌。

实现全面建成小康社会奋斗目标，实现社会主义现代化，实现中华民族伟大复兴，需要一批又一批德才兼备的有为人才为之奋斗。艰难困苦，玉汝于成。今天，我们比历史上任何时期都更接近实现中华民族伟大复兴的光辉目标。祖国的青年一代有理想、有追求、有担当，实现中华民族伟大复兴就有源源不断的青春力量。希望你们扎根中国大地了解国情民情，在创新创业中增长智慧才干，在艰苦奋斗中锤炼意志品质，在亿万人民为实现中国梦而进行的伟大奋斗中实现人生价值，用青春书写无愧于时代、无愧于历史的华彩篇章。

习近平

2017年8月15日

## 任务辨析

下面看看新新和业业是如何看待大学生参加创新创业大赛的。

新新：我才大一，而且学习生活挺忙碌的，参加创新创业大赛没什么用。

业业：参加创新创业大赛可以激发我的创新创业的意识和想法，有利于毕业以后创业。另外，也可以给自己的未来定下努力的方向。

业业对大学生参加创新创业大赛的认识更深刻。大学生参加创新创业大赛好处很多，可以丰富经历，积累经验，拓展兴趣；在参赛的过程中，学会发现、分析、解决问题，可以激发创新思维，全面提升综合能力。通过参加创新创业大赛，我们可以锻炼创新能力和实践能力，增加经验和信心，提高就业竞争力。因此，大学生应该积极参加创新创业大赛，不断挑战自己，不断提高自己的创新创业能力和素质，为自己的未来打下坚实的基础。

## 项目小结

党的十八大以来，党和国家相继出台了一系列优惠政策鼓励、扶持大学生创新创业。本项目通过介绍当前我国创新创业教育有关政策与实践，帮助同学们加深对创新创业教育的理解。希望同学们把握好自身创新创业的优势，在创新创业大赛中崭露头角，并练就创新创业的本领；在创新创业中展示才华、服务社会，立志肩负起实现中华民族伟大复兴的时代重任。

## 双创榜样

### 郭振航：在各类各级创新创业大赛中取得突破性成绩

郭振航，黑龙江职业学院（以下简称“龙职”）2018级城市热能与应用专业学生。郭振航在入学之后，就积极投身学校创新创业实践，并在大学生创客空间、创业孵化器积极参加大学生创新创业活动，这些活动留下的经验无疑成为他创业道路上的有力支撑。经多年的磨砺和成长，郭振航在大学生创新创业实践活动中取得了可喜的成绩。

在“龙职”创新创业学院的创业社团中，郭振航带动同学开展各类创业实践活动，予以无私的帮助和指导，并为贫困学生提供勤工助学岗位，激发同学的创新创业激情，让更多优秀的“龙职”学子走向了创新创业的道路。

郭振航组建的学生创业团队，在创业导师的指导下，获得第八届中国“互联网+”大学生创新创业大赛国赛银奖。在第十三届“挑战杯”大学生创业计划竞赛获得国赛铜奖，第五届、第六届中国“互联网+”大学生创新创业大赛获得国赛铜奖。

郭振航不仅在比赛中获得了优异的成绩，还在激烈的市场竞争中创造了价值。毕业后，郭振航带领学生团队成立了龙之禹（黑龙江）环境科技发展有限公司，共建了哈尔滨市环净科技发展有限公司，并入驻学校孵化器进行孵化，在新冠疫情期间，克服困难，砥砺前行，发扬“自强有为，兴业报国”的“龙职”精神，公司年产值突破260万元。

# 项目实训

## 当代大学生创新创业的可行性分析

### 一、实训目标

（1）熟悉学校创新创业活动室的环境和服务内容。通过线上线下的学习，掌握创新创业资源的获取方法，树立创新创业意识。

（2）在线上线下开展对大学生创新创业优势的分析与讨论，积极与学校创新创业团队进行交流学习，提高在线学习能力。分析当代大学生开展创新创业实践的得与失、优势与劣势，以主旨讨论的形式开展讨论、调研和分享，增加对开展创新创业实践所需素质的了解，明确自身开展创新创业的优势，增强投身创新创业实践的信心。

### 二、实训内容

步骤一：教师用图片或视频形式展示创新创业活动设计，演示活动室各个功能模块的使用内容与方法，向学生介绍学校为创新创业活动提供的场所和活动安排；开展线下创新活动，带领学生开启创新创业实践之旅。

步骤二：就当代大学生开展创新创业实践的得与失、优势与劣势，分组、分方向进行课堂讨论交流；学生可以在网络平台搜索相关资料并进行分享与讨论。

步骤三：教师对学生的在线交流讨论情况进行点评总结，梳理、归纳出高职院校大学生开展创新创业实践的核心优势。

### 三、考核评量

授课教师根据实训目标，对学生的实训情况进行综合考评，并完成表1-3的填写。

**表 1–3 考核评量表**

| 序号 | 评量内容 | 分值 | 要求 | 团队赋分依据 | 得分 |
|---|---|---|---|---|---|
| 1 | 当代大学生开展创新创业实践的得与失 | 50 分 | 每组至少有 2 名同学补充 | （1）观点鲜明，论据充足；<br>（2）语言表达流畅 | |
| 2 | 当代大学生开展创新创业实践的优势与劣势 | 50 分 | 每组至少有 2 名同学完成 | （1）观点鲜明，论据充足；<br>（2）语言表达流畅 | |
| 总分：____________ | | | | | |

## 项目检测

走进创新创业新时代

# 项目二

# 培养创新能力

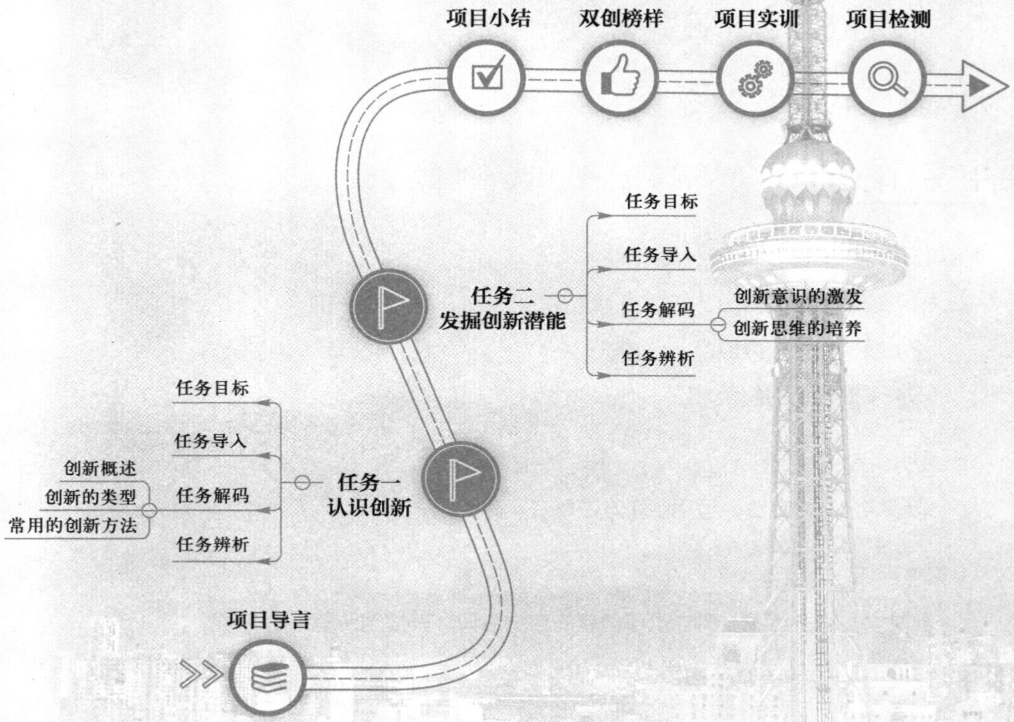


## 项目导言

创新是立国之本、兴国之器、强国之基。习近平总书记强调，“在激烈的国际竞争中，惟创新者进，惟创新者强，惟创新者胜”。

在国家“大众创业、万众创新”的号召下，越来越多的青年大学生加入创新创业行列，这是建设创新型国家的现实诉求，也是经济社会发展的时代需要。

# 任务一　认识创新

## 任务目标

>>知识目标

（1）理解创新的内涵。

（2）掌握创新的类型。

（3）掌握常见的创新方法。

>>能力目标

能够结合所学专业，运用创新方法解决实际问题。

>>素养目标

激发学生创新意识，树立改革创新的自觉意识，养成创新思维的习惯。

## 任务导入

彰显“中国芯”的力量

2023年8月29日中午，华为最新旗舰机型华为Mate 60 Pro重磅出场，引发全网瞩目：该机型在华为官方电商平台无预告突然开售，几轮抢购后所有库存被一扫而空。华为Mate 60 Pro，是继2022年Mate 50成为全球首款支持北斗卫星消息的大众智能手机后，华为手机在卫星通信领域的又一次突破。面对“卡脖子”的问题，华为没有选择逃避，而是逆势而上，突破了技术壁垒，将1万多个零部件实现国产化，制造出纯国产的麒麟芯片——只有把核心技术掌握在自己手中，才能真正掌握竞争和发展的主动权。麒麟芯片的出现，是中国科技自立自强的重要里程碑，彰显了“中国芯”的力量。

华为Mate 60 Pro不仅在硬件配置上达到了业界顶尖水平，更在两大技术难点上实现了突破，将手机性能和客户体验推向了新的高度，是华为在自主研发和技术创新方面取得重大突破的体现，值得每个中国人为之欢呼与自豪。

科技兴则国家兴，科技强则国家强。从华为的案例中，我们能看到科技发展独立自主、自力更生的重要性。当我们拆开华为Mate 60，看到那颗产地变成“CN”标志的“中国芯”的那一刻，我们就已经明白：自力更生，才是中华民族屹立于世界民族之林的基点；自主创新，才是我们攀登科学高峰的必由之路。

（资料来源：寇智伟.华为Mate 60发布背后，是一颗自立自强的“中国芯”.红网时刻，2023-09-01.有删改）

## 任务解码

创新可以让创业者找到新的创业机会，推出独特的产品，吸引客户，从而在市场中立足。创新还可以帮助创业者提高效率、降低成本，增强企业的竞争力。另外，创新还能够吸引投资者的关注，为企业提供资金支持，具有创新精神的创业者往往更容易获得投资和资源。那么，什么是创新呢？

### 一、创新概述

#### （一）创新的概念

“创新改变生活，创新成就未来”，那么，究竟什么是创新？创新，即创造新的事物，在《现代汉语规范词典》中对“创新”解释为：“创造新的；革新。”在英语中，创新“innovation”起源于拉丁语“innovate”，其有三层含义：一是更新；二是完全抛弃旧的事物，创造新的事物；三是改变。

从学术角度讲，创新是指突破现有的思维模式，提出有别于常规或常人思路的见解，利用现有的知识和物质条件，在特定的环境中，本着理想化需要或为满足社会需求，而改进或创造新的事物、方法、元素、路径、环境，并能获得一定有益效果的行为。

从马克思主义经济学的角度讲，创新是劳动的基本形式，是劳动实践的阶段性发展，是对于同质劳动的超越。劳动力与生产工具的发展，推动了生产力整体的革命性进步。

综上，我们不难看出，创新的本质其实就是突破，突破旧的思维定势、常规戒律。创新活动的核心是“新”，它可以是产品的结构、性能和外部特征的变革，也可以是造型设计、内容的表现形式或手段的创造，抑或是内容的丰富和完善，流程和商业模式的重新再造，企业战略转型的方式，甚至是社会责任的转变等。

时至今日，“创新”一词已渗透到政治、军事、经济、社会、文化、科技等各个领域。可以说，一个民族要想走在时代前列，就一刻也不能停止创新。

## 知识链接

### 熊彼特的创新理论

现代创新理论的提出者约瑟夫·熊彼特认为：所谓创新就是要“建立一种新的生产函数”，即“生产要素的重新组合”，就是要把一种从来没有的关于生产要素和生产条件的“新组合”引进生产体系中去，以获取最大限度的超额利润。

早在1912年，熊彼特就在其代表作《经济发展理论》中，开创性地提出了“经济发展理论和创新思想”。所谓“经济发展”，从根本上讲，不是古典经济学家亚当·斯密所认为的基于人口、财富的累积性增加而造成的规模扩大或简单量变，而是经济生活内部蕴含的质上的自发性突破。它是由技术创新和生产组织形式的创新所引发的经济生活内部的一种创造性变动，需要通过引进“新组合”，进行创新来实现。因此，“创新”是经济发展的根本现象。

熊彼特的创新理论被西方国家所重视，并带来了新一轮的经济发展。在熊彼特的创新理论中，创新是经济发展的实质，而领导和发起创新的创新者——企业家，则是“创新”、生产要素“新组合”及“经济发展”的主要组织者和推动者。企业家的意志和行为是创新活动的灵魂。企业家与创新相结合，被推到一个特殊的地位，企业家的职能在于用不同于以往的全新方法把生产诸要素组合、集中起来进行经营，继而使其增值。他不同于普通的企业经营者和资本家。企业家必须富于创新意识，具有先见之明。因此，企业家不是一种职业，也不是一种持久的状态。一旦没有创新，企业家精神无存，也就不能称为企业家。

这里的“创新”不单是技术概念，而是经济概念，不单是技术发明，而是建立一种新的生产函数。

### （二）创新的特征

创新是有规律和突破性的实践活动，主要具有以下几方面特征。

#### 1. 目的性

任何创新活动都有一定的目的，这个特性贯穿于创新过程的始终。从创新点的发现、到创新行为、再到创新产品，整个过程都应有方向和目标，创新总是围绕解决某一问题而进行，总是与完成某一任务相联系。说到底，创新的最终目的就是不断满足人类自身生存发展的需要。

#### 2. 变革性

创新是对已有事物的改革和革新，是一种深刻的变革。固步自封、安于现状、不想变革，就不会有创新。

#### 3. 新颖性

创新是对现有不合理事物的抛弃，是革除过时的内容、确立新事物的过程。在确立新事物的过程中所引入的新概念、新方法、新工艺或新产品等，对原有的事物注入新的因素，才能不断更新、发展和突破。

4. 价值性

创新的成果必须具有明显的、具体的价值，必须能够满足人们的某种需要，能够对促进经济社会的发展产生一定的推动作用；否则，创新就失去了原本的意义。

5. 发展性

创新是一个不断发展的过程，是创造新知识、应用新知识、发展新知识的过程。对知识进行“创造—应用—再创造—再应用”的这种循环往复是人类创新永无止境、无限发展的客观规律。在知识经济时代，创造知识和应用知识的能力与效率，已成为影响一个国家综合国力和国际竞争力的重要因素。

## 二、创新的类型

创新按照表现形式，可划分为以下六大类型。

### （一）技术创新

技术创新，就是生产技术的创新。技术创新是一个新产品或新工艺从设想到产生再到市场应用的完整过程，包括新设想从产生、研究、开发、商业化生产到扩散的一系列活动。技术创新本质上是一个科技、经济一体化的过程，是技术进步与应用创新共同作用的产物，它包括技术开发和技术应用两大环节，即开发新技术，或者将已有的技术进行应用创新。

**案例分享**

比亚迪二十年磨一剑：从备受质疑到领跑新能源汽车产业

作为国民经济的重要支柱产业之一，汽车产业发展情况备受各界关注。2024年政府工作报告特别指出，中国新能源汽车产销量占全球比重超过60%，要巩固扩大智能网联新能源汽车等产业领先优势。比亚迪股份有限公司（以下简称“比亚迪”）表示，比亚迪之所以能在新能源车领域领先，关键在于他们对技术研发的持续投入和深耕，这构筑了比亚迪的技术护城河。

2023年11月24日，传来自比亚迪的捷报——第600万辆新能源汽车宣告诞生。可以说，比亚迪的每一步成长，都折射出中国新能源汽车产业的快速崛起。这背后，是比亚迪对技术研发的持续深耕。比亚迪的创始人王传福称：没有自主的核心技术支持，就无法打造出优质的新能源汽车。技术研发是他们走向科技自立自强的新长征。

之前，几乎所有人都在质疑：比亚迪造电动汽车，真的可行吗？面对外界的猜疑和讥讽，比亚迪并未退缩，而是坚定地走上了一条当时布满荆棘、无人问津的道路。王传福以一句反问为自己设立了命题：“为什么中国在其他领域能惊艳世界，在汽车产业就不行？”他立志要向全世界证明：“比亚迪能行，新能源能行，中国汽车也能行！”这不仅是自我激励，更是对未来的坚定承诺。

技术，是王传福手中的利剑。他深知，唯有不断的研发投入和创新，才能征服世界的心。

“我们用什么来证明自己？答案是研发和技术。”正是这种坚定不移的信念，使得比亚迪最终硕果累累。

今天的比亚迪，已然站在全球新能源汽车领域的前沿。它始终秉持“技术为王、创新为本”的理念，保持了高强度的技术研发投入。作为一家以技术推动为核心的科技企业，比亚迪的技术研发始终处于全球领先地位。在汽车领域，公司完成了从整车技术到核心零部件如电池、电机、电控的全方位覆盖，甚至还实现了上游车规半导体的垂直整合，构建了一个涵盖产业链上下游的完整产业生态系统。展望未来，比亚迪将继续加大研发投入，通过技术创新不断培育新的生产力，引领公司的高质量发展，驶向更加辉煌的未来。

（二）产品创新

产品创新是指创造某种新产品或对某一产品的功能进行创新时，站在客户的角度发现客户的潜在需求，寻求新的产品；或者发现老产品的问题，研究客户的投诉，找准客户的真正痛点，从而进行产品创新。

产品创新可分为全新产品创新和改进产品创新。全新产品创新是对产品用途及其使用原理进行显著的更新变化。改进产品创新是指在技术原理没有重大变化的情况下，基于市场需要对现有产品功能上的扩展和技术上的改进。全新产品创新的动力机制既有技术推进型，也有需求拉引型。改进产品创新的动力机制一般是需求拉引型。

## 案例分享

“让文物活起来”的故宫为传承带了个好头

故宫作为拥有垄断性的文化资源和自主知识产权的博物院，在IP（Intellectual Property，知识财产）开发上有着无人可及的绝对优势，在以前却因为过于注重历史性、知识性、艺术性，忽视了IP产品的趣味性、实用性和互动性，而一直缺乏对大众消费群的吸引力，特别是与年轻人的购买诉求存在较大的距离，直到时任故宫博物院院长的单霁翔走马上任，这种情况才得以改变。单霁翔自称是“故宫守门人”，他带领着新时代的故宫人，以更开放和多维的思路去拥抱这个日新月异的时代，让曾经在我们印象中高大上的故宫成为接地气的“网红”。“御前侍卫”手机座、“正大光明”充电器、翠玉白菜伞、朝珠耳机、如意凉拖，这些在传统手工艺基础之上，融入鲜明时代特点的文创产品进入了平常百姓的生活。

（三）模式创新

模式创新是指随着社会的发展，为了开辟新的市场、扩大市场份额而产生的创新模式。例如，互联网的出现使得企业营销模式发生了巨大的变化，特别是线上线下互动的营销模式给企业带来了巨大的商机。

（四）管理创新

管理创新是指企业把新的管理要素，如新的管理方法、管理手段及管理模式等，引入企业管理系统，以便更有效地实现组织目标的创新活动。例如，有些企业一直以客户的需求为导向，能够真正地站在客户的角度去创新和管理。在理解客户的需求后，公司能够制定更加贴切有效且深入的管理方法，实现客户与企业的良好互动沟通。

### （五）服务创新

服务创新是针对企业内部的流程、规范和规章制度等进行的变革。服务创新相对其他创新类型而言，风险性较低。服务创新通过满足人们的精神和心理需求，并提供解决问题的能力，保障人们的精神和心理上的健康，使人得到满足感和成就感。例如，现在去医院就医，预约挂号都可以在手机上完成，而且可以通过预约确定具体的就诊时间。利用计算机、互联网、物联网等技术，医生开完化验单，手机上就可以缴费，化验单直接在自助机打印，完善的医院诊疗流程使人享受到就医流程的通畅。

### （六）制度创新

制度创新是企业通过创设新的、更能有效激励人们行为的制度和规范体系来实现社会的持续发展和变革的创新形式。所有创新活动都有赖于制度创新的积淀和持续激励。通过制度创新使已取得的成果固化，并以制度化的方式持续发挥自己的作用，这是制度创新的意义所在。

## 案例分享

#### 制度创新提供坚实组织保证

华为初期全面向国外公司学习管理流程和管理体系，从2009年开始，华为对组织制度进行创新，其创新方向主要是基于一线作战、客户导向、结果导向的简化管理变革。

华为采用“三权分立、分权制衡”的公司治理结构。“董事会”“监事会”“道德遵从委员会”三个权力体系在华为的发展中，各自承担不同的角色和职责。董事会的主要职能是对公司进行经营管理决策、战略决策并掌握各体系高级干部的人事任免权等。监事会代表全体股东对董事和各级高管履行监督权，包括对经营管理层的财务经营状况履行检查权，对内外部合规履行监督权。由于华为是全球化公司，第三个体系是道德遵从委员会，它是公司员工的政治核心，职能是引导全体员工热爱国家、拥护中国共产党，遵守各国道德准则，这是华为30多年来坚定不移的准则。华为的干部任命也实施“三步走”，用人部门有推荐权，上级部门有决定权，党委还有一票否决权。三步全部过关了，还有15天公示。

综上所述，创新是我国经济发展的迫切需要，是推动民族进步和社会发展的不竭动力。我们不能总被传统的守旧观念束缚，更不能被陈腐的思考模式包围，而是要打破一切旧的思维枷锁，冲出困扰人们大脑的“围墙”，敢于冒险、敢于试错。

## 三、常用的创新方法

创新方法（也称创新技法）就是创造学家根据创新思维的发展规律总结出来的一些原理和技巧。创造学家收集大量成功的创造和创新实例后，研究其获得成功的思路和过程，经过归纳、分析、总结，找出规律和方法以供人们学习、借鉴和仿效。

创新方法从本质上说就是要突破原有的思维习惯，克服思维定势对我们思想的束缚，创新方法可以帮助我们进行创造性思考，提出解决问题的新方法和新思路。常用的创新方法包括以下几种。

### （一）头脑风暴法

#### 1. 头脑风暴法的概念

头脑风暴法又称BS法、智力激励法，是由美国创造学家亚历克斯·奥斯本于1939年首次提出，并于1953年正式发表的一种激发性思维的方法。它在《韦氏大词典》中被定义为：一组人员通过开会的方式，对某一特定问题出谋献策，群策群力解决问题。它是指利用特定的会议形式，使与会者产生联想和创造性想象，进而激发灵感，以获得大量的创新性设想的创新方法。此法一方面通过给与会者的大脑施加较多的信息刺激，促使其大脑把已有知识和所得信息围绕要解决的问题重新安排，形成多种新的组合，从而产生大量的新设想；另一方面能够营造一种鼓励与会者大胆思维和提出新设想的氛围，提高与会者的创新积极性。这种方法一般适用于解决比较简单、需严格确定的问题，或需要大量构思和创意的问题。

#### 2. 头脑风暴法的五项基本原则

（1）自由畅谈原则：从不同角度、不同层次、不同方位，大胆地展开想象，不必顾虑自己的想法是否可笑或不合常理，尽可能地标新立异、与众不同，提出自己独创性的想法。

（2）延迟评判原则：当场不对任何设想做出评价。既不能肯定某个设想，又不能否定某个设想，也不能对某个设想发表评论性的意见。一切评价和判断都要延迟到会议结束以后才能进行。使与会者思想放松，气氛活跃，这是头脑风暴法的关键。此举旨在鼓励与会者的积极思考并集中精力开发设想，避免把在后阶段做的工作提前进行，从而影响创造性设想的大量产生。

（3）禁止批评原则：禁止批评是头脑风暴法应该遵循的一个重要原则。参加头脑风暴会议的人都不得对他人的设想提出批评意见，因为批评对创造性思维会产生抑制作用。有些人习惯于用一些自谦之词，这种自我批评性质的说法同样会破坏会场气氛，影响自由畅想。

（4）以量求质原则：头脑风暴会议的目标是获得尽可能多的设想，追求数量是它的首要任务。参加会议的人都要抓紧时间多思考、多提设想。至于设想的质量问题，可留到会后的设想处理阶段去解决。在某种意义上，设想的质量和数量密切相关，产生的设想越多，其中的创造性设想就可能越多。这是获得高质量创造性设想的条件。

（5）借鉴改善原则：鼓励巧妙地利用和改善他人的设想。每个与会者都要从他人的设想中得到启示，或补充他人的设想，或将他人的若干设想综合起来提出新的设想。相互启发、相互补充和相互完善，这是头脑风暴法能否成功的标准。

#### 3. 头脑风暴法的操作程序

（1）确定议题：头脑风暴法是一次思想交流的会议，选准并明确议题是整个活动的关键所在。

（2）确定参加会议的人数及人选：一般参加会议的人数在5~10人为最佳，可以根据实际情况调整参加人数（课堂教学也可以班级为单位）。根据议题全角度、全方位地确定参会人员范围，最好由不同专业或不同岗位人员组成，使会议更具有代表性和层次性。

（3）成立专家小组：由小组成员对每个人的意见进行评定和跟踪。对参加会议人员的意见进行质疑和询问，并集中大家的见解，形成系统化决策意见。

（4）选好主持人：主持人应善于调动会议气氛，善于控制时间。主持人不但要思维敏捷，而且需要熟悉头脑风暴的程序，具备处理会议中出现的各种问题的能力，还能激发大家对议题的兴趣，懂得多种询问的方法与技巧，让大家有种争分夺秒的感觉。主持人要善于创造自由发言的氛围，在会议上防止出现评论别人的发言的行为，不允许大家私下交流，引导式地让大家进入一种自由的讨论状态。畅谈时间由主持人灵活掌握，一般不超过1小时。主持人只主持会议，对设想不做评论。

（5）筛选整理：设记录员1~2人，要求认真将与会者每个设想都完整地记录下来。在第一次形成风暴意见之后，经过分类整理成系统化意见，如果已经获得解决问题的满意答案，那么此次头脑风暴会议便完成了预期目的；如果还有无法解决的问题，可再次征求与会人员的意见，再次丰富和深化风暴后的建议，也可以召开下一轮头脑风暴会议，直至最后形成执行方案。

### （二）六顶思考帽法

#### 1. 六顶思考帽法的概念

六顶思考帽法是英国学者爱德华·德·波诺开发的一种思维训练模式，或者说是一个全面思考问题的模型。它提供了平行思维的工具，从而避免将时间浪费在互相争执上。在传统的思维模式中，我们既要考察信息，又要形成观点，还要评判他人的观点，这样就容易造成逻辑与情感、创造与信息的纠缠不清，非常不利于我们解决问题。平行思维则是将我们的思维从不同侧面和角度进行分解，分别进行考虑，而不是同时考虑很多因素。六顶思考帽法就是运用平行思维的典范，它强调的是“能够成为什么”，而非“本身是什么”，它寻求的是一条向前发展的路，而不是争论谁对谁错。运用六顶思考帽法，可以使混乱的思考变得更清晰，使团体中无意义的争论变成集思广益的讨论，使每个人变得富有创造性。

2. 六顶思考帽法的作用

（1）增加建设性产出。

（2）充分研究每一种情况和问题，创造超常规的解决方案。

（3）使用“平行”思考技能，取代对抗型和垂直型思考方法。

（4）提高团队的协作能力，为集体性决策提供操作工具。

3. 六顶思考帽法的思考角度

六顶思考帽法的思考角度即使用六种不同颜色的帽子代表六种不同的思维模式。这些模式任何人都有能力使用。

（1）白帽——客观分析：以事实、数据化信息或资料为焦点，象征客观和中立。

（2）红帽——感性沟通：以直觉、感受、预感为焦点，象征感性和情感。

（3）黑帽——严肃挑剔：以探讨真实性、合理性和可行性为焦点，从否定、怀疑的角度合乎逻辑地进行批判，象征否定和质疑。

（4）黄帽——阳光思考：以看到事物的积极方面为焦点，表达乐观建设性的观点，象征价值和肯定。

（5）绿帽——活跃创新：以创造性地解决问题为焦点，象征改变和创新。

（6）蓝帽——理性控制：以管理整个思考过程和思考帽的使用顺序为焦点，规划和管理整个思考过程，并负责做出结论，象征整体和控制。

4. 六顶思考帽法的使用

六顶思考帽法可以帮助我们设计一个思考提纲，按照一定的次序进行思考。它能让大多数人感到头脑更加清晰，思维更加敏捷。

六顶思考帽法的使用具体包括以下三个阶段、六个步骤。

（1）提出初步解决方案阶段。

步骤一：白帽出场——准确清晰地描述问题。所有问题的讨论，都要关注问题背景及问题本身，这是起点。

步骤二：绿帽出场——讨论问题的解决方案。要站在务实的、解决问题的立场上献计献策。

（2）评价方案阶段。

步骤三：黄帽出场——评议方案的优点。任何一个措施都能找到值得借鉴的地方，通过找优点，有利于集思广益。

步骤四：黑帽出场——讨论方案的缺点和潜在风险。黑帽的角色不只是“泼冷水”那么简单，而是要理性地分析“最坏情况”。

（3）改进与方案再设计阶段。

步骤五：红帽出场——通过直觉判断方案的可行性。方案出来了，首先要靠直觉来分析哪些可行、哪些存在问题，直觉是宝贵的财富。在通过直觉判断后，也要对方案进行分析，加以阐释。

步骤六：蓝帽出场——总结讨论成果。讨论要有始有终，蓝帽要从秩序的角度，对会议做收尾工作，并公示会议达成的共识。

六顶思考帽法是一个操作简单、已经过反复验证的思维工具，能够给人以热情、勇气和创造力，让每一次会议、每一次讨论、每一份报告、每一个决策都充满新意和生命力。这个工具能够帮助人们提出建设性的观点，通过聆听别人的观点，从不同角度思考同一个问题，从而提出高效能的解决方案。用平行思维取代传统的思维模式，能够提高团队成员的集思广益能力。

### （三）奥斯本检核表法

#### 1. 奥斯本检核表法的概念

奥斯本检核表法主要用于新产品的研制开发，该方法以发明者奥斯本命名，是通过引导主体在创造过程中对照九个检核项目（表2-1）进行思考，以便启迪思路，开拓思维想象的空间，促进人们产生新设想、新方案的方法。

**表 2-1　奥斯本检核表法的九个检核项目**

| 序号 | 检核项目 | 含义 |
| --- | --- | --- |
| 1 | 能否他用 | 现有的事物有无其他用途；保持不变能否扩大用途；稍加改变有无其他用途 |
| 2 | 能否借用 | 能否引入其他的创造性设想；能否模仿别的东西；能否从其他领域、产品、方案中引入新的元素、材料、造型、原理、工艺、思路 |
| 3 | 能否改变 | 现有事物能否做些改变（如颜色、声音、味道、式样、花色、品种、意义、制造方法）；改变后效果如何 |
| 4 | 能否扩大 | 现有事物能否扩大适用范围；能否增加使用功能；能否添加零部件；能否延长它的使用寿命；能否增加其长度、厚度、强度、频率、速度、数量 |
| 5 | 能否缩小 | 现有事物能否体积变小、长度变短、重量变轻、厚度变薄以及拆分或省略某些部分；能否浓缩化、省力化、方便化、短路化 |
| 6 | 能否替代 | 现有事物能否用其他材料、元件、结构、力、设备、方法、声音、符号等替代 |
| 7 | 能否调整 | 现有事物能否变换排列顺序、位置、时间、速度、计划、型号；内部元件可否交换 |
| 8 | 能否颠倒 | 现有事物能否从内外、上下、左右、前后、横竖、主次、正负、因果等相反的角度颠倒过来用 |
| 9 | 能否组合 | 现有事物能否从原理、材料、部件、形状、功能、目的等方面进行组合 |

奥斯本检核表法是一种产生创意的方法。在众多的创造技法中，由于其突出的效果，被誉为“创造方法之母”。

2. 奥斯本检核表法的步骤

步骤一：发散——按检核表的九个检核项目逐一检核。

步骤二：罗列——列出全部可能的思路及方案。

步骤三：选择——选择出有价值的实施方案。

步骤四：验证——最后来验证设计方案是否可行。

3. 奥斯本检核表法的优点

（1）远离思维惰性。奥斯本检核表法提出九个维度（检核项目）以刺激大脑思考，走出思维舒适区，引导我们深入思考、转换思路，远离思维惰性。

（2）突破思维定势。思维定势虽然使人能够应用已掌握的方法迅速解决问题，但在情境发生变化时，它就会成为我们运用新方法的障碍。消极的思维定势是束缚创造性思维的枷锁。奥斯本检核表法通过从九个检核项目设置的有关问题，能有效帮助人们突破思维定势，激发人们的想象力。

（3）建立思维自信。思维自信是相信自己有能力做出改变，拥有思维自信，能让人拥有较强的自我效能感，相信自己拥有创造力，勇于挑战挫折和失败的勇气。奥斯本检核表法提供的问题清单，可以有效帮助人们消除因不会提问而不愿提问的心理障碍，帮助人们建立提问、思考、想象和思维的自信。

（4）适用领域广泛。检核表可以应用于各个领域，它为人们解决创造、创新问题提供了很多解决问题的思路。

4. 奥斯本检核表法使用注意事项

（1）不遗漏：用检核表法时，要联系实际逐条进行检核，以免遗漏。

（2）多次检核：通过多次检核，有利于筛选出所需创新和发明的方向。

（3）多创想：在检核每项内容时，要尽可能地发挥自己的想象力，产生更多的创造性设想。

### （四）组合法

组合法不是把不相干的部分、方面或要素机械地、任意地拼凑在一起，而应该将同一整体的各个部分、方面或因素进行有效连接。组合的类型如下所示（表2–2）。

**表 2–2 组合的类型**

| 序号 | 组合名称 | 表达式 | 组合机理 | 举例 |
|---|---|---|---|---|
| 1 | 并集组合 | $A \cup B$ | 相关的事物相容而组合 | 沙发床 |
| 2 | 交集组合 | $A \cap B$ | 信息交合，边缘共存 | 一系列儿童玩具车 |
| 3 | 差集组合 | $A-B$ | 删繁就简、寻求简化 | 四轮自行车 |

续表

| 序号 | 组合名称 | 表达式 | 组合机理 | 举例 |
| --- | --- | --- | --- | --- |
| 4 | 补集组合 | ~A | 替代变换、淘汰更新 A 与不属于 A 的组合 | 指纹锁（无钥匙） |
| 5 | 对称差集 | A △ B | 分割组合多种功能集于一体（属于 A 或 B 但不同时属于 A 且 B 的元素的组合） | 组合伞（拐杖） |
| 6 | 叉集组合 | A × B | 事物间的相互交叉、渗透和综合 | 柔性制造系统电子信息加工 |

#### 1. 同物组合法

同物组合，就是将同类型的两个或两个以上的产品进行组合。任何同类型产品都可以组合，但组合后的效果是不一样的。

#### 2. 异类组合法

将两种或两种以上不同类型的产品进行组合，称为异类组合。它可以通过主体添加和异类杂交两种方式来实现。

#### 3. 分解重组法

任何产品都可以看作各零部件之间的有序组合。我们所看到的组合玩具、模块化机床等，都是分解重组的典型案例。

#### 4. 信息交合法

信息交合法又称为坐标法，是一种组合创造技法，由我国学者许国泰所创。其基本思路是借助坐标系来集合信息，然后用一个坐标轴上的各点信息依次与其他坐标轴上各点的信息交合，以产生出新的交合信息。如用平面坐标系，则称作二元坐标法；如用空间坐标系，则为三元坐标法（图2−1）。

#### 5. 形态分析法

形态分析法是利用形态学矩阵，寻求大量组合设想的创新方法，是借助形态学中的概念和原理求解问题的组合方式。其特点是把研究对象或问题分成一些基本组成部分，然后逐个对基本组成部分单独进行处理，分别提供各种解决问题的办法或方案，最后形成解决整个问题的总方案。这时会形成若干个总方案，每一个总方案是否可行，必须采用形态学方法进行分析。机械创新设计构思常用此法。

### （五）和田十二法

和田十二法（表2−3），又叫和田创新法则、和田创新十二法，即人们在观察、认识一个事物时，可以使用加一加、减一减、扩一扩、缩一缩、变一变、联一联、学一学、代一代、移一移、倒一倒、定一定、改一改12种方法。按照这12种方法思考，就能从中得到启发，诱发人们产生创造性设想。所以，这是一种帮助人们打开创新思路，从而带来创造性设想的思路提示法。

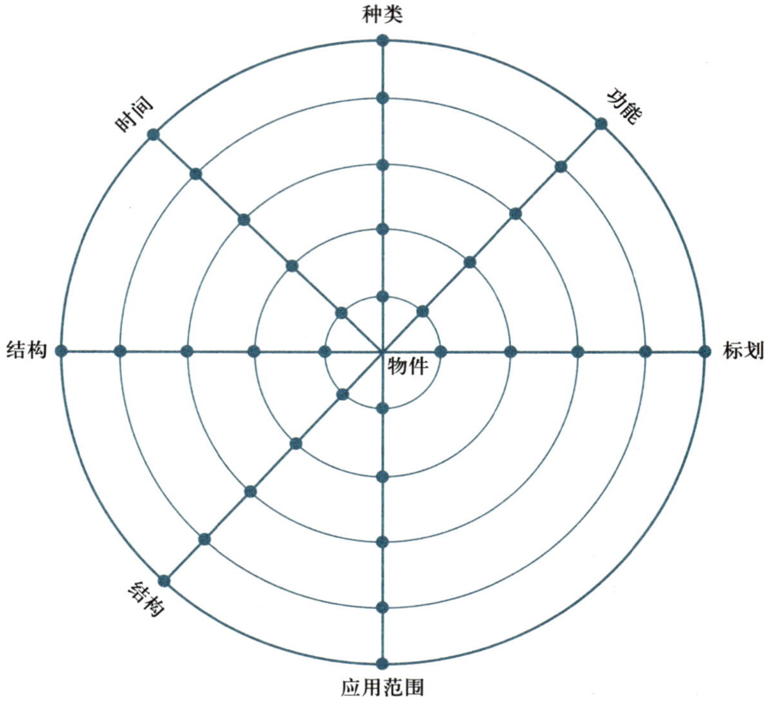


图 2-1　三元坐标法

表 2-3　和田十二法

| 序号 | 项目 | 含义 | 案例 |
| --- | --- | --- | --- |
| 1 | 加一加 | 把一件物品加大、加高、加长、加宽、加多、组合，变成什么样 | 铅笔 + 橡皮 = 带橡皮头的铅笔 |
| 2 | 减一减 | 把物品减轻、减少、减短、减窄、减薄、减低、省略、分割，可以变成什么？把原来的操作减慢、减时、减次、减序，会有什么效果 | 镜框眼镜→隐形眼镜 |
| 3 | 扩一扩 | 把物品放大、放宽、提高功效、扩大应用领域，会有什么变化 | 多功能学习机、智能家居 |
| 4 | 变一变 | 物品在形状、颜色、气味、音响、次序等方面能否改变 | 撕不烂早教绘本 |
| 5 | 改一改 | 物品的缺点、不便、不足、不美观、不安全之处如何改进 | 键盘手机→触屏手机 |
| 6 | 缩一缩 | 把原有物品压缩、缩小、微型化，能变成什么东西 | 台式计算机→笔记本计算机→平板计算机 |
| 7 | 联一联 | 原因和结果有何联系，能否把某些东西联系起来形成新事物？表面上不相关的事物联系在一起，能否获得出奇制胜的效果 | 电视与音响、传声器、录音带等组合成卡拉 OK（一种音响设备） |

续表

| 序号 | 项目 | 含义 | 案例 |
| --- | --- | --- | --- |
| 8 | 学一学 | 其他事物的形状、结构、方法、颜色、性能、规格、功能等是否值得学习和模仿 | 鲁班被茅草割伤了手，模仿茅草边缘的小齿形状，发明锯子 |
| 9 | 代一代 | 能否用别的材料代替或方法代替 | 新型复合材料代替传统金属材料 |
| 10 | 移一移 | 把事物、设想、技术转移到其他地方，有没有创新 | 电视机搬到汽车上成为车载电视 |
| 11 | 倒一倒 | 把事物的形态、性质、功能、正反、里外颠倒一下，会产生什么样的效果 | 吹尘器→吸尘器 |
| 12 | 定一定 | 改进某种事物而确定标准、顺序、型号、界限，从而提高工作效率，产生创新 | 规定电器的节能标准 |

### （六）TRIZ创新理论

TRIZ创新理论由苏联科学家根里奇·阿奇舒勒发明，其英文全称是Theory of the Solution of Inventive Problems，缩写为TSIP，TRIZ为俄文“发明问题解决理论”的首字母缩写，国内也形象地将它翻译成“萃智”或者“萃思”，取其“萃取智慧”或“萃取思考”之义。

通俗意义上，创新就是创造性地发现问题和解决问题的过程，TRIZ创新理论的强大作用正在于它为人们进行创新提供了系统的理论和方法工具。

现代TRIZ创新理论体系主要包括以下几个方面的内容。

#### 1. 创新思维方法与问题分析方法

TRIZ创新理论提供了系统分析问题的科学方法，如多屏幕法等；而对于复杂问题的分析，TRIZ创新理论则包含了科学的问题分析建模方法——物－场分析法，它可以帮助快速确认核心问题，发现根本矛盾所在。

#### 2. 技术系统进化法则

针对技术系统进化演变规律，在大量专利分析的基础上，TRIZ创新理论总结提炼出8个基本进化法则（完备性法则、能量传递法则、协调性进化法则、提高理想度法则、动态性进化法则、子系统不均衡进化法则、向微观级进化法则、向超系统跃迁法则）。利用这些进化法则，可以分析确认当前产品的技术状态，并预测未来发展趋势，开发富有竞争力的新产品。

#### 3. 技术矛盾解决原理

不同的发明创造往往遵循共同的规律。在对全世界范围内海量专利进行分析研究的基础上，TRIZ理论将这些共同的规律归纳成了40个创新原理（表2-4），针对具体的技术矛盾，可以基于这些创新原理和结合工程实际，寻求具体的解决方案。

表 2-4　创 新 原 理

| 序号 | 原理名称 | 序号 | 原理名称 |
|---|---|---|---|
| 1 | 分割原理 | 21 | 减少有害作用的时间原理 |
| 2 | 抽取原理 | 22 | 变害为利原理 |
| 3 | 局部质量原理 | 23 | 反馈原理 |
| 4 | 增加不对称性原理 | 24 | 中介物原理 |
| 5 | 组合原理 | 25 | 自服务原理 |
| 6 | 多用性原理 | 26 | 复制原理 |
| 7 | 嵌套原理 | 27 | 廉价替代品原理 |
| 8 | 重量补偿原理 | 28 | 机械系统替代原理 |
| 9 | 预先反作用原理 | 29 | 气压和液压结构原理 |
| 10 | 预先作用原理 | 30 | 柔性壳体或薄膜原理 |
| 11 | 事先防范原理 | 31 | 多孔材料原理 |
| 12 | 等势原理 | 32 | 颜色改变原理 |
| 13 | 反向作用原理 | 33 | 均质性原理 |
| 14 | 曲面化原理 | 34 | 抛弃或再生原理 |
| 15 | 动态特性原理 | 35 | 物理或化学参数变化原理 |
| 16 | 未达到或过度作用原理 | 36 | 相变原理 |
| 17 | 空间维数变化原理 | 37 | 热膨胀原理 |
| 18 | 机械振动原理 | 38 | 逐级氧化原理 |
| 19 | 周期性作用原理 | 39 | 惰性环境原理 |
| 20 | 有效作用的连续性原理 | 40 | 复合材料原理 |

### 4. 创新问题标准解法

TRIZ 创新理论针对具体问题的物–场模型的不同特征，产生了有标准的对应模型处理方法，包括模型的修整、转换、物质与场的添加等。

### 5. 发明问题解决算法

TRIZ 创新理论主要针对问题情境复杂、矛盾及其相关部件不明确的技术系统。它是一个对初始问题进行一系列变形及再定义等的非计算性的逻辑过程，实现对问题的逐步深入分析，并对问题进行转化，直至问题解决。

### 6. 工程应用知识库

TRIZ 创新理论中基于物理、化学、几何学等工程学原理而构建的知识库，可以为技术创新提供丰富的方案来源。

## 案例分享

### 神奇的TRIZ理论

工程师和工人们要修建一条贯穿大学校园的道路，有个问题摆在了他们面前：怎样才能限制所有通过的司机的行车速度，让他们全程保持低速行驶，从而保证行人安全。

众人热议后给出两种方案：一是把这段道路全都画上斑马线；二是把该地段的道路改造成“Z字形”，即人为设计成曲折道路。第一种方案，利在成本低、实施难度小，弊在于可能收效甚微且不美观；第二种方案则成本昂贵且需要人为降低车辆通行效率，实施难度大，但胜在效果佳。那么，还有没有更行之有效且节省成本的办法？

最后，众人决定把两种方案的优点相叠加，规避其缺点，产生了最佳方案：在校园路段上画上扭曲的斑马线（图2–2），营造出立体效果，使其看起来就像曲折路面上的斑马线一样，从而让司机们在通过该路段时，下意识降低行驶速度，从而增强安全意识，保障行人安全这种方案无疑做到了成本和效果上的最优结合。

这就是神奇的TRIZ理论——将有用的部分结合起来，去除无用的部分，从而产生最优解决方案。

图 2–2　扭曲的斑马线

## 任务辨析

下面看看大学生新新和业业是如何认识创新的。

新新：创新就是创造新的东西，抛弃旧的东西。我觉得我天生思想保守，不善于创新。

业业：创新不仅仅是创造新的东西，对旧事物的改造也是创新。我们一定要敢于打破常规戒律，寻找生活中的创新例子，不断发现创新的突破口，让我们的生活更便利。

新新对创新内涵的认识有所欠缺。在现有基础上进行改进更新；创造新的事物；创意方面的改变都是创新。业业对创新的理解更为深刻，意识到了创新的本质其实就是突破——能从自身出发，挖掘生活中的点点滴滴，及时发现问题并思考如何解决问题。人人都有创新的潜力，就看我们如何去突破。

# 任务二　发掘创新潜能

## 任务目标

### >>知识目标

（1）了解创新意识及创新思维的内涵。

（2）掌握创新思维类型。

（3）掌握思维定势的概念、类型及破解方法。

### >>能力目标

（1）能够结合生活实际产生创新意识。

（2）能够结合生活实际和专业应用不同的创新思维方法，提升创新思维能力。

### >>素养目标

（1）增强勇于探索、求真务实的创新意识。

（2）学会把握事物发展客观规律，运用唯物辩证法来提高创新思维。

（3）培养学生勤于思考，养成创新思维的好习惯，激发自身的责任感与使命感。

## 任务导入

### 将梦想写在云岭大地上

2022年11月21日，官方发布《第八届中国国际“互联网+”大学生创新创业大赛全国总决赛金奖争夺赛评审结果公示》。其中，云南财经大学国际工商学院钟木腾团队的项目“Zoom酵真——以五控三相发酵工艺革新咖啡产业的中国力量”获得金奖，受到高度关注。

钟木腾，云南财经大学国际工商学院2020级中澳会计学专业，共青团员。本科在读期间，钟木腾积极进行创新创业实践，创办酵真科技（云南）有限公司，公司种子轮投后估值达千万元。其入学两年以来获得奖项7次、省部级奖项39次、校级奖项数十次，获评云南省三好学生，作为项目负责人获得第八届中国国际“互联网+”大学生创新创业大赛金奖、云南省冠军（金奖、最具商业价值奖）。

谈到这次历史性突破的成绩，钟木腾直言："这不是一时的努力，而是从入学就开始的积累"。凌晨5点的昆明，钟木腾和创始成员看到了无数次如梦般的朝霞。从院赛、校赛、省赛、到国赛阶段，钟木腾同学带领小组成员在办公室奋战了无数个日夜。他表示："正是因为心中对'双创'的敬畏，让我们会保持本色，继续前行。"

在日夜付出的同时，钟木腾更是一直秉承着不断探索的精神。他和第一指导老师铁婧不断思考如何在创业上再创新、再突破。"我和铁老师经过实地调研、理论论证和专家咨询等环节，认为真创业、创实业是赛事根本导向，也是双创的目的，于是我们就选择了我最熟悉也是实际从事的咖啡行业。"钟木腾充分整合各行业资源，引入微生物发酵、机电一体化、人工智能等来自各板块的人才，累计研发申请已受理发明专利5项，实用新型专利3项，形成了创业的技术壁垒。

在创始人钟木腾的带领下，团队一直奋力拼搏。钟木腾表示："'互联网+'等创新创业赛事给了我很多成长经验，让我有机会将梦想写在云岭大地上。而在未来，我也将积极响应国家号召，做好大学生创新创业的榜样，在双创赛事中贡献出自己的一份力量。"

（资料来源：邓兆言.青年榜样|专访双创先锋钟木腾：将梦想写在云岭大地上.东方网，2022-11-26.有删改.）

## 任务解码

创新意识可以帮助我们开拓新的思路和方法，解决现有的问题和挑战，还可以推动科技进步和社会发展。许多伟大的发明和发现都源于创新思维，比如电灯、电话、互联网等，这些创新改变了人们的生活方式和社会结构。此外，创新意识也有助于个人的自我实现和成长。通过不断尝试新的事物和方法，我们可以发掘自己的潜力，提升自己的能力和技能。

### 一、创新意识的激发

在"互联网+"的知识经济时代，知识的增长速度不断加快、更新周期不断缩短、转化率不断提高，因此，知识的选择、整合、转换等变得日益重要。这就需要人们不断激发创新意识。

#### （一）创新意识的内涵

创新意识是指人们根据社会和个体生活发展的需要，产生创造新事物的观念和动机，并在创造活动中表现出的意向、愿望和设想。它是人类意识活动中的一种积极的、富有成果性的表现形式，是人们进行创造活动的出发点和内在动力，是创造性思维和创造力的前提。拥有创新意识是现代人必备的素质。青年大学生是最容易接受新生事物、最具有创新精神的群体，要建设创新型国家，必须从培养青年大学生的创新意识入手。

创新意识是人们在实际社会活动中主动开展创新活动的观念和意识，其表现为对创新的重视、追求和开展创新活动的兴趣及欲望。创新意识一般包含以下四个方面。

1. 强烈的创新动机

创新动机是创新意识的动力源，是形成和推动创新行为的内驱力，是引起和维持主体进行创新活动的内部心理过程，也是主体创新才能得以施展的基础。人的每项创新活动、每个创意产出都离不开一定的创新动机的支配。这种要求可能来自自身，也可能来自外部环境。因此，创新动机可分为内部动机和外部动机两种。

（1）内部动机。创新者的内部动机包括兴趣、成就感、挑战意识、好奇心等。由创新内部动机引发的创新行为是自发的，甚至是不求物质回报的。

（2）外部动机。外部动机也就是间接动机。在追求目标的过程中，目标本身并不一定具有创新性，但是创新者要达到目标就必须经过创新，即在实现目标的过程中含有创新。

在创新活动中，内部动机与外部动机共同存在，共同推动创新活动。内部动机更实在，它增加创新者的热情和信心；外部动机更直接，它刺激创新者的行动，使其创新责任感更强烈、更成熟。

2. 浓厚的创新兴趣

浓厚的兴趣会促使个体产生积极的学习态度，自觉克服困难，排除干扰，从而有所成就。兴趣以需要为基础。人们若对某个事物或某项活动有需求，就会热衷于接触、观察这个事物，积极从事这项活动，并主动探索其奥妙。兴趣又与认识和情感相联系。一个人若对某个事物或某项活动没有认识，也就不会对它有情感，更不会对它产生兴趣；反之，认识越深刻，情感越炽烈，兴趣就会越浓厚。

创新兴趣是指人们从事创新活动所投入的积极情绪和态度定向，是投身创新实践的不竭动力。一般来说，人人都会有兴趣，但每个人的兴趣对象差异很大。一个人在不同的时间、不同的地点，兴趣也会发生变化。因此，在广泛培养兴趣的基础上，及时确定某一中心兴趣，并以此为起点，在理性的指导下，把一个中心兴趣提升到追求的高度，这样才能真正激发我们的创新意识。正如我国著名政论家、记者和出版家邹韬奋所说："一个人在学校里表面上的成绩，以及较高的名次，都是靠不住的，唯一的要点是你对于所学的是否心里真正觉得很喜欢，是否真有浓厚的兴趣。"

要保持创新的兴趣和热情，就要建立积极的心理准备。但凡有成就的科学家，在研究阶段，很少被困难吓退，这既源于个人的坚强和毅力，也因为困难出现时正是创造乐趣之时。只有在困境中，我们才能更清楚地意识到积极心理的意义和价值，当你克服困难，成功进入下一阶段时，回首那个曾经让你苦恼的"困难”，你会感谢自己的坚持和专注。著名物理学家杨振宁在谈到自己对科学研究的兴趣时说：“自己不愿意做，又因为外界的压力非做不可，这才叫苦。研究物理是没有苦的概念的，物理学是非常引人入胜的。”有人问物理学家丁肇中做研究苦不苦，他说：“正相反，我觉得很快活，因为我有兴趣，我急于要探索物质世界的秘密。这就是持续而专注的兴趣所带来的心理愉悦。”

3. 丰富的创新情感

创新的过程不仅仅是纯粹的智力活动，而且还需要引发、推进乃至完成创造性活动的创新情感。

（1）稳定的创新情感。创新者只有在稳定的创新情感的支配下，才能提高自身创新敏感性，及时捕捉有用信息，对与创新有关的事物充满浓厚的兴趣。

（2）积极的创新情感。创新者积极的创新情感可以极大地激发自身的创新意识和创新敏感性，充分调动自己投身于创新活动的积极性。

（3）深厚的创新情感。创新热情是一种深厚的创新情感，具有持续性。它是促进创新者形成强烈的创新意识，并展开创新活动的心理推动力量。

4. 坚定的创新意志

创新意志是在创造中克服困难、冲破阻碍的心理因素，创新意志具有目的性、顽强性和自制性。

创新意识与创造性思维不同，创新意识是引起创造性思维的前提和条件，创造性思维是创新意识的必然结果，二者之间具有密不可分的联系。创新意识的培养和开发是培养创造人才的起点，是唤醒、激励和发挥人所蕴藏的潜在力量的重要助推器。

（二）创新意识的类型

依据不同的标准，创新意识可分为多种类型，不同的分类往往具有不同的研究和实践价值。根据创新意识的生成方式，将创新意识分为以下六种类型。

1. 综合创新意识

综合是指将研究对象的各个方面、各个部分和各种因素联系起来加以考虑，从整体上把握事物的本质和规律。综合创新是运用综合法则的创新功能去寻求新的创造。综合创新一般有两个主要途径：非切割式综合与切割式综合。切割是指人们为了实现某种意图，将一个事物切开、分割或截取。非切割式综合即直接将两种或两种以上的事物，在保持各自完整性的基础上组合成新事物的综合创新模式；切割式综合即截取两种或两种以上事物的某些要素，再将其有机组合成新事物的综合创新模式。比如双万向联轴器就是将两个单万向联轴器进行非切割式综合，使其传动性能大大改善。而集火箭技术、宇航技术和飞机技术于一体的航天飞机的问世，则是切割式综合创新的一个典范。

2. 逆向创新意识

逆向创新是将思考问题的思路反转过来，从构成要素中对立的另一面来思考，以寻找解决问题的新途径、新方法。所谓“逆”可以是空间上的“逆”，时间上的“逆”，也可以是形状、特征功能上的“逆”，还可以是思路方法上的“逆”。逆向创新法亦称为反向探求法，一般有三个主要途径：功能性反求、结构性反求和因果关系反求。

3. 还原创新意识

还原创新即回到根本、回到事物的起点，简单地说就是暂时放下所研究的问题，回到驱使人们创新的基本出发点。比如打火机的发明就应用了还原创新原理，它突破了火柴的框框，把最本质的功能——取火功能提取出来，将摩擦取火工具改变为气体或液体作燃料的小型取火装置。

4. 移植创新意识

吸收、借用其他学科领域的技术成果来开发新产品就是移植创新。在机械创新设计方面，应用移植创新原理取得成功的例子很多。例如，人们在设计汽车发动机的化油器时，移植了香水喷雾器的原理；组合机床移植了积木玩具的结构方式；将磁学原理移植到带传动中，人们发明了磁力金属带传动，大大增加了带传动的传动能力；对发动机进行材料移植——以耐高温陶瓷材料代替金属材料制成燃气涡轮的叶片、燃烧室等部件，或以陶瓷部件取代传统发动机中的汽缸内衬、活塞帽、预燃室、增压器等，使发动机具有耐腐蚀、耐高温性能，这样就可以采用廉价燃料，并省去传统的水冷系统，减轻了发动机的自重，因而大幅度地节省能耗、降低成本、增大功效，是动力机械和汽车工业的一项重大突破。

5. 分离创新意识

分离创新是指把某一种创造对象分解或离散成多个要素，然后抓住关键要素进行设计创新。分离创新的基本途径一般有两条：结构分离和市场细分。结构分离是指对已有产品结构进行分解并寻找创新的一种模式。市场细分是按消费者的需求、动机及购买行为的多元性和差异性，将整体市场划分为若干子市场，即将消费者分为若干类似的消费群。如机械创新设计的目的是为市场提供某种机械类产品，因此，也可以根据市场细分理论进行创新思考。通常，以职业、年龄、性别、地域、环境、经济条件等市场变量作为细分标准，然后按照形成差异进行创新设计。

6. 价值优化创新意识

价值工程，也称价值分析，其价值公式为：在设计研制产品（或技术方案）时，设计研制所需成本为$C$，取得的功能（使用价值）为$F$，则产品的价值$V$为

$$V=F/C$$

显然，产品的价值与其功能成正比，而与其成本成反比。

价值工程就是揭示产品（或技术方案）的价值、成本、功能之间的内在联系。它以提高产品的价值为目的。它研究的不是产品（或技术方案）本身，而是产品（或技术方案）的功能，研究功能与成本的内在联系。设计创造具有高价值的产品，是人们追求的重要目标。价值优化或提高价值的指导思想，也是创新活动应遵循的理念。

优化设计的途径包括以下几个方面。

（1）保持产品功能不变，通过降低成本，达到提高价值的目的。

（2）在不增加成本的前提下，提高产品的功能质量，以实现价值的提高。

（3）成本有所增加，但使功能大幅度提高，从而使价值提高。

（4）功能有所降低，成本却能大幅度下降，从而使价值提高。

（5）不但使功能增加，同时也使成本下降，从而使价值大幅度提高。这是最理想的途径，也是价值优化的最高目标。

### （三）创新意识的培养

创新意识可以从以下几个方面着手培养。

#### 1. 洞悉未来

洞悉未来就是要求创新者根据目前市场情况和客户需求，结合技术发展规律、对未来做出正确的预测和判断。

#### 2. 打破陈规

创新的最大障碍是无法脱离固有的思维定势或思维框架。发明汽车时，如果脑子里依然还想用赶马车的陈规来操作，就可能发明不出方向盘，而是继续用缰绳来调整汽车方向了。

#### 3. 追求简约

追求简约也是通向创新的必由之路。例如，搜索引擎发明初期，研究人员发现，如果客户多输入几个字，搜索结果就会准确得多。技术人员想到了一个最简单有效的方法：把搜索框长度增大一倍。

#### 4. 以人为本

以人为本是企业能否保持持久创新能力的关键，离开人的创新都是空谈，这样的创新是不能够持久的，是会被发展需求所淘汰的，只有坚持以人为本，才能不断的创新。

#### 5. 承受风险

承受风险也是创新过程中重要的一点。一位企业家曾说，如果每一个项目都成功了，你实际上可能是失败的：因为你并不是在做研究，而是在回避风险，只选择了那些十拿九稳、没有什么创新价值的项目。

## 二、创新思维的培养

创新是个系统工程，而创新发展离不开创新思维。提高创新思维能力，意味着保持对一切既有成果的怀疑，意味着对落后观念的否定，意味着打破迷信和超越陈规，进而提出新思想、新理论和新论断。

### （一）创新思维的概念

创新思维是指以新颖独创的方法解决问题的思维过程，通过这种思维，能突破常规思维的界限，以超常规甚至反常规的方法、视角去思考问题，提出与众不同的解决方案，从而产生新颖的、独到的、有社会意义的思维成果。凡是能想出新创意、创造出新事物、发现新路子的思维都属于创新思维。如工作实践中，具有创造性思维的人可以想别人所未想、见别人所未见、做别人所未做的事，敢于突破原有的思维框架，从多种原有规范的交叉处着手，或是反向思考问题，从而取得创造性、突破性的成就。创新思维能力需要经过长期的知识积累、智能训练、素质磨砺才能具备，创新思维的过程，还离不开推理、想象、联想、直觉等思维活动。

### （二）创新思维的特征

创新思维具有突破性、非逻辑性、综合性、灵活性、风险性、对象潜在性和目标指向性等特征。

#### 1. 突破性

突破性是创新思维的最明显的特征，表现为创造者突破原有的思维框架和已有的思维定势，在思路上具有新颖性。

遵从原有的思维框架对人思考问题有很多好处，能使我们省去很多无谓的摸索。但原有思维框架在提高思考效率的同时，也会限制人进行创造性思考。因此，无论是思考如何解决新问题，还是思考如何解决老问题，都需要跳出原有的思维框架，用新的思考程序和步骤，进行新的探索、新的尝试。不突破已有的思维定势，就只能被原有的框架所束缚，就不能激发出创造性思维和取得新的成功。

思路上的新颖性，意味着在思路的选择和思考的技巧上都具有独特之处，表现出首创性和开拓性。思路上的新颖性还表现为不盲从，需要更多独立思考，学会用新的发展眼光去看待问题，从而产生崭新的思维成果。

#### 2. 非逻辑性

非逻辑性的典型表现就是“急中生智”，可能只是因一时的灵感或顿悟产生的创新，因而其产生常常省略了逻辑推理的许多中间环节，具有跳跃性。但这些非逻辑性都是以丰富的知识和经验为基础的，因此说，创新思维的过程，其实是逻辑性和非逻辑性的结合。

3. 综合性

综合性表现在它能把大量的观察材料、事实和概念综合在一起，进行概括、整理，进而形成科学的概念和体系。人类科学技术发展史一再表明，谁能高度综合利用前人的思维成果，就能取得更多的突破，作出更多的贡献。

4. 灵活性

灵活性表现为视角能随着条件的变化而转变，不拘泥于一种思维方式，善于变通与转化。创新思维善于寻优，选择最佳方案，机动灵活，富有成效地解决问题。甚至历史上有不少发明，是在犯了错误之后而“将错就错”的产物。

5. 风险性

由于创造性思维活动是一种探索未知世界的活动，因此要受到多种因素的限制和影响，如事物发展及其本质暴露程度、实践的条件与水平、认识的水平与能力，以及对传统势力与偏见的冲击等。这就决定了创新思维具有风险性，它并不是每次都是取得成功，甚至有可能毫无成果或者得出错误结论。

6. 对象潜在性

创新思维的对象可能是刚刚进入人类实践范围，尚未被人类所认识的客体，人们只能猜测它的存在状况，或者是人们虽然有了一定认识，但认识尚不完全，还可以从深度和广度上进一步认识的客体，这两类客体无疑带有潜在性。

7. 目标指向性

在整个创新思维活动中，要解决的创新性问题会像磁石一般吸引着创新者，使创新者废寝忘食，忘我工作，专注于创造物，这些都是创新者对问题的迷恋和强烈的目标定向性作用的结果，创新成果对整个社会的意义越重要，对创新者的吸引作用也越大，其迷恋的程度也会越深。

综上，通过了解创新思维的本质特征，对于我们奠定创新思维的思想基础，有效切入创新活动，具有重要的实践意义。

（三）创新思维的类型

创新思维是一种综合性很强的思维活动，涵盖了在创新过程中发挥作用的一切形式的思维方式。它是多种思维方式的综合应用，具有极为复杂的形式，包含着极为丰富的内容，有着多种多样的实现途径。

1. 发散思维与收敛思维

发散思维也叫辐射思维、扩散思维、多向思维，是一种极具创造力的思维活动。发散思维是一种在思维过程中，从所要解决的问题出发，不墨守成规，不拘于传统，突破习惯和经验的束缚，呈现一种扩散状态，求得多种解决方案的思维方法，是从一点到多点的思维方法。发散思维在创新思维中至关重要，某种程度上讲，没有发散思维就没有创新。

收敛思维与发散思维的特点正好相反，它以某个思考对象为中心，尽可能地运用已有的经验或知识，将各种信息通过比较、筛选、组合、论证，从而得出在现有条件下解决问题的最佳方案。一般课堂教学的主要内容之一就是训练人们的收敛思维，培养集中思考能力。

从思维方向上来讲，发散思维的方向是由一点向四面八方进行扩散，收敛思维则是由四面八方向中心集中。没有发散思维的广泛收集、多方搜索，收敛思维就没有了加工对象，就无从进行；反过来，没有收敛思维的认真整理、精心加工，发散思维的结果再多，也不能形成有意义的创新结果。

2. 联想思维与形象思维

联想思维是指由某一事物联想到另一种事物而产生新认识的心理过程，即由所感所知或所思的事物、概念或现象的刺激，而想到其他的与之有关的事物、概念或现象的思维过程。根据认识和改造客观世界的需要，人们通过组合想象，可以使已有的一些事物形成新的联系，可以构成见所未见、闻所未闻的事物形象。联想思维法在人们各方面的创新活动中发挥着巨大的作用。

形象思维又称为直接思维，属于感性认识活动。是指人们在认识世界的过程中，对事物表象进行取舍时形成的，只用直观形象的表象解决问题的思维方法。人一出生就会无师自通地以形象思维方式考虑问题，如儿童认识事物和看图识字，就是运用的形象思维；画家的作品、诗人的描写都是形象思维的结果。形象思维贯穿创新活动的始终，从认识问题开始到把问题解决后应用于实践，都离不开形象思维。

3. 逆向思维

逆向思维，也称求异思维，它是对司空见惯的、似乎已成定论的事物或观点反过来思考的一种思维方式。唯物辩证法认为，任何事物都包含着对立的两个方面，这两个方面相互依存于一个统一体中。由于这种思维突破了人们考虑问题的思维定势，因而往往能够获得惯常思维所不能取得的成效。如春秋战国时期的田忌，在与齐威王赛马时，运用逆向思维方式，最终取得三局两胜的战绩。

日常生活中，人们习惯于沿着事物发展的正方向去思考问题并寻求解决办法。其实，如果逆转一下正常的思路，从反面想问题，便能得到一些创新性的设想。

4. 灵感思维

灵感思维是指人们在科学研究、科学创造、产品研发或问题解决过程中突然涌现、瞬息即逝，使问题得到解决的思维过程。灵感思维具有偶然性、突发性、创造性等特点。灵感是过去从未有过的新思想、新念头、新主意、新方案及新答案。灵感思维是三维的，它产生于大脑对接收到的信息的再加工——储存在大脑中沉睡的潜意识被激发，是凭直觉领悟事物的本质。

5. 逻辑思维

逻辑思维也称抽象思维，是人们在认识活动中运用概念、判断、推理等思维方法，在对事物进行分析、综合、比较、概况的基础上，抽取事物的本质属性，撇开事物的具体形象与非本质属性，使认识从感性阶段进入理性阶段的一种思维模式。只有经过逻辑思维，人们对事物的认知才能达到对具体对象本质规律的把握，进而认识客观世界。逻辑思维具有规范、严密、确定和可重复的特点。要想创新，找到复杂问题的解决方案，就必须运用逻辑思维。

#### 6. 类比思维

类比思维是根据两个具有相同或相似特征的事物间的对比，从某一事物的某些已知特征去推测另一事物的相应特征的思维活动。从两个或两类对象具有某些相似或相同的属性事实出发，推测出其中一个对象可能拥有另一个或另一类对象具有的其他属性的思维方法。

类比思维法是古今中外许多知名人士最常运用的一种解决问题的方法，由这种方法所得出的结论，虽然不一定非常精确可靠，但通常富有创造性，往往能将人们带入完全陌生的全新领域，并给予许多启发，在新旧信息间找相似和相异的地方，即异中求同或同中求异，通过类比思维，在类比中联想，从而升华思维，既有模仿又有创新。

### （四）创新思维的培养方法

凡成大事者，都有超出常人的创新思维。在激烈的竞争面前，创新思维会给当事人带来生机和活力。毫无疑问，我们必须要保持一种创新思维，用新思维突破常规观念，超越自己过去的认知，才能立于不败之地。在学习上，谁拥有创新思维，谁的头脑就灵；在工作上，谁拥有创新思维，谁的办法就多；在事业上，谁拥有创新思维，谁的发展就快；在修养上，谁拥有创新思维，谁的境界就高。拥有创新思维对我们个人的成长和发展有着直接影响，起到重要的推动作用。

#### 1. 培养质疑的态度

（1）“问题”是对事物的关注。思考者应敢问、勤问、善问，要敢于对自己看到的现象，特别是对新奇的事物提出问题。对事物保持质疑的态度是一个人富于创造力的重要特征。有了问题，就表示思考者开始关注某种事物，通过思考，对司空见惯、习以为常的事物质疑，通过解答揭示事物本来的面目。

（2）“问题”是创新的起点。人们在认识活动中经常会遇到一些难以解决的实际问题，从而产生怀疑、困惑的心理状态。这种心理状态会驱使人们去寻找办法，解决问题，直至有新的发现。科学上很多重大发明与创新就是为了寻求问题的解决而产生的。可以说，创新源于问题的提出，只有发现问题，才会有创新的动因；没有问题，便没有创新活动及创新思维。

（3）“质疑”能够提高对事物的识别能力。培养质疑的态度必须戴上“怀疑的眼镜”，在怀疑中发现问题。善于发现问题的人总会对事物进行细致观察、深入探究和独立自主思考。我们要学会做生活中的有心人，处处留意观察，认真思考，就能够发现问题。古人云："疑乃觉悟之机，大疑则大悟，小疑则小悟，不疑则不悟。"当然，我们讲的怀疑是指理智地怀疑，而非不假思索、随意地怀疑，甚至否定一切。在提问和质疑中提出自己的独特看法，方能提高个人对事物的识别能力。

2. 积累知识和经验

丰富的知识和经验有助于激发创新思维。人类经历了几千年的探索活动，所得经验已汇集成浩瀚无垠的知识海洋，创造了坚实的理论基础，形成了丰富的科学知识和方法体系。创新思维有赖于各种知识和长期经验的积累，是因各方面的知识和经验的相互交汇、渗透、综合而产生的。知识和经验越丰富广博，视野就越开阔，思考就越宽广、越深入。因此，积累知识、总结经验有益于创新思维的培养，大学生应加强学习、开阔视野、总结经验，不断激发创新思维。

3. 有计划地锻炼和培养

创新思维可以通过有计划地锻炼与培养获得，具体包括以下几个方面。

（1）直觉的培养。首先必须培养和激发自己对创新的强烈愿望和激情。其次，要刻苦学习，丰富科学文化知识，积极投身社会实践，注重将理论与实践相结合，不断扩大自己的视野范围，增长生活的阅历和见识。

（2）灵感的培养。首先要培养自己勤于思考、勇于探索的习惯。灵感思维是在一定知识储备的基础上，对疑难问题久经沉思之后，在不同知识信息之间的突然交叠，绝不会无缘无故地产生。没有冥思苦想，便没有灵感的产生。灵感的产生还需要有主客观因素发挥作用：客观的因素，即拥有相关的信息；主观的因素，即创新主体处于有准备的头脑激发状态。灵感的产生预示着科学研究和创造发明即将获得突破性的成功。

（3）想象力的培养。应尽可能多地接触自然、接触社会、接触世界上的万事万物，对尽可能多的事物产生基本的认知，拥有众多的事物形象。比如绘画能够培养人对事物的观察力、记忆力，绘画能力越强，能够想象到的事物便越多、越清晰；听音乐可以引发人们的遐想，在听不同类型的音乐时，人们会想到不同的情景。

（4）联想力的培养。创新必须有丰富的形象记忆、知识记忆和思考记忆的储备，这些记忆来源于对实际生活的深入观察、深入体验。抓住日常生活中的一人一事、一情一景，随时随地展开联想，并且把联想的结果写下来。养成这种培养联想力的习惯，对储备写作材料大有裨益。此外，欣赏文艺作品也能提高联想力。在欣赏文艺作品时，将自己的身心完全沉浸在作品所表现的艺术境界中，凭借作品提供的形象和思想，设身处地、天马行空地去联想，在享受美感的同时，也能达到培养联想力的目的。

### （五）思维定势的破解

1. 思维定势的概念

思维定势，也称惯性思维，是指根据已有的知识、经验，在头脑中形成的一种固定的思维模式，也就是思维习惯。思维定势对问题解决既有积极的一面，也有消极的一面。

积极的思维定势是一种按常规处理问题的思维方式。它能让人们在客观事物、客观环境相对不变的情况下，对人和事物的认知更迅速、更有效。它可以省去许多摸索、试探的步骤，缩短思考时间，提高效率。在日常生活中，思维定势可以帮助我们解决遇到的90%以上的问题。

消极的思维定势则指人们在遇到问题时，会自然地沿着固有的思维模式进行思考，从而让思维受到已有框框的限制，缺乏求异性与发散性，难以打开思路，难以产生出创造性的思维结果。当新旧问题形似质异时，思维定势会使解题者墨守成规，难以涌出新思维、做出新决策，造成知识和经验的负迁移，致使解题者步入误区，也会禁锢其创造性。下面将罗列思维定势的消极影响并提出破解的策略。

2. 思维定势的类型

（1）书本型思维定势：在思考问题时不顾实际情况，不加思考地盲目信任书本知识，一切从书本出发，当书本知识与客观事实之间出现差异时，往往受到书本知识的束缚，抓住书本知识不放，使书本知识成为思想障碍，这种以书本为纲的思维模式就是书本型思维定势。

（2）权威型思维定势：在思维领域，不少人习惯引证权威的观点，以权威的是非为标准，一旦发现与权威相违背的观点，就认为是错误的，这就是权威型思维定势。事实上，权威也是会犯错误的，如大发明家爱迪生曾经极力反对交流电的推广，许多著名科学家也曾预言飞机是不能上天的。

（3）从众型思维定势：别人怎么做，我也怎么做；别人怎么想，我也怎么想。这种随大流的思维模式，就是从众型思维定势。如骑着自行车来到十字路口，正好赶上红灯，本应停下来，但是看到大家都骑着车往前冲，自己也毫不迟疑地跟进，这种盲目“跟风”缺少独立性和理性思考，有时甚至会带来严重的负面影响。“盲目从众、人云亦云”的人，是不可能产生创新想法的，只有敢于标新立异，善于独辟蹊径的人，才可能会有独立的思想和独到的见解。

（4）经验型思维定势：通过长时间的实践活动所取得积累的经验，是值得重视和借鉴的，可是经验有时候只是人们在实践活动中取得的感性认识，并未充分反映出事物发展的本质和规律。受经验型思维定势的束缚，人们就会不注意事物的新信息和偶然性，习惯按照自己已有的经验处事，墨守成规，失去创新能力。

（5）自我中心型思维定势：是指人在日常的思维活动中想问题、做事情完全从自己利益与好恶出发，主观臆断，不顾他人的存在和感受，如果被自我中心型思维惯性困住，那么就很容易造成人与人之间沟通的困难，从而造成不愿承认自己错误的结果。

3. 思维定势的破解方法

思维定势是创新的主要障碍。要进行创新创造活动，必须破解思维定势的束缚，即突破原有的思维框架，转换思维视角。换言之，就是我们在思考问题的时候，不要只从一个角度去思考，可以换位思考，从其他角度去尝试解决问题。

（1）变“顺着想”为“倒着想”：在“顺着想”不能很好地解决问题时，“倒着想”是一种新的选择。我们都学过“司马光砸缸”的故事。孩童落水，性命危在旦夕，要救出落入水缸的小孩，常规方法是把人拉出水面。而把一个小孩拉出水缸，对大人来说不成问题，但对于少年司马光来说并非易事，弄不好自己还可能被对方拖下水。司马光没有固守“人离水能活”这一条准则，而是反过来，思考“水离人，人也能活”这种方法，最终砸破水缸救出小孩。

（2）从事物的对立面出发去想：因为对立的双方既是对立又是统一的，改变这一方不行，改变另一方则可能有助于问题的解决。

（3）转换问题获得新视角：如果我们认为某一问题的思考方式对自己不利，就应该转换一个思路，从另一个角度考虑问题，把不能办到的事情转化为可以办到的事情，把复杂问题转化为简单问题，把自己生疏的问题转化成熟悉的问题，使问题迎刃而解。

## 任务辨析

下面看看大学生新新和业业是如何认识创新意识和创新思维的。

新新：我要养成良好的生活和学习习惯，书本上的知识都是前人的经验总结，把书本学好，跟着所学知识一定没有错。以后只要按部就班，就能一劳永逸。

业业：我们在生活中时刻要有创新的意愿和设想，并不断通过训练提升创新思维能力。面对问题我们需要打破思维定势，用心去观察和实践就会有新的收获。

新新思想保守，认为应该完全遵从书本知识，不接受新生事物，墨守成规，缺乏创新意识，不注重创新思维的培养。业业具有创新意识，懂得培养自身的创新思维，认识思维定势，具有勇于探索的创新精神。

# 项目小结

本项目通过介绍创新基础知识，使同学们能够充分认识创新的内涵，了解创新意识及创新思维的内涵，掌握创新的类型和创新的方法，以及如何激发创新意识、培养创新思维、破除思维定势的方法。希望同学们能够结合所学专业，利用所学创新知识，发掘自身潜能，运用创新方法解决实际问题，进而开启创新创业的大门。

## 双创榜样

### 董雅娟："牛姐"与她的中国"牛"

董雅娟，黑龙江职业学院1986届畜牧兽医专业毕业生。她被先后评为全国三八红旗手、全国五一劳动奖章获得者。当选为山东省第八届政协委员和第十届、第十一届人大常委会，第十二届全国人大代表。

提到动物克隆，业内人士不免会想起我国首例和第二例健康成活的体细胞克隆牛"康康"和"双双"，那么这位培育出克隆牛的神秘人物到底是谁呢？她就是被称为"牛姐"的董雅娟。不仅如此，2003年，董雅娟培育出世界首例玻璃化冷冻体细胞克隆牛胚胎移植犊牛"蓓蓓"，以及我国首例和第二例体细胞克隆牛自繁殖后代"壮壮"和"健健"；2006年培育出世界首例抗疯牛病转基因体细胞克隆牛；2009年成功培育出了国内首个高档肉牛新种质——山东黑牛；2015年在国内首次培育出高档优质肉牛新种群；2016年G20杭州峰会上为各国元首和政要提供的"东坡牛扒"，其所用食材就是选用的山东黑牛肉。此外，董雅娟创立的山东布莱凯特黑牛科技有限公司，先后获得山东省著名商标、全国百佳农产品品牌、中国品牌食材企业、山东省农业产业化重点龙头企业、国家农业标准化示范区、国家肉牛标准化养殖示范场、山东省畜牧业发展领军企业等五十余项荣誉。

2013年，董雅娟当选为第十二届全国人大代表，同年，习近平总书记在山东省视察时，她非常荣幸地得到了总书记的接见。座谈期间，总书记深刻阐释了科技创新工作的重要性，强调了农业科技工作者应有的责任和担当，鼓励她勤奋工作，勇于创新，"让农业插上科技的翅膀"，使她深深感受到了作为一名知识分子和农业科技工作者的神圣使命和至高荣誉。2018年，她按计划进行专门化育肥配合饲料和养殖育肥试验；2019年，开展种子母牛群全基因组选择研究与应用工作，初步建立种子母牛评价技术体系……

可以说，董雅娟的职业生涯始终离不开一个"牛"字。她自己的科技成果促进了牛产业发展方式转变，培育出我国的优质高档肉牛新品种，带动农民脱贫增收，产生更大的经济效益和社会效益，得益于她十几年如一日不忘初心，主动担当，勇于创新，坚韧不拔，截至2019年，董雅娟已经累计直接带动农户3万户、辐射带动农户10万户走上致富道路，为精准扶贫和畜牧产业发展创建了新模式，该模式被中国畜牧业协会评为“中国畜牧行业优秀模式”。

# 项目实训

## 树洞猫咖的产品创新

### 一、实训目标

学会运用奥斯本检核表法对创新创业项目——树洞猫咖的产品进行创新性改良。

### 二、实训内容

赵宇，男，21岁，某职业学院宠物医学专业大三毕业生，在校期间一直在某宠物医院兼职，现任该猫咖店长，已取得执业兽医资格证书。张迪，女，21岁，某职业学院工商管理专业大三毕业生，课余时间在宠物美容店和快餐店兼职，性格热情开朗。两位同学来自同一所国家“双高”职业院校，在校期间两人均表现优异，且都非常喜欢小动物，关系十分熟稔。毕业之际，两人决定在学校旁边商场里成立一家猫咖，取名树洞猫咖。

“树洞”是分享秘密的地方，年轻人在生活中会遇到各种各样的压力，但很多时候没有合适的对象进行倾诉，或者不希望将自己的秘密告诉别人，那么就会选择找一个能寄存心事的地方表达自己的心情，这种地方就称为“树洞”。所以，“树洞”这个店名，是非常符合现在年轻人的心理需求的。而且猫是喜欢爬树的，因此树洞中的猫咖，也会带给人一种新奇感。同时，商场地处北方二线省会城市大学城中心地带，周围有五所高校，年轻人居多。树洞猫咖以猫为主体，客人既能在店里喝饮料、吃点心，又能享受随意撸猫的乐趣，还可以缓解压力，放松心情，很受爱猫却没有足够条件养猫的人士的欢迎。树洞猫咖有很多品种的猫咪，它们不被笼养，在店里自由活动，客人可以随便选择猫咪进行互动。

依据奥斯本检核表法的分析模型（表2-5），对树洞猫咖产品进行改良，并提出新产品研发方案。要求至少找到六个创新点。

表 2-5　运用奥斯本检核表法对树洞猫咖的产品改良设计

| 序号 | 检核项目 | 创新思路 | 创新产品 |
| --- | --- | --- | --- |
| 1 | 能否他用 | | |
| 2 | 能否借用 | | |
| 3 | 能否改变 | | |
| 4 | 能否扩大 | | |
| 5 | 能否缩小 | | |
| 6 | 能否替代 | | |
| 7 | 能否调整 | | |
| 8 | 能否颠倒 | | |
| 9 | 能否组合 | | |

## 三、考核评量

授课教师根据实训目标，对学生的实训情况进行综合考评，并完成表2-6的填写。

表 2-6　考核评量表

| 序号 | 评量内容 | 分值 | 要求 | 团队赋分依据 | 得分 |
| --- | --- | --- | --- | --- | --- |
| 1 | 运用奥斯本检核表法对树洞猫咖进行产品创新设计 | 60 分 | 每组至少有 6 个创新点，每个创新 15 分;超过 6 个创新点，每个创新点额外加 10 分 | 熟练掌握奥斯本检核法，组内成员每人至少提出一个创新点 | |
| 2 | 以小组为单位对树洞猫咖产品创新设计进行汇报 | 30 分 | 每组各派 2~3 名代表，对创新内容进行汇报 | 汇报者自信大方，突出重点 | |
| 3 | 表格设计及 PPT 制作 | 10 分 | 要求表格和 PPT 要点清晰易懂 | 表格填写完整，PPT 突出重点 | |
| 总分 :____________ | | | | | |

## 项目检测

培养创新能力

# 项目三

# 打造创业团队

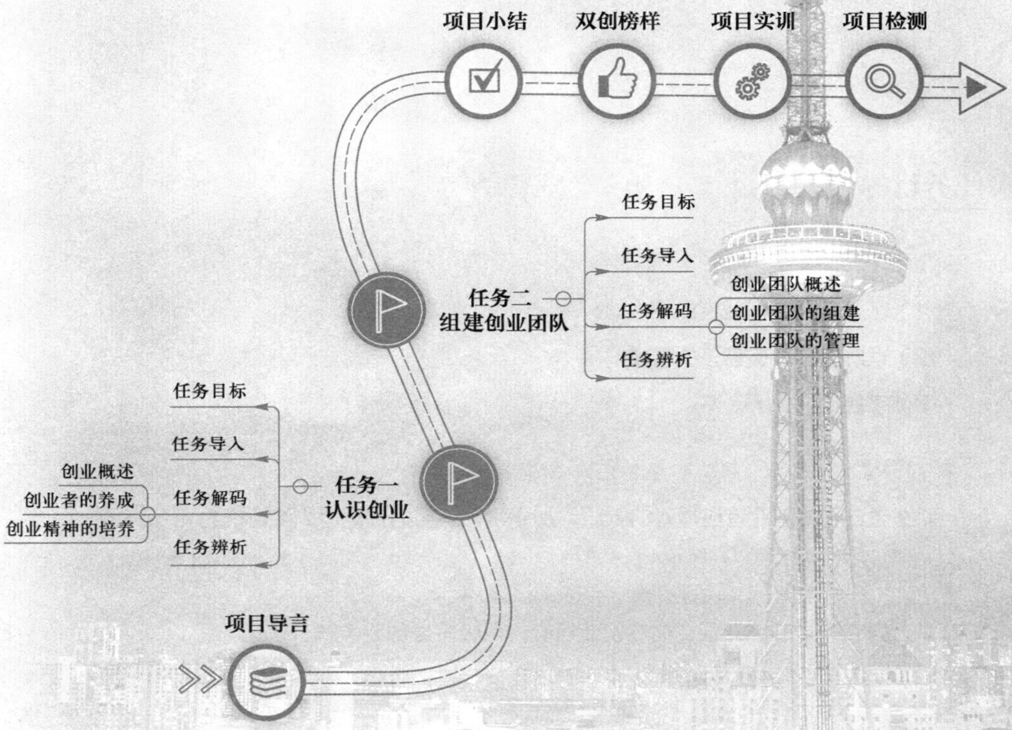


## 项目导言

创业者是创业的主体，是具有创业意向和能力的早期创业家。组建一支优秀的创业团队对任何创业者而言，都是一项至关重要的工作，它决定着创业的成败。

众人拾柴火焰高，用心打造你的创业共同体，成就不平凡的事业！

# 任务一　认识创业

## 任务目标

>>知识目标

（1）了解创业、创业者的概念。

（2）理解创业者应具备的素质。

（3）掌握创业要素。

>>能力目标

能够通过了解创业者应具备的素质，加强学习，努力提高个人综合能力。

>>素养目标

（1）树立科学的创业观，树立创业信心，积极投身创业实践。

（2）培养创业精神，做一个终身学习者和自我改造者。

## 任务导入

### 平常心做非常事

张一鸣毕业于南开大学，本科学历，既没有读研读博，也没有出国深造。没有国际化教育背景的他，却创办了一家国际化公司——抖音，海外名称TikTok。该公司在全球大概有11万名员工，分公司遍布世界200多个城市。张一鸣的成功有其个人努力，也有时代的助推。

2005年大学毕业创业，张一鸣跟师兄开发协同办公系统软件，因无市场以失败告终；2006年工作，成为初创公司酷讯的第一位程序员，在酷讯的日子是他成长最快的时期，“刚开始我只是一个普通的程序员，但到了第二年，我就管理着四五十人，负责后端技术和其他产品相关的工作了。”在酷讯的团队里，多是来自世界名校的计算机专业硕士、博士。张一鸣的技术不是多么出众，更没有什么丰富的经验。他工作时，从不区分哪些是该做的，哪些不是该做的，想到就去做。夜以继日地工作，熬通宵是家常便饭，如果早早回家，张一鸣也会看书学习到凌晨一两点，但两年后，张一鸣还是以公司管理混乱为由离职。

2008年工作，进入微软亚洲研究院，半年后因无聊离职；2008年工作，初创公司饭否，不久因饭否关闭离职；2009年创业，加入九九房，因房地产领域太局限离职；2012年，张一鸣决定再创办一家公司，起名叫：字节跳动（ByteDance）。

2012年底，头条App发布，有了头条后，张一鸣开始寻求B轮融资。几经波折，B轮收到了来自海外的投资。2016年9月，抖音终于上线，这是一个面向全年龄的短视频社区平台。抖音胜在算法，去中心化的精准定位，让每个人刷到的内容都不一样，通过双向审核机制进入流量池，根据流量池的表现，再决定是否推给更多人。抖音的算法让每一个有能力产出优质内容的人，得到了跟平台大号公平竞争的机会。

张一鸣从第一天创业就在考虑全球化战略，因他早期沉迷于数据挖掘和信息推荐，他对数据极其敏感。时至2023年，字节跳动的产品和员工遍布世界各地，这让字节跳动成为除苹果外，唯一一家在国内外客户都超过1亿人的科技公司。

（资料来源：知言阁知言.平常心做非常事，张一鸣的教育和创业之路.2023-06-09.有删改.）

## 任务解码

“观念改变命运，创业成就梦想”，大学生要努力做好适应社会发展的准备，做好创业的准备。这是新形势下，时代赋予大学生新的历史责任和使命。那么，究竟什么是创业呢？

### 一、创业概述

决定创业是人生职业生涯规划的一个重要选择，但是，创业并非易事，只有对创业有了一定的认知，才能更好地开展创业实践，提高创业成功率，实现创业理想。

#### （一）创业的概念

创业泛指人类一切具有开拓创新意义的社会实践活动。创业是指创业者对自己拥有的资源或者通过努力能够拥有的资源进行优化整合，从而创造出更大经济价值或者社会价值的过程。创业是不拘泥于当前资源约束，寻求和利用适当的机会进行价值创造的行为过程。需要指出的是：创业不仅仅指开创属于自己的事业，能在工作岗位独当一面、开拓进取，也是一种创业，我们称之为“内创业”。

通过对国内外相关文献资料查阅梳理，结合有关“创业”概念与字段的分析，本书对“创业”做出如下定义：创业是指个人或组织利用或借助相应的平台或载体，将其发现的信息、资源、机会或掌握的技术，以一定的方式，转化、创造出更多的经济、财富和社会价值，并实现某种追求或目标的过程。简言之，创业就是创业者或创业团队，通过发现、识别创业机会，结合其所拥有的创业资源，最终创造市场价值的社会活动。

### （二）基于创业过程的创业要素

创业要素就是创业活动所必须具有的实质或本质及其组成部分。研究表明，创业成功是一系列要素科学组合形成的结果，创业者可以通过改善这些要素的组合方式来提高其创业成功的可能性。

创业学家蒂蒙斯的创业过程模型（图3–1）是目前影响较广泛的创业管理理论。蒂蒙斯认为，创业是“创业机会、创业资源和创业团队”三大要素的结合：创业机会是创业过程的核心驱动力，创业者或创业团队是创业过程的主导者，创业资源是创业成功的必要保证，三者相互联系，相辅相成。创始人或工作团队必须在推进业务的过程中，在模糊和不确定的动态的创业环境中，具有创造性地捕捉商机、整合资源和构建战略、解决问题的能力。

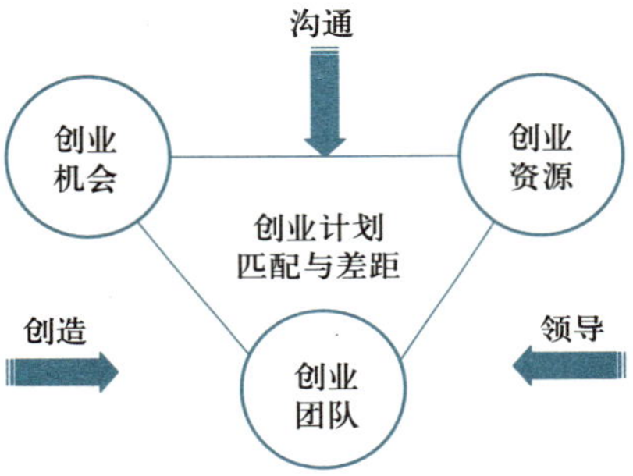


图 3–1　蒂蒙斯创业过程模型

#### 1. 创业机会

创业机会主要是指具有较强吸引力的、较为持久的、有利于创业的商业机会。创业过程始于创业机会，而不是资金、战略、网络渠道、团队或商业计划。在创业过程中，资源与创业机会间经历着“适应—差距—适应”的动态过程。

#### 2. 创业资源

创业资源是创业过程中所需要的各种生产要素和支撑条件，创业机会的存在本质上是部分创业者能够发现特定资源的价值，对于创业者来说，如果获取不到创业所需的各类资源，即使拥有再好的创业机会、再优秀的创业团队，也毫无意义。

在创业过程中，创业者要反复估量权衡创业资源，充分地利用创业资源，将各种要素有效组合，形成新的产品或服务，才能创造出新的价值。创业资源是新创企业创业和运营的必要条件。

## 知识链接

### 创业资源的分类与管理

创业资源是指新创企业在创造价值的过程中需要的特定资产，包括有形与无形的资产，它是企业创立和运营的必要条件，是推动创业的物质要素，是为了顺利开展创业活动所需要的人、财、物的总称。

1. 创业资源的分类

（1）资金资源：包括自有资金、银行贷款、股东资金、风险投资和各种政策性的低息或无偿扶持基金等。

（2）科技资源：包括对口的研究所和高校科研力量的帮助，与企业产品相关的科技成果，以及进行产品开发时所需要用到的专业化的科技试验平台等。

（3）人才资源：包括高级科技人才和管理人才的引进，高水平专家顾问队伍的建设，合格员工的聘用等。

（4）管理资源：包括企业诊断、市场营销策划、制度化和正规化企业管理咨询等。

（5）生产设备：包括参与产品生产的各种设施、设备、工具等。

（6）场地资源：包括场地内部的基础设施建设、便捷的计算机通信系统、良好的物业管理和商务中心，以及周边方便的交通和生活配套设施等。

2. 创业资源的管理

企业的创业资源主要有资金、时间、人才、市场等方面，而其管理包括这些资源的获取、分配和组织等方面的内容。

（1）资金管理：这是因为企业创业在内部发生，一般新业务由旧业务的收入来支撑，所以资金来源有所保障。在这种资金获取办法下，有时会因新业务本身没有收益，反而需要投入大量的资金而导致“新业务招损”，从而打击旧业务员工的积极性，对企业发展不利，特别是当企业从专业化向多元化转变时。解决这个问题的办法有：对新项目使用种子支助资金，采取内部风险投资的方式，或其他有偿使用资金的办法。

（2）人才分配：企业创业的另一个问题是人才支持。企业必须注意在发展过程中培养新的人才，稀释各部门的人才密度，给人才定期施加压力，保证其不断成长进步。

（3）工作时间分配：为了保障员工有充足的时间来孵化创新性的想法，组织应该从制度上给予他们保证，同时调整他们的工作负担，避免对员工各方面施加过多的时间压力，允许他们利用长时间解决创新问题。

（4）企业创业的营销资源管理：主要是指营销资源的分配和新市场的开拓。开始时，新产品在市场中几乎无人问津，因此，企业必须集中销售资源，致力于新产品的市场开拓。这里也存在新旧项目营销资源竞争的问题。为了解决这个问题，企业必须加大营销投入。

3. 创业团队

创业团队是创业过程的关键要素，创业团队要在把握创业机会的基础上，不断去配置和平衡创业资源，并推进创业过程的实施。有关创业团队的内容，将在本项目下一个任务详述。

总之，创业过程是创业机会、创业资源和创业团队三个要素匹配和平衡的结果，是一个连续不断地寻求平衡的行为组合。在创业活动中，创业机会是创业过程的起点和核心，创业团队是创业过程得以有效执行的主要动力，创业资源是创业成功的必要保证，在三个要素中，绝对的平衡是不存在的，而是处于动态的平衡，创业者在创业过程中就像一名杂技表演者：一边要在平衡线上跳上跳下，保持平衡；一边还要在动荡的处境中进行各式各样的表演。

（三）创业与创新及就业的关系

1. 创业与创新的关系

（1）创新是创业的本质与源泉。创业是一个不断革新的过程，创业者在创业过程中需要不断运用创新思维和创新意识，产生富有创意的想法和方案，不断开创新的模式，才能保持创业活动的持续性发展和成长，并最终获得创业的成功。

（2）创新的价值在于创业。从某种程度来看，创新的价值是将潜在的知识、技术和市场机会转化为现实生产力，从而创造社会价值，本质上属于思维、观念、方法、模式等上层建筑，但它并不能从根本上解决经济基础问题。而实现这种转化的根本途径就是创业，所以，创业是实现创新价值的根本途径，是通过商业活动和市场化，将技术创新、制度创新、管理创新转变为现实生产力，创造出物质财富，推动经济发展，提高人们的生活水平的直接方式。

（3）创业推动并深化创新。创业活动在一定程度上可以推动创新，也是实现创新价值的过程。创业可以催生出新的市场需求，包括新技术、新产品和新服务等。所以，创业是一个上升发展的过程，这个过程可以一步步推动创新的进步，营造浓郁的创新氛围，从而提升整个国家的创新能力，最终提高生产力。

（4）创新和创业也是有区别的。创新有着丰富的内涵与外延，是在现有物质和精神基础上，引入新概念、新事物的过程，但并不是所有的创新都具有创业的价值，也不是所有的创新都指向创业。创业作为一种提供产品服务的过程，不一定都有创新的内容，很多传统项目或商业模式反复被创业者所用也是一种常态。

2. 创业与就业的关系

（1）创业可以促进就业。创业需要人才和劳动力的推动来实现，因此创业可以创造更多的就业机会。此外，创业也可以带动整个产业链的就业，比如，一个新的产品的研发和生产需要原材料供应商、物流公司、销售渠道等。

（2）就业也可以促进创业。就业可以稳定社会的经济基础，为人们提供稳定的收入来源，激发人们的创业热情——当人们有了稳定的收入来源，不再担心生计问题，他们就可以更加自由地追求自己的创业梦想，因为他们不必担心生计问题。此外，就业也可以提供社会资源和人脉关系，帮助人们更好地实现自己的创业计划。

（3）就业和创业相互影响。因为就业者是消费者和客户的一部分，就业可以为创业提供市场需求和反馈，帮助创业者更好地了解市场需求和趋势。同时，创业也可以为就业提供更多的机会和选择，因为创业可以创造新的产业和市场。

## 二、创业者的养成

### （一）创业者的概念

创业者有两个基本含义：一是指企业家，即在现有企业中负责经营和决策的领导人；二是指创始人，通常理解为即将创办新企业或者是刚刚创办新企业的领导人。国内外学者也将创业者的定义分为狭义和广义两种：狭义的创业者是指参与创业活动的核心人员。该定义避免采用领导者或组织者的概念。因为在当今的创业活动中，技术所占比重越来越大，离开了核心的技术专家，很多创业都无法进行，而且很多创业活动最早都是由某个拥有特殊技术成果的专家发起的核心的技术专家理应成为创业者。广义的创业者是指参与创业活动的全部人员。在创业过程中，狭义的创业者将比广义的创业者承担更多的风险，也会获得更多的收益。

综上所述，创业者就是通过个人或者组织的力量，运用手中有限的资源发现、评价并利用了创业机会的人。

### （二）创业者的类型

#### 1. 从创业的背景和动机上划分

（1）生存型创业者：这种类型的创业者多数为没有固定工作的工人、农民及刚毕业找不到合适工作的大学生。一般创业范围均局限于商业贸易，少量从事实业、加工业。

（2）赚钱型创业者：赚钱型创业者在创业的过程中没有明确的目标，唯一的目的就是赚钱，通过做各种项目，来达到赚钱的目的，同时也享受创业的过程。

（3）变现型创业者：这类创业者一般是手中掌握和聚拢了大量资源的人。创业范围实际是将过去的权力和市场关系变现，将无形资源变现为有形的货币。这其实是一种公然破坏市场经济环境，人为制造市场不公平竞争的行为。

（4）主动型创业者：主动型创业者可以分为盲目型创业者和冷静型创业者两种。盲目型创业者缺少计划性，失败概率比较大。冷静型创业者则会在创业前期做好充足的准备，掌握了足够的资源并计划好周密的计划后才开始创业，一般这样的创业者成功率会比较高。

2. 从创业过程中所处的角色和所发挥的作用上划分

（1）独立创业者：指自己出资建立企业并自己管理的创业者，其创业动机和实践受很多因素影响，如发现很好的商业机会；失去工作或找不到工作；对目前的工作缺乏兴趣；对循规蹈矩的工作模式和个人前途感到无望；受他人创业成功的影响等。独立创业充满挑战和机遇，创业者在创业过程中可以自由发挥想象力、创造力，充分发挥主观能动性、聪明才智和创新能力；可以主宰自己的工作和生活，按照个人意愿追求自身价值，实现创业的理想和抱负。但是，独立创业的难度和风险较大，可能会面对缺乏管理经验，缺少资金、技术资源、社会资源、客户资源等问题，生存压力大。

（2）主导创业者与跟随创业者：两者是相对的。在一个创业团队中，带领大家创业的人就是团队的领导者，即主导创业者，其他成员就是跟随创业者，也叫参与创业者。

（三）创业者素质与能力的提升

在创业过程中，人力资源是第一资源，创业者在创业过程中起着举足轻重的作用。创业者是创业活动的核心和创业成功的关键，创业者所具备的素质和能力有助于创业成功，是影响创业成功的决定性因素之一。创业者的素质和能力主要包括强健的身体素质、良好的心理素质、丰富的知识储备、过硬的能力水平和优秀的人格品质。

1. 身体素质

身体素质是指身体健康、体力充沛、精力旺盛、思路敏捷。现代小企业的创业与经营是艰苦而复杂的，创业者工作繁忙、压力大，如果身体素质差，必然力不从心，难以承受创业重任。

2. 心理素质

所谓心理素质是指创业者的心理条件，包括自我意识、性格、气质、情感等心理构成要素。作为创业者，自我意识特征应为自信和自主；性格应刚强果断和开朗；情感应更富有理性色彩。成功的创业者大多不以物喜，不以己悲，面对成功和胜利不沾沾自喜得意忘形，在碰到困难、挫折和失败时不灰心丧气的心理素质较强者。

（1）独立思考、判断、选择、行动的心理品质。

① 自主抉择，即在选择人生道路和创业目标时，有自己的见解和主张。在行动上很少受他人影响和支配，能将自己的主张决策贯彻到底。

② 行为独创，即能够开拓创新，不因循守旧，步人后尘。

（2）敢于行动、敢冒风险、敢于拼搏、勇于承担行为后果的心理品质。

（3）敢于克服盲目冲动和私利欲望的心理品质。

① 创业者要善于克制，使自己的判断和决策始终在正确的轨道上进行，不

能因一时的冲动而引起缺乏理智的行为。

② 创业者要自觉接受法律、社会公德和职业道德的约束。当个人利益与公德冲突时，要能克制个人欲望，约束自己的行为。

（4）坚持不懈、不屈不挠、顽强努力的心理品质。

① 创业者需要百折不挠，坚持不懈的毅力和意志。能够根据市场的需要和变化，确定正确而且令人奋进的目标，并带领员工战胜逆境，实现目标。

② 创业者必须有一颗永远持之以恒的进取心，三心二意、知难而退，或虎头蛇尾、见异思迁，终将一事无成。

（5）善于进行自我调节、适应性强的心理品质。

① 灵活地适应变化是创业成功的关键所在。

② 善于进行自我调节以应对各种压力。

③ 具有较强的适应性，还应做到"胜不骄，败不馁"。

3. 知识素养

创业者的知识素养对创业起着举足轻重的作用。创业者要进行创造性思维，做出正确决策，必须掌握广博的知识，具有一专多能的知识结构。具体来说，创业者应该具有以下几方面的知识：做到用足、用活政策，依法行事，用法律维护自己的合法权益；了解科学的经营管理知识和方法，提高管理水平；掌握与行业、企业相关的科学技术知识，依靠科技进步增强竞争能力；具备市场经济方面的知识，如财务会计、市场营销、国际贸易、国际金融等。

4. 能力素质

众所周知，一个人创业很难，想要创业成功更是难上加难。创业者想要取得成功，还需要具备下面的能力素质。

（1）创新能力。创业实际就是创新变现的过程，创业者需要具备创新能力，有创新思维，不墨守成规，能够发掘市场潜力，开发新产品、拓展新服务，改进现有产品和服务，并在竞争激烈的市场中保持竞争优势。

（2）决策能力。创业者的决策能力通常包括：分析能力、判断能力。独立的分析决策能力，既是个人独立的一个重要评判标准，也是一个创业者不可或缺的能力之一。

（3）预见能力。预见能力可以为创业者指明前进方向，是一个成功的创业者必备的能力。可以说，预见能力是成功的指南针。创业者需要具备对市场的深刻理解和一定的预见能力，以便在市场竞争中保持领先地位。

（4）组织协调能力。组织能力指的是创业者把各项生产要素有机组合起来，形成系统整体合力的能力。创业者就是研究、开发、生产、销售等各个环节的协调者、组织者和领导者。

（5）应变能力。创业者的应变能力，是指创业者在市场环境发生改变时，所做出的反应，可能是出于本能的，也可能是经过大量思考过程后，所做出的决策。创业者的应变能力表现在以下几个方面。

① 对产品的应变能力：随着市场需求的不断变化，调整自身产品的品种、规格、外观和质量等的能力。

② 对市场营销的应变能力：随着市场需求的变化不断调整自己的营销策略和方式。

③ 对管理的应变能力：随着市场的变化调整经营管理制度、经营方向、用工用人制度等的能力。企业应变能力离不开创业者的胆识、智慧和谋略，可以说，创业者应变能力的大小决定了企业应变能力的强弱。

（6）社交能力。通过交往和沟通，可以排除障碍，化解矛盾，降低工作难度，增加团队间信任度，有助于创业的发展。创业者需要具备良好的沟通能力，能够与员工、投资人、客户等各种利益相关者进行有效的沟通，并建立良好的关系。

（7）激励能力。创业者对员工进行激励，是指通过实现员工个人精神、物质需求来提高他们的工作积极性，引导他们在企业经营中的行为。创业者对员工的激励，有以下两种形式。

① 工作激励：分配恰当的工作来激发员工的工作热情。

② 成果激励：正确评价员工的工作成果，以此为标准给员工合理的报酬，并给予物质或精神上的激励。丰厚的物质奖励是创业者鼓励员工的重要手段，同时，满足员工的需求也是激励人才的重要策略。

（8）用人能力。市场经济的竞争是人才的竞争，谁拥有人才，谁就拥有市场、拥有客户。一个企业没有优秀的管理人才、技术人才，这个企业就不会有好的经济效益和社会效益；一个创业者不吸纳德才兼备、志同道合的人共创事业，创业就难以成功。因此，必须学会用人。要善于吸纳比自己强或有某种专长的人共同创业。

#### 5. 人格品质

成功创业者应该具备强烈的创业追求，拥有诚信和责任担当等人格品质。还要有诸如自信，善良，自立，乐观，勤奋好学，执行力强，懂得宽容，懂得尊重，节俭，珍惜时间，认真负责等优秀的个性品质。

当然，这并不是要求创业者必须完全具备这些素质和能力才能去创业，而是要求创业者本人要有不断提高自身素质的自觉性和实际行动。要想成为一个成功的创业者，就要作一个终身学习者和改造自我者。

## 三、创业精神的培养

### （一）创业精神的概念

创业精神是创业者各种素质的综合体现，集冒险精神、风险意识、效益观念和科学精神为一体，体现创业者具有开创性的思想、观念和个性，以及积极进取、不畏失败和敢于担当等的优秀品质。创业精神能让创业者发现别人注意不到的趋势和变化，看到崭新的市场前景，让创业者在新事物、新环境、新技术、新需求、新动向面前具有较强的吸纳力和转化力，让创业者不断寻找机会、不断创新、不断推出新产品和新的经营方式。

创业精神可以从广义和狭义两方面理解。广义的创业精神是指创业者在创立基业、开创新事业的过程中所具有的心理过程和心理特征。狭义的创业精神就是企业家精神，不同的专家学者对狭义的创业精神做了不同的阐述。熊彼特认为，企业家精神是一种经济首创精神，即创新精神；企业家精神就是做别人没做过的事或是以别人没用过的方式做事的组合。

## 知识链接

### 培育和弘扬新时代企业家精神

培育和弘扬企业家精神是新时代经济实践和经济理论的重要内容。党的二十大报告明确提出，“弘扬企业家精神”“加快建设世界一流企业”，彰显了企业家精神在企业高质量发展进程中的重要作用。《中共中央国务院关于促进民营经济发展壮大的意见》明确提出，“民营经济是推进中国式现代化的生力军”，同时要求“培育和弘扬企业家精神”。民营企业已经成为推动我国发展不可或缺的力量，企业家精神不断彰显。推动民营经济高质量发展，重在培育和弘扬企业家精神，尤其需要全面准确理解企业家精神。

企业家精神是与整个市场机制运行紧密关联的，是现代经济发展最重要的生产要素。企业家精神理论是随着新航路开辟和工业革命代表的市场经济兴起而出现的，是随着现代经济发展而不断演化成熟的。企业家精神就是将生产要素组织起来融入社会化大生产的关键因素，形成创造力和生产力，决定着每个企业的生产函数。

创新是企业可持续发展的基础支撑，也是企业家精神的重要体现。

企业家善于在不确定性中发现和把握市场机遇。实际市场常处于非均衡状态，一旦把握住这些机会，就能推动市场趋向均衡。这要求企业家能够敏锐抓住之前未被识别的机会，对市场需求有预见性。

企业家在实现个人财富增长的过程中，也肩负着更多的社会责任，以对家庭、家族、国家和社会的贡献为标杆，国家的繁荣发展是企业家发挥创造力的保障。企业家精神作为特有的禀赋，是一种迸发出来的勃勃生机和创造力，指引企业前进。

培育和弘扬企业家精神归根到底依靠法治。市场经济必然是法治经济，企业和企业家作为市场经济主体自然是法治中国的主体。依法保护民营企业产权和企业家权益，有利于促进企业家精神的释放。法律规范体系的完善提供了企业治理的制度基础设施，保障民营企业健康稳定发展。

新时代新征程，我国需要立足新发展阶段，贯彻新发展理念，构建新发展格局，更好培育和弘扬新时代企业家精神。企业家精神是建设世界一流企业的基础，是落实创新驱动发展战略的关键，是推进中国式现代化最重要的力量。

（二）创业精神的特征

经济学家熊彼特将创业精神看作是“破坏性的创造”，管理学家彼得·德鲁克认为创业者是主动寻求变化，对变化做出反应并将变化视为机会的人。纵观各派观点，创业精神有以下共同特征。

1. 先进性

创业精神的最终体现就是开创前无古人的事业，成功的创业者的创业精神，往往超越历史，突破历史留白，开创前人“想所不敢想、做而不敢做”的新事业。

2. 整体性

无论是创业精神的产生、形成和内化，还是创业精神的外显、展现和外化，都是由哲学层面的创业思想和创业观念、心理学层面的创业个性和创业观念、行为学层面的创业作风和创业品质三个层面构成的整体，缺少其中任何一个层面，都无法构成创业精神。

3. 综合性

创业精神是由多种精神特质综合作用而成的，创新精神、进取精神和合作精神均为创业精神的重要特质。

4. 时代性

创业精神的物质和精神基础因不同时代人们的追求不同而各异，其创业精神的具体内容也体现为不同的表现形式。

5. 地域性

不同地域因长期的历史文化特点和风俗形成不同的创业精神。

（三）创业精神的要素

国内学者马浩在对现有研究进行综合分析和整理的基础上，对创业精神的要素和含义进行了系统归纳，形成“4P”框架，其内容如下所述。

1. 理念视角（Perspective）：企业家的心智模式

创业精神是远见卓识的表现，是一种一致、连续地看待世界的方法，是一种特殊的心智模式，它赋予机会和资源不同的价值，同时鼓励创新、创造，鼓励改变游戏规则、独树一帜。创业精神还有助于改变现状、发现新方法，帮助人们思考怎样做能不同于现有作法而更有效率、更有效益。

2. 先锋人士（Pioneer）：勇于创新的积极态度

企业家是先驱者，无论是从零开始建立商业帝国，还是在已有企业领域内进行冒险，这些人都是创造和创新矢志不渝的拥护者。他们喜欢在自己的领域中有所作为，有计划冒险，只有企业家“挽起袖子”，才能把机会变成金钱，积极打造、改变未来。

### 3. 行动实践（Practice）：行动才是关键

行动胜于语言，创业的远见卓识反映在企业家的行为上。无论是建立新企业还是内部创新，最终创业的行为和活动才是关键。作为一种商业活动，创业以强烈的行为导向为特征，其内容是做些事情、创造些东西和让事情发生。

### 4. 绩效成就（Performance）：结果导向

企业家受结果驱动，他们关心并寻找有利用价值的机会。他们立志利用他们的前景打造未来，实现个人对社会的影响。企业家通过他们的创业行动改变世人的生活、工作、学习和娱乐方式，他们对此自然的反应是：我用自己的方式做事。

## （四）创业精神对社会发展的作用

创业活动频繁，象征国家的经济繁荣。创业在经济发展中的作用不只是增加国民经济产出和收入，还起着在企业和社会领域发动和组织变革的作用，并使参与产出的各方参与者均获得更多的财富。作为经济发展和社会发展的推动力，创业精神作为内在动力机制，能够激发人们进行创业实践的欲望，促使人们投身创业实践活动，支配人们对创业实践活动的态度和行为，影响创业态度、行为的方向及强度。经济理论有这样的观点：创新不仅促使市场开发新产品、新服务领域，而且在刺激创建新企业的投资兴趣方面起着重要作用。新的投资行为对增长均衡中的需求方和供给方的刺激作用，扩大了创业资本带来的供给方经济的新增长能力，同时，相应的新消费又推动了需求方新的消费能力。

创业精神会影响个人成就的取得，提高创建私人企业的成功率；帮助企业重新焕发创业精神，促进企业高速成长，增强企业竞争力；协助国家实施创业驱动发展战略，实现人民幸福、社会和谐、国家富强的昌盛局面。同时，创业精神有利于我国加快转变经济发展方式，促进经济持续健康发展。具体而言，创业精神的现实作用体现在以下三方面。

### 1. 创业精神是解决国家就业问题的有效措施

经济学家认为，创业精神是刺激经济增长和创造就业机会的必要因素，有利于创业环境和氛围的形成，是解决就业问题最有效的措施之一。各国的实践证明，成功的小企业担负着创造就业机会、增加收入和减少贫困的主要责任。我国普通高校每年有超过千万的大学生毕业，鼓励和扶持创业者创业，特别是受过创业教育影响的大学毕业生的创业，利用其“一拖三”效应（一位大学生创业，解决另外三人就业问题），增加就业岗位成为解决中国就业问题的根本措施。

### 2. 创业精神推动经济发展

创业精神推动国家和地区的经济发展。创业精神不但催生许多新企业和创业者，还能促成许多新行业的诞生，从而更好地利用社会资源，高速高效能发展，解决改革开放以来“高能耗、低产出”传统行业带来的社会、生态问题，提供“节能、环保”产品维护生态平衡，促进社会经济的可持续发展，实现企业的永续经营。

### 3. 创业精神促进科技成果转化

促进科技成果产生，促进科技成果高效转化为现实生产力，是实现“科技是第一生产力”的现实基础，创业精神则是实现理念的根本性措施。新创企业（特别是中小企业）具备创新效率高、产品转化效率高的特点，同时，中小企业可以在短时间内进入市场，调整战略，灵活应对市场的竞争变化，赢得企业间竞争。

## （五）大学生创业精神的培养

创业精神的培养需要从培养创业者的创新能力、创业人格和强化创业实践等方面去着手。创新是创业精神的核心，创业教育要鼓励学生具备初心，保持先天的好奇心和质疑能力，激发求知欲，凡事敢于挑战，多问为什么，不唯书、不唯人，突破窠臼，培养科学精神，训练创新思维，提高创新能力。人格塑造与创业精神是相辅相成的共生体，创业者应该有独立的健康心理意识、积极心理素质，还要增强适应能力，培养坚韧不拔和艰苦奋斗的意志品质和精神。大学生创业精神的培养主要有以下方式。

### 1. 通过知识和技能学习来培育

（1）通过学科教学渗透，将创业意识、创业能力的培养渗透于知识学习、技能训练之中。同时，增强学生学习的针对性和实用感。如以文科类课程为载体渗透创业意识培养，以理科和工科类课程为载体渗透创业技能、能力的训练。

（2）开设创业教育类课程，如创业知识和创业技能训练课、创业教育学、创造技能与方法等。

### 2. 通过实践和实训活动来培育

主动参与创业实践，熟悉各种职业特点和自我的能力特点，积累创业经验，增长创业才干，减少将来创业的盲目性。大学生应多参与各种社会实践、校园活动、创新训练、沟通训练、拓展训练、创业实训、创业大赛、创业讲堂、创业社团等实践活动，强化自身的行为特征，培育创业精神。

总的来说，创业精神是创业个体与有价值的商业机会进行结合的催化剂，是民族精神的重要元素，创业精神的培养和传承是当前高等院校面向全体学生开展创新创业教育的重点，也是改变传统教育“唯知识”论的重要途径，当然也是每个人必备的品质。我们大学生的创业精神是独立生存的自信心和不断创新的进取心的统一，我们要坚持知识、能力、素质的辩证统一，突出培养自己的创新能力，努力提高自己的实践能力，为自己的职业生涯发展道路铺设希望之路，为强国建设、民族复兴伟业提供源源不断的动力。

## 任务辨析

下面看看大学生新新和业业是如何认识创业者的创业动机的。

新新：创业者只是为了赚钱而创业。

业业：创业者希望创业成功，某种程度上不只是为了盈利、获得社会的承认或声望，而是为了满足自我实现的需要。

业业对于创业者的创业动机的认识是很中肯的；新新认为创业只是为了赚钱有些片面，有些创业者走上创业之路并不单单只是为了赚钱，更是为了更深层次的精神追求。有些人是为了实现自己的理想抱负，或者渴望创新带来的满足感。创业者往往都追求独立的生活，希望能够通过自身努力创造出属于自己的价值和财富。而且有些创业者追求的是创业过程中对自身命运的掌控感，以及创业成功过程中产生的责任感、喜悦感等各种感受。

# 任务二　组建创业团队

## 任务目标

### >>知识目标

（1）了解创业团队的概念、特点和创业精神。

（2）掌握创业团队的类型和组建创业团队的基本原则。

### >>能力目标

能够模拟组建创业团队并制订创业团队管理方法。

### >>素养目标

（1）培养责任担当、共赢的团队精神。

（2）提高团队意识，营造团队协作氛围。

## 任务导入

### “中国天眼”FAST研发团队

“中国天眼”FAST拥有三项自主创新：一是利用贵州天然喀斯特巨型洼地作为望远镜台址；二是自主发明了主动变形反射面；三是自主提出轻型索拖动馈源平台和并联机器人。在“中国天眼”FAST团队共同努力下，多项关键核心技术取得了突破。“中国天眼”FAST的研制建设，体现了中国自主创新能力，实现了中国大科学工程由跟踪模仿到集成创新的跨越，为中国射电天文多个研究领域和自然科学相关领域提供重大发现创造了良好机会。“中国天眼”FAST全新结构和苛刻的技术要求，推动了中国众多高科技领域的科技进步和产业升级，同时也促进了西部经济的繁荣和社会进步，而这些都离不开“中国天眼”FAST团队的默默无闻与辛勤付出。

“中国天眼”FAST的建设和调试工作涉及天文、力学、结构、测量、控制、电子学等多学科领域，具有强交叉学科特点。自2011年开工建设伊始，FAST团队全体人员肩负起望远镜现场建设重任，开始了异地坚守、舍家拼搏的奉献之旅。从工程建设到开展调试，FAST团队人员始终驻守望远镜现场，每个月都要保证26天以上驻场时间，长期与家人分居两地。FAST团队经过不懈努力，快速实现了望远镜的系统集成，提前完成了功能性调试任务，并在两年时间内完成了各专业组的验收，其调试工作进展得到业界的广泛认可，被央视等主流媒体多次报道，取得了显著的社会效益。FAST团队是FAST前进的基石，他们用自身行动诠释了“追赶、领先、跨越”的FAST精神。

“中国天眼”FAST团队先后荣获2017年度“全国五四红旗团委（团支部）”、第十五届中国青年科技奖、第二十三届“中国青年五四奖章集体”、第三十二届“北京青年五四奖章”、北京市科学技术进步奖一等奖，广西科学技术奖技术发明奖一等奖，辽宁省科学技术奖科技进步一等奖，贵州省科技进步奖二等奖，中国钢结构协会科学技术特等奖，中国机械工业科学技术奖一等奖，中国电子学会科学技术奖科技进步奖一等奖，中国科学院杰出科技成就奖，全国三八红旗集体称号，中央和国家机关五一劳动奖，授权专利58项，发表论文188篇。

（资料来源：侯茜.2019中国科学院年度人物和年度团体.中国科学报，2020-01-09.有删改）

## 任务解码

一个优秀的创业团队，是企业不竭生命力的来源，是新企业生存和发展的核心。那么，什么是创业团队呢？

### 一、创业团队概述

#### （一）创业团队的概念

创业团队是指在创业初期，由一群才能互补、责任共担、愿为共同的创业目标而奋斗的人所组成的特殊群体。创业者在创业之初，组建一支优秀的创业团队是创业成功的关键。

#### （二）创业团队的作用

有关调查发现：70%以上创业成功的企业，都有多名创始人。尤其是在高科技领域，团队创业比个体创业更为常见。相对个人创业而言，创业团队具有以下突出优势。

（1）团队成员共同承担工作目标及责任。

（2）团队成员能力互补、知识共享。

（3）能更有效地决策。

（4）有更高的工作绩效。

（5）能更加迅速地应对技术变革的能力。

（6）创业机会的识别、开发和利用能力大大提高。

## 知识链接

团队与群体的区分

要注意区分团队和群体的概念，团队本身是一个群体，但是又不完全等同于群体。

（1）从目标性质上来看，实现团队目标需要成员间彼此协调且相互依存，而实现群体目标却不需要成员间相互依存。

（2）从贡献性质上来看，在团队中，每个成员之间的个人贡献是互补的，而在群体中，每个成员之间的个人贡献是可替换的。

（3）从责任承担上来看，对是否完成团队目标，团队成员在承担个人责任的同时还需要共同承担成败责任，而群体成员只承担个人成败责任。

（4）从绩效评估上来看，团队的绩效评估以团队整体表现为依据，而群体的绩效评估则以个人表现为依据。

（5）从工作控制上来看，群体一般有明确的控制者，而团队成员在信息共享、自主控制、决策参与等方面都比群体更灵活。

### （三）创业团队的组成要素

如何打造创业团队，是所有创业者需要费心思考和必须解决的事情。当你需要判断商业理念是否有潜力时，个人能力再强，也难免有失误和考虑不周的时候，这个时候团队的重要性就体现出来了。组建创业团队时，需要重点考虑五方面因素，即“5P”要素。

#### 1. 创业目标（Purpose）

创业团队对其正在进行的工作应有一个明确的目标，团队每个成员也应有着同样的目标。目标引导团队成员的思想和行为。没有目标，团队就没有存在的价值。例如，当我们希望制造一款小型厢式货车时，对于设计开发的细节，团队需要明确的是：我们开发的不是运动型多用车、“皮卡”或豪华轿车。这些不同车型面向不同市场，有着不同的开发成本，需要不同的市场策略。

#### 2. 创业人员（People）

人是构成创业团队最核心的力量，三个或者三个以上的人就可以构成团队。团队目标是通过人员具体实现的，所以人员的选择是创业团队中非常重要的一个部分，在一个团队中可能需要有人出主意、有人定计划、有人实施、有人组织协调，还有人监督团队工作的进展、评价团队最终的贡献，不同的人通过分工来共同完成团队的目标，因此在人员选择方面要考虑到人员的知识、能力和经验如何，技能是否互补。

#### 3. 创业团队的定位（Place）

创业团队的定位包含两层意思：一是创业团队的定位，确定团队在企业中处于什么位置，由谁选择和决定团队的成员，团队最终应对谁负责等；二是个体的定位，对团队成员进行明确分工，确定各自承担的责任。

4. 权限（Power）

在创业团队当中，权限关系到两个层面：一是团队领导人的权力。团队领导人的权力大小与创业团队的发展阶段相关。一般来说，在创业团队发展的初期，领导权力相比较集中，团队越成熟，领导者拥有的权力相应越小；二是团队权力。要确定整个团队在组织中拥有哪些决定权，如财务决定权，人事决定权等。

5. 创业计划（Plan）

计划是对达到目标所做出的安排，是未来行动的方案，可以把计划理解成目标实施的具体工作程序。只有扎实认真地落实计划，创业团队才会贴近目标并最终实现目标。

创业团队“5P”要素的相互作用如下。

（1）创业团队有共同的价值观、统一的目标和标准。

（2）创业团队成员负有共同的责任。

（3）创业团队成员的才能互补。

（4）创业团队成员愿为共同的目标做出奉献。

（四）创业团队的类型

创业企业失败的原因很多，最常见就是资金、团队或者商业模式出现了问题。而一般的创业都是有了一个好的创业构想或者商业模式，选定了一个好的创业项目才付诸行动。创业行动的首要之务就是组建一个好的创业团队，进行资金筹集使用、产品研发、市场营销以及企业内部管理，因此，团队组织设计的重要性不言而喻。一般来说，创业团队大体上可以分为三种，分别为星状创业团队、网状创业团队，以及从网状创业团队中演化来的虚拟星状创业团队（表3-1）。

表 3-1　创业团队的类型

| 团队类型 | 内涵 | 特点 | 示意图 |
|---|---|---|---|
| 星状创业团队 | 有一个核心主导人物，充当了领军的角色 | 组织结构紧密，向心力强；<br>决策程序相对简单，组织效率较高；<br>容易形成权力过分集中的局面，从而使决策失误的风险加大；<br>当其他团队成员和主导人物发生严重冲突时，一般都会选择离开团队，因而对组织的影响较大 | 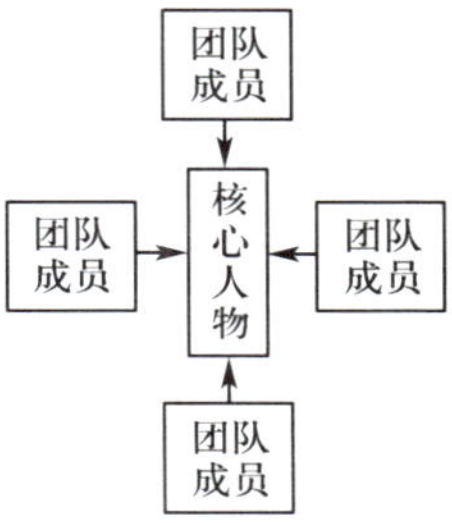 |

续表

| 团队类型 | 内涵 | 特点 | 示意图 |
|---|---|---|---|
| 网状创业团队 | 由志趣相投的伙伴组成，共同认可某一创业项目，共同进行创业 | 成员地位平等，有利于沟通交流；<br>团队没有核心，整体结构较松散；<br>组织决策效率相对较低；<br>容易形成多头领导的局面；<br>当团队成员之间发生冲突时，一般都采取平等协商、积极解决的态度消除冲突。团队成员不会轻易离开，但是一旦团队成员间的冲突升级，使某些团队成员撤出团队，就容易导致整个团队的涣散 | 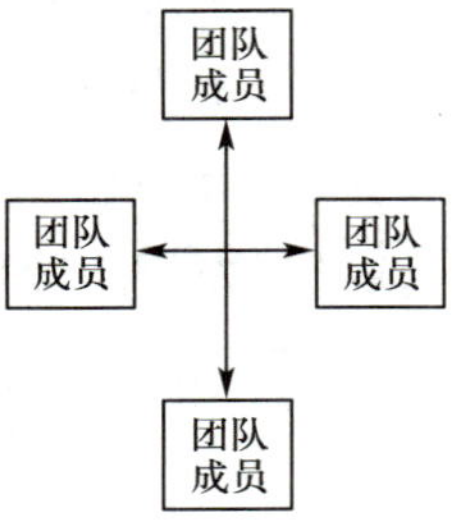 |
| 虚拟星状创业团队 | 在团队中，核心成员地位的确立是团队成员协商的结果，因此核心人物某种意义上说是整个团队的代言人，而不是主导型人物 | 团队领导具有一定的威信，在团队中的行为必须充分考虑其他团队成员的意见，又不像星状创业团队中核心主导人物那样有权威性；<br>团队领导既不像星状创业团队那么集权，又不像网状创业团队那么分散 | 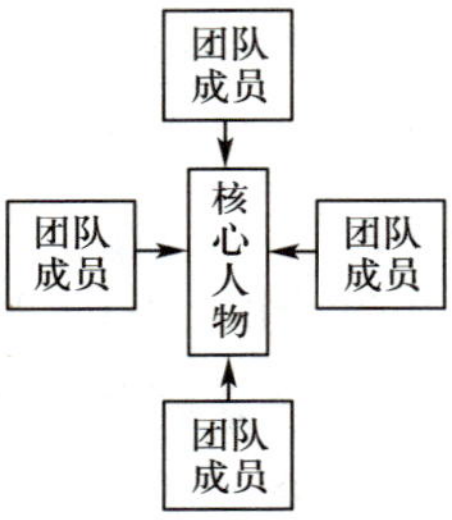 |

## 案例分享

### 航天科技“北斗”团队

2019年9月25日，航天科技“北斗”团队获得“最美奋斗者”集体称号。

航天科技“北斗”团队是我国自主研发北斗导航卫星系统的中坚力量，建立了我国首个、世界第三个卫星导航定位系统——北斗一号卫星系统，打破了美国GPS垄断；建成北斗区域导航（北斗二号）卫星系统，创造连续三年成功发射14颗导航卫星的佳绩，开创卫星小批量生产模式的先河，实现我国领土和周边区域的高精度定位。25年深耕天疆，团队突破自主导航、星间链路等一大批关键核心技术，实现关键器部件100%国产化，撑起国人脊梁、服务国计民生，孕育了“自主创新、团结协作、攻坚克难、追求卓越”的北斗精神。

波澜壮阔的北斗导航系统建设，被誉为“五个千万工程”，即调动千军万马、历尽千难万险、经过千辛万苦、走进千家万户、造福千秋万代。而从北斗三号立项到今天，也走过了5 000多个日日夜夜。

从2009年到2012年，第一个“千日”，北斗团队一方面推进北斗二号建设，另一方面开展北斗三号立项与研制工作。从2012年到2017年，第二个和第三个“千日”，北斗团队继续完善北斗二号系统，脚踏实地推进北斗三号卫星研制、试验各项工作，攻克一系列难关，取得一大批具有自主知识产权的卫星导航系统关键技术成果。

从2017年到2020年，第四个“千日”，北斗团队大干苦干，用18次发射将30颗北斗三号卫星送入太空。两次发射的间隔最短只有十几天。谈到当时的状态，中国航天科技集团五院北斗三号工程副总师、卫星系统首席设计师谢军形容："我们是以跑百米的速度在跑马拉松。"2019年9月，这支队伍获得"最美奋斗者"殊荣。2020年7月31日，在北斗三号全球卫星导航系统建成暨开通仪式上，中央领导同志宣布系统建成开通。党中央、国务院、中央军委发出贺电，提出了"自主创新、开放融合、万众一心、追求卓越"的新时代北斗精神。

从2020年到2023年，第五个"千日"。北斗团队牢记嘱托，大力弘扬新时代北斗精神，质朴、务实、较真、主动地开展工作、推进创新。其中在2020年8月，五院把握国家战略需要和领域发展需要，实施了宇航总体单位重组改革，成立通信与导航卫星总体部。组织牵引，体制保证，有力推动卫星通信与卫星导航实现融合发展。

### （五）创业团队的角色分工

英国团队管理专家梅雷迪思·贝尔宾观察与分析成功团队的特点时发现，一支结构合理的团队由三大类、九种不同的角色组成，依据成员所表现出来的个性及行为特征来划分，这九种角色分别是完成者、执行者、鞭策者、协调者、外交家、凝聚者、智多星、专业师和审议员，他们分别负责行动导向（执行团队任务，包括完成者、执行者和鞭策者）、人际导向（协调内外部人际关系，包括协调者、外交家和凝聚者）、谋略导向（发想创意，包括智多星、审议员和专业师）三类任务活动，这就是著名的"贝尔宾团队角色理论"（表3–2）。而事实上，创业团队通常都不会有这么多人，何况一支完美团队的形成也不可能一蹴而就。但是，这个理论框架给我们提供了一个重要的信息，那就是角色之间的能力互补，我们仍然可以参考这些成功团队的组合结构，尽量去按照这个标准去组建自己的团队、去规划和寻找合适成员，而在创业初期，我们完全可以一个人兼任不同的角色，这样依然会取得较好的成效。待队伍壮大、时机成熟，一支结构更合理，组成更多元、运行更高效的完美团队也就自然形成了。因此，我们建议创业者在深刻理解何为结构合理的团队的基础上，灵活地组建自己的团队即可。

**表3–2　团队中的角色分类及特点**

| 三大类 | 导向 | 团队角色 | 积极特性 | 弱点 |
|---|---|---|---|---|
| 思考类（想） | 谋略导向 | 智多星 | 充满创意、富有想象力、不会墨守成规，提供独特想法，从不同角度看问题，善于解决疑难 | 忽略现实琐事，过分沉迷于自我思维而未能有效表达 |
| | | 审议员 | 深思熟虑、精于谋略、识辨力强，周详考虑选项，判断准确 | 可能欠缺鼓舞他人的能力 |
| | | 专业师 | 专心致志、主动自觉、全情投入，能够提供不易掌握的专门知识和技能 | 只能在有限范围内做出贡献，沉迷于个人专业 |

续表

| 三大类 | 导向 | 团队角色 | 积极特性 | 弱点 |
| --- | --- | --- | --- | --- |
| 社交类（说） | 人际导向 | 外交家 | 外向、热情，善于沟通，能够探索新机会，开拓对外联系，识别、获取与整合外部资源 | 过分乐观，一旦初期的热忱减退，可能会失去兴趣 |
| | | 协调者 | 成熟、咨询，能够澄清目标，凝聚众人，促进团队沟通，识人善任 | 可能会被团队人员认为玩弄手段，易推卸个人职责 |
| | | 凝聚者 | 精诚合作、态度温和、感觉敏锐、待人圆滑，聆听及采纳意见，避免摩擦，常是团队的润滑剂 | 在紧迫情况下优柔寡断 |
| 行动类（做） | 行动导向 | 鞭策者 | 善于推动、充满活力，能够承受压力，具备克服障碍的动力和勇气 | 动辄触怒别人，可能会冒犯他人 |
| | | 执行者 | 严于律己、可信任、谨慎稳重，能够采取实际步骤和行动 | 可能欠缺弹性，面对新机会时反应迟缓 |
| | | 完成者 | 勤勉苦干、忠诚尽责、追求完美，善于发现错漏，能把事情办妥 | 因苛求完美过分焦虑，不愿别人介入自己的工作 |

优秀的团队由不同角色组成，每个角色都有优缺点，组建高绩效的团队，团队领导就必须要用人之长、容人之短，同时也需要团队成员之间通力合作，发挥团队合作精神，弥补各自的不足，推动着团队走向完美。

## 知识链接

### 高管职位知多少

首席执行官（Chief Executive Officer，CEO）：主要负责企业日常经营管理决策。

首席运营官（Chief Operating Officer，COO）：具体负责公司的日常运营。

首席技术官（Chief Technology Officer，CTO）：企业内负责技术的最高负责人，由于互联网业的迅猛发展，有时CTO和CIO是同一个人。

首席财务官（Chief Financial Officer，CFO）：全面负责企业财务管理。

首席信息官（Chief Information Officer，CIO）：主要负责制定公司的信息政策、标准、程序的方法，并对全公司的信息资源进行管理和控制。

首席知识官（Chief Knowledge Officer，CKO）；主要负责企业内部的知识管理等相关工作。

首席采购官（Chief Procurement Officer，CPO）：负责企业采购方面的全面工作。

## 二、创业团队的组建

### （一）创业团队组建的主要影响因素

创业团队组建时受多种因素的影响，这些因素相互作用，共同影响着组建过程，并进一步影响着团队建成后的运行效率。

1. 商机

不同类型的商机需要组建不同类型的创业团队。创业者应根据创业者与商机间的匹配程度，决定是否要组建团队以及何时、以何种方式组建团队。

2. 团队目标与价值观

统一的目标、共同的价值观是组建创业团队的前提。团队成员若不认可团队目标，就不可能全心全意为实现目标而与其他团队成员相互合作、共同奋斗。而不同的价值观将直接导致团队成员在创业过程中脱离团队，进而削弱创业团队作用的发挥。没有一致的目标和共同的价值观，创业团队即使组建起来，也无法有效发挥协同作用，必然缺乏战斗力。

3. 团队成员

创业团队可能很小，但必须是“五脏俱全”。创业团队成员不能是清一色的技术流成员，也不能全部是销售人才，团队成员的能力总和决定了创业团队的整体能力和发展潜力。创业团队成员的才能互补是组建创业团队的必要条件。优秀创业团队的成员各有所长，相互补充，相得益彰。此外，团队成员间的互信是形成团队的基础。而互信的缺乏，将直接导致团队成员间协作障碍的出现。

4. 外部环境

创业团队的生存和发展直接受到制度性环境、基础设施服务、经济环境、社会环境、市场环境、资源环境等多种外部要素的影响。这些外部环境要素从宏观上间接地影响着对创业团队组建类型的需求。

### （二）创业团队组建的原则

（1）创业者之所以寻求团队合作，其目的就在于弥补创业目标与自身能力间的差距，发挥出“1+1>2”的协同效应。

（2）为了减少创业期的运作成本，最大比例地分享成果，创业团队人员构成应在保证企业高效运作的前提下尽量精简。

（3）应注意保持团队的动态性和开放性，使真正完美匹配的人员能被吸纳到创业团队中来。

### （三）创业团队组建的过程

创业团队的组建是一个相当复杂的过程，不同类型的创业项目所需的团队不尽相同，创建步骤也不完全一样。组建一般创业团队的大致程序如下。

1. 明确创业目标

创业团队的总目标就是要通过完成创业阶段的技术、市场、规划、组织、管理等各项工作，实现企业从无到有、从起步到成熟的转变。总目标确定之后，为了推动团队最终实现创业目标，可再将总目标加以分解，设定若干可行的、阶段性的子目标。

## 知识链接

### SMART原则

在管理学中有一个非常重要的目标设定原则——SMART原则，它由表示确定目标的五项基本原则的英文单词首字母组合而成。

使用SMART原则，目的只有一个，即如何设定高达成度的目标。换言之，一个计划是否具有可行性，五项基本原则缺一不可。

（1）具体的（Specific）。目标一定要明确，一次只能聚集一个目标，如果目标太大，就要把目标分解成一个个小目标，并且目标要是清晰的，能得到明确的结果。目标清晰就是尽量将结果图像化，达到的目标能用一句话说清楚。目标有标准去衡量，还要有实现目标的计划。

（2）可衡量的（Measurable）。指目标是否达成可以用指标或成果的形式进行衡量。在目标实现的过程中，目标的进度最好也是可以衡量的，至少有几个关键事件点来表示目标的实现的进度。

（3）可实现的（Attainable）。这是指在给自己或者他人确定目标的时候，目标不能定太高，也不能太低，如果太高的话容易打击人积极性，如果太低又没有挑战性，最好是努力一下能够达到的。

（4）相关的（Relevant）。目标，是基于自身的条件制订的，千万不可太过脱离既有条件。有时，远大的目标会让人在实现目标的过程中迷茫和焦虑，一定要把目标分解成多个小目标。同时，目标的实现还包括分配一定的时间和精力，光制订目标，然后不能安排时间和精力或其他必要的资源，目标也是不现实的。

（5）有时限的（Time-bound）。目标一定要有时间限制，否则，时间一长，新鲜感一过，目标就很难再继续下去了。

2. 制订创业计划

在确定创业总目标及阶段性的目标后，紧接着就要研究如何实现这些目标，这就需要制订周密的创业计划。在制订创业计划时要以团队为整体来考虑计划，创业计划确定了在不同的创业阶段需要完成的阶段性任务，通过逐步实现这些阶段性任务来最终实现企业创业总目标。

3. 选择创业伙伴

选择合适的创业伙伴是创业团队组建中最关键的一环。创业不是个人英雄主义的诠释，创业伙伴的加入可以降低创业风险，创业伙伴还能提供决策意见，补充创业短板。选对了创业伙伴，可以帮助创业者解决资金、创业资源、专业能力等方面的问题，增加创业的成功率。一般而言，创业团队至少需要精通管理、技术、营销三个方面的人才，只有擅长这三个方面的人才形成良好的沟通协作关系后，创业团队才能实现稳定高效运转。

## 知识链接

### 组建创业团队选人时需坚持的基本原则

1. 价值观要统一

在选择创业伙伴时，考虑的第一要素就是创业价值观是否统一，志同才能道合，合伙人的价值观统一决定了创业企业能走多远。有相同或相似价值观的人，在创业过程中可以同甘苦，共进退。古人云，“道不同不相为谋”，对于创业企业来讲，合伙人之间不同的价值观选择，必然会导致不同的企业管理和发展理念，这容易在企业未来命运的把握和选择上产生分歧。

2. 互补性要强

创业伙伴之间需要核心技能互补，这种互补，既是知识、经验、资源上的互补，也是性格、能力上的互补。创业团队的互补性是确保团队成功的重要因素之一。

（1）团队的互补性可以确保团队成员之间的技能和经验能够相互补充。例如，如果一个团队成员在技术方面非常出色，但是缺乏商业经验，那么另一个团队成员在商业方面的经验可以弥补这个缺陷。这样，整个团队才能够更好地协作，并取得成功。

（2）团队的互补性可以促进团队成员之间的学习和成长。当拥有不同技能和经验的人在一起工作时，他们可以从彼此的经验和知识中学习到很多东西。这样，整个团队就能够更快地成长，并更好地适应市场的变化。

（3）团队的互补性可以增强团队的多样性和创新性。当团队成员拥有不同的背景和经验时，他们看待问题的方式也会不同。这种多样性可以激发出新的想法和解决方案，从而使团队更富有创新力和创造力。

3. 心胸要开放

光会识人和用人还不够，成功的创业者还要有包容之心。创业是使一个企业从无到有的过程，这个过程既是对个人意志力的考验，也是对创业者胸怀的考验，因为一个企业要获得利润，依靠的不仅仅是顺从的人，更需要有才能的人。所以创业者应该时刻牢记以大局为重，不计较眼前的利益，高瞻远瞩。例如，当“携程四君子”刚刚开始联手创业的时候，有人质疑过四位高层之间会不会有分歧，影响到正常业务工作，面对这种声音，创始人之一的梁建章表示：“分歧在所难免，但关键是搭档之间要有包容性，越是高层领导，他要包容的东西就越多。”

那么，如何寻找创业合伙人呢？创业者的同学、同事、同志（好友）、同行、同乡等亲密关系的圈子（简称“五同”），是合伙人人选的关键来源，并非所有的“五同”都可以成为合伙人，但是从“五同”中选到合适合伙人的方式是创业者寻找合伙人的最可靠、最高效的方式，如果基于亲密关系的圈子都不能合伙创业，那么公开寻找的陌生人更难组成合伙人团队，并且在创业前期，寻找到优秀的陌生人的成本是非常高的。

### 4. 职权划分要明确

为了保证团队成员执行创业计划，顺利开展各项工作，必须预先在团队内部进行职权的划分。创业团队的职权划分就是根据执行创业计划的需要，具体确定每个团队成员所要担负的职责以及相应的权限。团队成员间职权的划分必须明确，既要避免职权的重叠和交叉，也要避免无人承担造成工作上的疏漏。此外，由于创业还在进行中，面临的创业环境是动态复杂的，会不断出现新的问题，团队成员可能不断出现更换，因此创业团队成员的职权也应根据需要不断地进行调整。

## 案例分享

中国“第一创业团队”

相熟的梁建章、沈南鹏、季琦为携程最初的创始人，三人从原来的工作中抽身出来，建立了携程网。在分工上，他们优势互补，梁建章是甲骨文公司中国咨询总监，技术背景深厚；沈南鹏是耶鲁大学工商管理硕士，时任德意志银行高管，是个具有多年投资经验的银行家，具备相当的融资能力和宏观决策能力；季琦则有着丰富的创业经验，擅长管理、销售。

后来，为加强携程网旅游方面的业务，梁建章又找到了上海旅行社总经理范敏加盟——范敏与梁建章、沈南鹏、季琦三人在上海的一家餐厅里结识，双方一拍即合，携程梦幻团队就此诞生。四人分工明确：梁建章负责公司战略确定和管理、沈南鹏负责融资、季琦负责技术，范敏则负责具体业务以及市场。

### 5. 构建制度体系要公正

在创业初期，创业团队还没有建立起规范的决策流程、分工体系和组织规范，“人治”味道明显，处理决策分歧问题时显得尤为困难。此时，团队成员之间的认同和信任非常重要。事实上，认同和信任又很难在短期内建立起来，因此创业初始选择团队结构显得尤为关键。

随着创业团队的逐步发展，制度管理应取代“人治”，制度是公平公正的保证，只有良好的管理制度才能约束团队以正确的脚步不断进步。创业团队的制度体系体现了创业团队成员的控制和激励能力，主要包括团队的各种约束制度和激励制度。

（1）约束制度。创业团队通过各种约束制度（主要包括纪律条例、组织条例、财务条例、保密条例等）避免成员做出不利于团队发展的行为，实现对其行为的有效约束，保证团队稳定秩序。规章制度的建立旨在将所有创业团队成员紧密地凝聚在一起，提高行事效率，发挥团队力量，以达到超越个体力量简单相加所达到的效果。

（2）激励制度。创业团队要实现高效运作要有一定的激励机制（主要包括利益分配方案、奖惩制度、考核标准、激励措施等），使团队成员能够看到随着创业目标的实现，其自身利益将会得到怎样的改变，从而达到充分调动成员的积极性，最大限度发挥团队成员作用的目的。

6. 团队调整融合

随着团队的运作，团队组建在人员匹配、制度设计、职权划分等方面的不合理之处逐渐暴露出来，这时需要对团队进行调整融合，优势互补，各有所长，各司其职。

## 三、创业团队的管理

创业团队管理是以协同学习为核心的团队管理，其重点是在维持团队稳定的前提下发挥团队多样性的优势。创业团队中人才的选、育、留、用都是有一定管理技巧的。拥有正确团队管理理念的成员，相信他们和其他成员处在一个命运共同体中，收益共享、风险共担。因此，成员间良好的凝聚力，成员个人诚实正直、为长远着想，以及遵守企业的价值创造理念都是创业团队的重要组件及管理的核心。例如，人力资源管理，可以采取“人岗匹配”原则，即让合适的人做合适的事，是科学的用人原则。通过这一原则，实现“岗得其人，人适其岗”——根据不同人的个体素质特征，将其安排在最合适的岗位上，做到“人尽其才，物尽其用”。这样做对个人来说，可以调动团队成员的个人潜能，把人才的优势发挥得淋漓尽致；对于团队来说，“扬长避短”无疑是提高效率的最佳配置。

### （一）管理方法

1. 目标管理

纵观古今，很多创业团队失败的原因不外乎两点：一是团队败于决策分歧；二是任务团队困于利益冲突。有效的创业团队管理旨在解决决策分歧和利益冲突，这有赖于创业团队找到适合的管理结构模式。

“目标指导行动”，一个团队必须要有目标，每个团队成员也必须要有明确的目标，团队管理人员有责任为团队成员制定适宜的目标。因此，目标管理是管理团队的一个重要的方法，尤其是销售团队更需要目标的指引。作为领导，必须知道自己对下级的期待是什么，而下级同样必须知道自己对什么结果负责。团队目标是团队的灵魂，是指引团队前进的灯塔，也是团队存在的组织意义。因此，对团队的管理要以目标为导向。团队领导担负着管理的责任，领导应会估计客观环境带来的机会和挑战，对本团队的优劣有清醒的认识，对组织应该和能够完成的目标，做到心中有数。当出现意外和不可测事件，严重影响组织目标实现时，团队领导也可以通过一定的程序修改原定的目标。

2. 流程化管理

流程化管理是一种以规范化点对点的卓越业务流程为中心，以持续提高组织业务绩效为目的的系统化方法。它是一个操作性的定位描述，指的是流程分析、流程定义与资源分配、时间安排、流程质量与效率测评、流程优化等。因为流程化管理是根据团队的具体情况而设计的，因而这种流程会随着内外环境的变化而被优化。流程化的管理减少了团队成员工作的盲目性和重复性，提高了团队的工作效率；同时也提高了团队管理者的效率，为提高管理效能提供了一个便捷的管理工具。所以一个高效团队的打造，离不开流程化的管理。

（二）管理措施

1. 规范的绩效评估制度

规范的绩效评估制度是指通过团队组织制定绩效计划、绩效监控、绩效考核，以及绩效反馈与改进，以促进团队成员业绩持续提高，并最终实现团队目标的一种管理过程。

（1）要制订团队工作目标，并且要确保团队成员都明确自己的工作目标。只有在明确了目标的前提下，团队成员的工作才会有目的性和方向性，才能把控其工作进程。

（2）团队领导者关键的职责在于对成员的业绩给予及时评估和反馈。尽可能快地对成员的业绩给出反馈，让团队的成员了解他们自身的工作状况，以帮助其及时找出问题。这在提升团队成员的业绩方面是最有效的。进行绩效考核时，要注意以下四点。

① 考核的标准要以定量为主，定性为辅。

② 明确绩效管理的受益者。

③ 使绩效目标合理化。

④ 确保绩效考核的有效性。

（3）在正式的评估开始之前，管理者和团队成员首先要就这一年来团队成员取得的进步进行讨论，这样可以使团队成员在整个考核过程中保持一个积极的态度，且可以让其感受到评估的公正性，减少其对考核的误解。

与团队成员沟通评估的结果，也要特别注意以下三点。

① 地点的选择和氛围的营造非常重要。氛围轻松，能体现沟通双方的平等性。

② 语言简洁明了、通俗易懂，避免过度使用专业术语，琐碎冗长。即使评估的结果很可能会让成员失望，但是也不要回避问题，不要用含糊不清的语言描述。

③ 激励为主，改进不足。在年度绩效考核总结会议上，团队管理者的工作应激励团队成员，鼓励他们发展优势、改进不足，要调动他们的积极性。对于那些考核结果不是很理想的成员，要建立他们的信心，肯定他们的价值，明确在今

后的工作中给予他们相应的支持和帮助。

2. 建立有效沟通机制

创业团队能否高效运作，在很大程度上取决于团队成员的构成以及协作的有效性等因素。而随着团队成员之间的交往，其复杂性会成倍增加，这时沟通作为团队建设的“润滑剂”，显得尤为重要。团队成员彼此之间需要进行强有力的沟通才能了解各自的想法，相互理解和支持，并通过协作共同解决问题。因此，建立一套有效的沟通制度对于团队管理而言必不可少。

（1）拓展顺畅的沟通渠道。团队领导者应建立顺畅的沟通渠道，运用各种沟通方式，满足团队成员表达自己思想的愿望。具体渠道包括：会议沟通（如周例会、座谈会、交流会）、谈话沟通（如正式约谈和非正式谈话）、利用工具沟通（如电话、电子邮箱、征集意见表）等。

（2）营造良好的沟通环境。有效的沟通离不开良好的环境。团队领导者应推行人性化管理，在团队内部营造出宽松的沟通氛围，建立起积极的、健康的、和谐的人际关系，使团队成员和领导者之间、各团队成员之间能自由平等地沟通，主动为团队发展献计献策。

（3）采取有效的保障措施。团队领导者通过建立即时的沟通制度，使成员间沟通的目的容易得到实现，使每个人都能有归属感，感受到彼此的尊重，这有利于推进共同事业的发展，成员的向心力和凝聚力也会倍增。此外，还可以运用激励机制对贡献大的成员予以适当鼓励。

3. 培育团队合作精神

所谓团队合作精神，简单来说就是大局意识、协作精神和服务精神的集中体现。团队合作精神的基础是尊重个人的兴趣和成就；核心是协同合作；最高境界是全体成员的向心力、凝聚力；反映的是个体利益和整体利益的统一，进而保证组织的高效率运转。团队合作精神的形成并不要求团队成员牺牲自我，相反，挥洒个性和表现特长保证了共同任务目标的达成，而明确的协作意愿和协作方式则可以产生真正的团队凝聚力。在高凝聚力的团队中，员工和团队双方互相认同和接纳，员工获得了尊重，他们的积极性能够得到发挥，也更有活力。打造团队合作精神，要做好两个方面的事情：一是打造团队的吸引力；二是让团队成员相互吸引。

综上所述，目标管理让团队成员有了工作的方向，流程化管理为团队成员提供便捷的工作方法，绩效评估让团队成员更加有激情和动力去工作，有效沟通提高了团队成员的工作效率，团队合作精神让团队成员相互依存、同舟共济、长期稳定地服务团队。这五个要素（目标管理、流程化管理、绩效评估、有效沟通团队合作精神）相辅相成、相互支撑、共同发力，才能使每个管理要素发挥更大的作用，才能打造精英团队。

## 案例分享

### 难得的创业团队

从创立之初由5条电话线和8台计算机所组成的局域网，到2023年为全球10亿注册客户提供基于QQ的各种通信服务；从当初只有5个人的创业团队仅拥有5万元创业本金，到2004年6月上市后的8.98亿港元身价，再到2021年9 145.89亿美元的市值；从1998年10多平方米的一间办公室，到总投资18亿元，建筑面积约35万平方米的腾讯滨海大厦。这一切都源于1998年的秋天，马化腾与他的同学张志东“合资”注册了深圳腾讯计算机系统有限公司。之后该公司又吸纳了三位股东：曾李青、许晨晔、陈一丹。为避免彼此争夺权力，马化腾在创立腾讯之初就和四个伙伴约定清楚：各展所长、各管一摊。

在企业迅速壮大的过程中，要保持创始人团队的稳定合作尤其不易。而在团队稳定的背后，工程师出身的马化腾一开始对于团队合作的理性设计功不可没。

虽然主要资金都由马化腾出，他却自愿把所占的股份降到一半以下。“要他们的总和比我多一点点，不要形成垄断、独裁的局面。”而同时，他自己又一定要出主要的资金，占大股。“如果没有一个主心骨，股份大家平分，到时候也肯定会出问题。”马化腾说道。

保持稳定的另一个关键因素，就在于搭档之间的“合理组合”。据《沸腾十五年：中国互联网1995—2009》作者林军回忆说：马化腾非常聪明，但又非常固执，注重客户体验，愿意从客户的角度去看产品。张志东是脑袋非常活跃，对技术很沉迷的一个人。马化腾技术上也非常好，但是他的长处是能够把很多事情简单化，而张志东更多是把一个事情做到完美化。许晨晔和马化腾、张志东同为深圳大学计算机的同学，他是一个非常随和、有主见，但不轻易表达的人，是有名的“好好先生”。而陈一丹是马化腾在深圳中学时的同学，后来也就读深圳大学，他十分严谨，同时又是一个非常张扬的人，他能在不同的状态下激起大家的激情。

如果说其他几位合作者都只是“搭档级人物”的话，那么曾李青就是腾讯五个创始人中最开放、最具激情和感召力的一个人，与温和的马化腾、爱好技术的张志东相比，李青是另一个类型，其大开大合的性格，也比马化腾更具攻击性，更像拿主意的人。不过或许正是这一点，也导致他最早脱离了团队。

可以说，在中国的民营企业中，能够像马化腾这样，既包容又拉拢，选择性格不同、各有特长的人组成一个创业团队，并在成功开拓局面后还能依旧保持着长期默契的合作，是很少见的。而马化腾成功之处，就在于其从一开始就很好地设计了创业团队的责权利。能力越大，责任越大，权力越大，收益也就越大。

## 任务辨析

下面看看大学生新新和业业是如何认识创业团队内涵的。

新新：组建创业团队就是找几个人一起干事。态度很重要，只要愿意和我一起努力，我就愿意将他们吸纳到我的创业队伍中来。

业业：创业团队不是创业者简单地汇聚，而是为实现某一个目标，共同创建、共同投资、分享决策权的一个紧密合作的团队。我们应该从合适的人选、正确的定位、明确的权限和具体的计划等多个方面来组建创业团队。

新新没有理解创业团队的内涵和组建要素，在创业的过程中易走弯路，不容易成功。业业明确了创业团队的意义和要素，在未来创业中，业业根据创业团队内涵和要素组建的创业团队必将在创业过程中起到事半功倍的效果。

## 项目小结

创业是极具有挑战性的社会活动，是对创业者智慧、能力、气魄、胆识的全方位考验，需要一定的素质与能力。同时，在创业过程中，能否打造一支拥有团队精神、凝聚力和战斗力的一流创业团队，也是创业能否成功的关键。

本项目通过介绍创业者的素质、能力的要求和创业精神，有意识地培养学生创业素质、能力与精神；通过学习组建和管理创业团队的基本方法和技巧，组建优秀的创业团队，并进行科学管理，进而提高创业成功的可能性。

## 双创榜样

### 张天资：青春该有的模样

张天资，复旦大学信息科学与工程学院2019级电子与信息专业博士生，RoboWay团队创始人，莱陆科技创始人兼CEO。就读复旦的几年里，张天资在保证学业成绩的前提下，带领团队潜心钻研机器人和物联网技术，积极进行产品研发，申请知识产权113项（58授权，55受理），成功实现科研成果产业化，成为大学生创新创业的典型案例。团队研发的“感控消毒机器人”服务于2020年全国两会；“物表全覆盖智能雾化消毒机”入选上海市教委防疫保供应推荐目录。

2018年5月3日下午，复旦大学“无人配送机器人”项目启动，RoboWay团队成立。团队成立之初只有4个人，数不清多少个深夜，遗传学楼109实验室的灯还是亮着，他们废寝忘食地带着机器人作测试，蹲在路边抱着电脑改代码……为提高机器人运行数据采集的效率，张天资把机器人固定在手推车上，在烈日炎炎的暑期带头拉着推车在校园里测试，大家跑得满头大汗。

但就是凭着这股拼劲儿，项目快速推进，立项后的14个月里，团队迭代了三款机器人，单机成本从34万降到12万再到7.2万，机器人从外观到性能都得到很大提高。2018年9月，第一代无人配送机器人ROBOWAYR1完成首单校园配送，并亮相世界人工智能大会。2019年7月，第三代无人配送机器人“蓝朋友”正式发布，校园代跑腿无人配送平台上线。

2020年初，在郑立荣教授和医学院的指导下，张天资带队，联合相关企业开展新的工作。经过40天的奋战，这个长期踏实钻研、有着丰富经验积累的团队完成了产品级样机的研制。全国“两会”召开前夕，张天资带队将机器人送往北京，在会场承担起日常消毒工作。消毒机器人在会议室、楼道、酒店大堂等区域自主行走，进行全自动消毒，效果和应用前景得到了高度认可。

2023年，张天资正联合不同学科课题组成员一起将研究课题和创业项目结合，进一步构建产学研融合发展体系。同时莱陆科技的Pre-A轮融资也即将结束，他们的创新创业从此进入快车道。

从解决校园送餐的问题，到勇担重任、回馈社会，在奋进新征程的路上，张天资带领团队守正创新、勇毅前行。以昂扬奋进的精神状态投身国家发展建设，服务人民城市建设，为加快建设“第一个复旦”踔厉奋发，建功立业！

# 项目实训

## 树洞猫咖创业团队的建设

### 一、实训目标

（1）通过分析树洞猫咖需要的岗位及其对应工作职责，了解并掌握团队建设的方法过程。

（2）通过分析树洞猫咖岗位工作职责来制订招聘要求，从而完善创业团队。

### 二、实训内容

步骤一：结合项目二树洞猫咖的项目背景，将该项目需要的岗位名称补充完整，并写出其工作职责，完成表3-3的填写。

表 3-3　树洞猫咖创业团队的岗位名称和工作职责

| 岗位名称 | 工作职责 |
| --- | --- |
| 店长 | |
| 营销人员 | |
| 服务人员 | |
| 宠物护理员 | |
| | |
| | |

步骤二：根据每个岗位的工作职责，列出工作对应的能力要求，进行团队成员的筛选与聘用，将补充的岗位招聘条件填入表3-4中。

表 3-4　树洞猫咖创业团队的岗位要求

| 岗位名称 | 能力要求 |
| --- | --- |
| 店长 | （1）工作高度认真负责，心胸开阔，行事果断，沟通能力强，具有较强的领导力、执行力和协调能力。<br>（2）具备基本的管理知识和水平，了解基本的财务管理知识。<br>补充条件： |
| 营销人员 | （1）性格活泼，积极向上，沟通能力强，具有团队精神。<br>（2）具备一定的营销知识，可以对市场变化制定快速准确的营销策略。<br>（3）身体素质良好。<br>补充条件： |
| 服务人员 | （1）细心，敬业，追求卓越，能吃苦。<br>（2）会最简单的办公软件操作。<br>（3）身体素质良好。<br>补充条件： |
| 宠物护理员 | （1）吃苦耐劳，有爱心、耐心，团队精神强，热情大方，善于交际。<br>（2）持有宠物护理师证书，有照顾宠物的经验。<br>（3）身体素质良好。<br>补充条件： |
| | |
| | |

步骤三：分析树洞猫咖组建的创业团队，完成下面“树洞猫咖创业团队问卷调查”（图3-2）的填写。

树洞猫咖创业团队问卷调查

1. 组建的是哪种团队？

□星状创业团队　□网状创业团队　□虚拟星状创业团队

2. 团队组建工作是否容易？

□很容易　□比较容易　□一般　□比较难　□很难

3. 团队组建过程中你最关注成员哪个方面的能力，原因是什么？

□道德品质　□专业技能　□忠诚敬业　□学习能力　□沟通能力

原因：__________

图 3–2　树洞猫咖创业团队问卷调查

## 三、考核评量

授课教师根据实训目标，对学生的实训情况进行综合考评，并完成表 3–5 的填写。

表 3–5　考核评量表

| 序号 | 评量内容 | 分值 | 要求 | 团队赋分依据 | 得分 |
| --- | --- | --- | --- | --- | --- |
| 1 | 树洞猫咖创业团队岗位和工作职责的填写 | 40 分 | 对项目所需人员和其职责了解准确，表格内至少补充两点内容 | 1. 小组成员对树洞猫咖创业团队需要的岗位和工作职责进行讨论，并记录小组讨论过程（20 分）；<br>2. 表 3–3 填写清晰完整（20 分） | |
| 2 | 树洞猫咖创业团队岗位要求的填写 | 40 分 | 对项目内各岗位人才应有的能力认识准确，表格内至少补充两点内容 | 1. 小组成员对树洞猫咖创业团队招聘人员能力要求补充合理，并能阐述其补充原因（20 分）；<br>2. 表 3–4 填写清晰完整（20 分） | |
| 3 | 树洞猫咖创业团队问卷调查的填写 | 30 分 | 调查问卷填写认真仔细，对团队组建过程中学习到的知识和遇到的困难有清晰准确的认知 | 1. 小组自评是否客观（15 分）；<br>2. 小组互评是否公正（15 分） | |
| 总分：__________ | | | | | |

## 项目检测

打造创业团队

# 项目四

# 把握创业机会

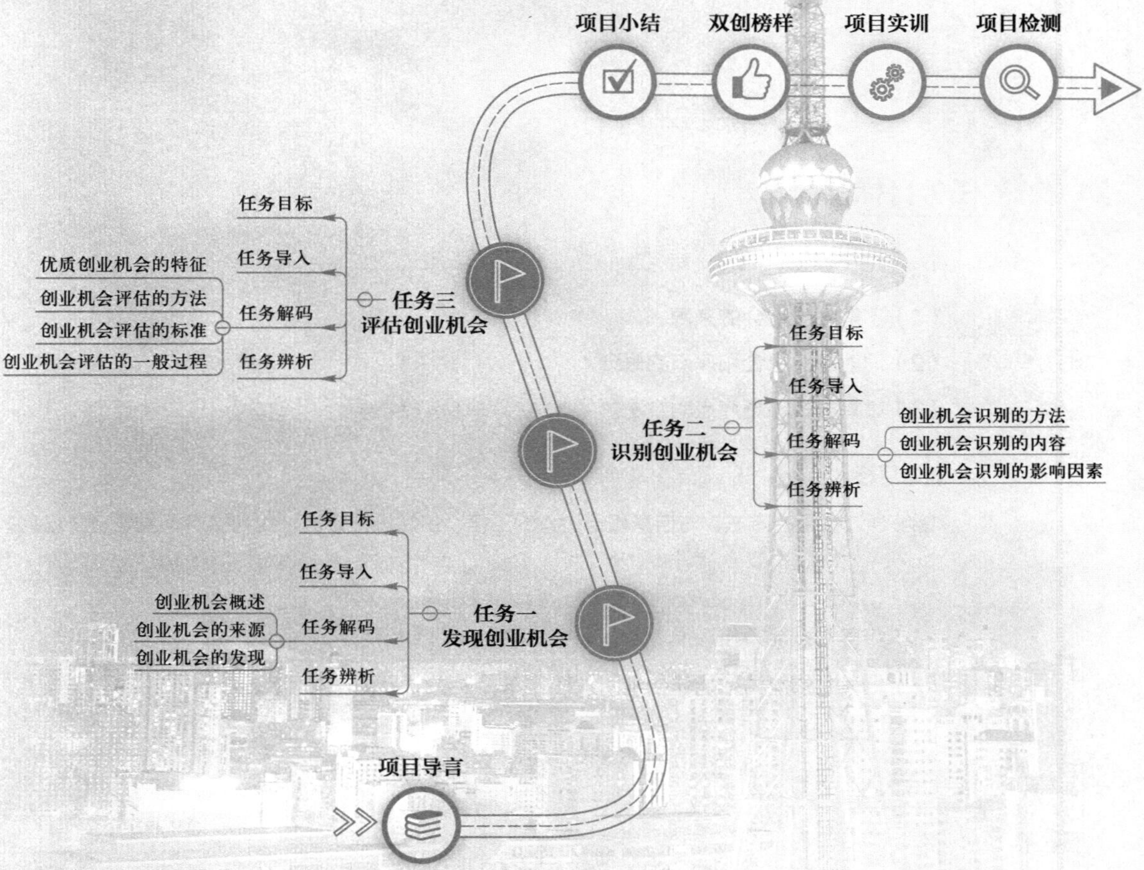


## 项目导言

发现、识别和评估创业机会是创业过程中的关键环节。

创业者需要通过自身对市场和行业的了解，找到市场存在的痛点，寻找创业的空白点；此外，创业者还需要评估创业机会的可行性，并考虑风险和回报的平衡。只有通过科学的识别和评估方法，创业者才能更好地找到和把握创业机会，把握住了每个稍纵即逝的创业机会，就等于成功了一半。发现、识别和评估创业机会是创业成功的基本保证。

# 任务一　发现创业机会

## 任务目标

>>知识目标

（1）了解创业机会的来源。

（2）理解创业机会和痛点的概念。

（3）掌握寻找市场痛点的方法。

>>能力目标

能够通过合适的方法，对自身和身边人的工作、生活进行分析，找到痛点，发现创业机会。

>>素养目标

（1）培养观察能力和沟通能力，能敏锐地觉察到市场痛点。

（2）培养共情能力，能体会到别人在工作、生活中遇到的困难。

## 任务导入

### 课堂中潜在的创业机会

黑龙江职业学院汽车与动力学院的刘洋老师在授课时，遇到了这样一个问题：学生对锅炉和垃圾焚烧炉的区别产生了疑问，还想知道锅炉技术能不能解决农村生活垃圾处理的问题。刘洋在悉心解答了学生的第一个疑惑后，发现学生的第二个提问十分新颖，于是刘洋和几个学生打算从这一问题入手，为美丽乡村建设、农村环保贡献一份力量。缘起于探索，成功于坚持。在学校大力支持、企业持续助力、产学研平台支撑的条件下，团队克服重重困难，项目核心产品——生活垃圾低温磁化裂解炉，最终研发成功，并在赤峰市进行了全面推广使用。最终，该校学生姜子俊、郭振航等在刘洋、闫亮等教师的指导下，带领团队推出“环净卫士——乡村生活垃圾无害化处理技术的赋能者”项目，并荣获第八届中国国际“互联网+”大学生创新创业大赛职教赛道创意组国赛银奖。

该装置主要用于对县、乡、镇的生活垃圾进行无害化处理，并可应用于已掩埋生活垃圾堆及景区等特殊地区垃圾的无害化处理。装置同时具有网络互联功能，能够进行云数据处理及远程监控。产品在内蒙古试运行一年，不仅解决了当地垃圾处理的难题，还对当地环卫事业的可持续发展起到了积极的推动作用，最大限度地保证了垃圾的无害化、资源化处理，获得了企业及当地政府的高度认可。

（资料来源：黑龙江职业学院.青春献礼二十大　龙江垃圾无害化，2022-10-03.有删改.）

## 任务解码

创业的起点就在于寻找一个合适的创业机会，创业机会不仅是创业的起点，也是创业过程中最核心的部分和关键所在，那么，什么是创业机会呢？

### 一、创业机会概述

#### （一）创业机会的概念

创业机会是指能为客户提供有价值且满足客户需求的产品，并同时使创业者和社会获益。从不同角度研究，创业机会有不同的分类。

1. 创新型机会

从创新角度而言，创业机会的存在形式多种多样，且多从需求中发现——既可以是新产品的形式，也可以是新工艺、新材料。通过技术的创新可以为人们带来方便。

2. 模仿型机会

通过模仿学习他人先进技术，优化产品，降低成本，形成竞争力，或者根据自己已有的客户群，在他人产品技术的基础上，为其提供更有针对性的服务。比如百度博各家之长，打造出更适合国内使用的搜索引擎；腾讯则重在培养黏性强的客户，利用已有的庞大客户群对其的依赖性进行盈利。

3. 趋势型机会

趋势型机会是指根据社会发展方向，洞悉市场规律，及时发现潜在的创业机会。这种发掘创业机会的方式在如今商业市场上利用范围较广。

4. 识别型机会

事实上，创业机会属于一种特殊的商业机会，也就是说商业机会里面包含着创业机会。可以通过已有技术和已知需求成为供给方，再结合科学心理分析，将生活背景、兴趣爱好、性格气质、学历知识水平、世界观价值观接近甚至相同的人搭配在一起，提高匹配度。

5. 发现型机会

将新技术应用到不同领域，与其他行业融合创业是实现创业机会的过程——可能是创办新企业也可能是老企业寻求新的增长点或公司再造。

## 案例分享

### 雷军的创业故事

小米科技创办人雷军于1992年加入金山软件，1998年出任金山软件首席执行官。在他的领导下，金山软件将应用软件扩展至实用软件、互联网安全软件及网络游戏等领域，并在金山的全面互联网转型过程中做出了重要贡献。2010年，雷军发现智能手机将是下一个风口，但普及率还不高。更重要的是，主流手机厂家的销售还是以线下为主，销售成本太高。雷军敏锐地抓住了智能手机风口的创业机会，2011年以低价推出了高质的第一代小米手机，并创新了手机销售模式——网络销售。3年后小米科技估值过百亿美元，到2023年公司估值已达2 800多亿元。从雷军的创业故事我们得到一个启示：发现一个创业机会是公司创业的起点。

### （二）创业机会的特征

#### 1. 时代性

创业机会的时代性是指机会反映出与特定时代背景、时代精神相契合或相符合的性质和特点。

#### 2. 偶然性

创业机会在大多数情况下都是偶然形成的，其发现和捕捉带有很大的不确定性，任何创业机会的产生都存在“意外”因素。

#### 3. 隐蔽性

生活中充满机会，尽管机会散落在人们身边等待我们去发掘，但大多数人都意识不到它的存在，这就是机会的隐蔽性。

#### 4. 时效性

创业机会存在于一定的时空范围之内，随着产生创业机会的客观条件的变化，创业机会就会相应地消逝和流失，因此具有时效性。

## 知识链接

### 商业机会的认知

商业机会也称市场机会，是指在某种特定的经营环境条件下，企业可以通过一定的商业活动发现、分析、选择、利用，并为企业创造利润和价值的市场需求。从广义上来说，就是能够给企业带来商业盈利的机会。

创业机会属于商业机会，同样来源于市场需求，是具有吸引力的（能满足消费者需求）、较为持久的、有利于创业的、未来可能盈利或者能创造价值的商业机会，而非昙花一现的一般性商业机会。创业机会满足的必须是有效需求，是来解决未被满足的市场需求（痛点）的，该需求可能是已经表现出来的，也可能是潜在的，是一种能够为客户创造价值或增加价值的可能性。创业机会可以是市场需求和企业家精神的一个交集，也可以是企业家所能识别的有效需求。

## 二、创业机会的来源

创业机会受国家政策、经济环境、社会环境等方面的影响。我国市场经济处于逐步完善的过程之中，政策导向对创业机会具有至关重要的作用；经济环境影响购买力的大小，从而影响创业机会的多少；社会热点、社会发展方向等都会促使很多创业机会的萌发，这需要创业者好好观察，结合自身特征，找到适合的创业机会。

### （一）个人的兴趣和爱好

许多成功的创业者认为“玩”也是一种生产力。从“玩”中找到乐趣，把“玩”和现实结合起来。发现自己的兴趣、渴望和理想，专注地去发挥自己最擅长的那个部分，我们就会成为有梦想、有行动力的创业者，在哪儿都能创造和贡献自己的价值。这也是我们国家、我们民族倡导的创业精神。

### （二）痛点

痛点又叫未被满足的需求，是市场上不能获得充分满足的，但是客户迫切需要的一些需求。简单来说，痛点是指机构、个人想解决但是又没办法解决的难题，比如生产与工艺、战略与规划、市场与营销等各方面的需求。现实生活中困扰机构、个人、生产、经营、发展等问题，都能成为痛点。

痛点大致划分为以下两种类型。

（1）效率和质量驱动型：比如餐饮店门口排队等待时间长、大城市找停车场非常困难、短距离搭车换乘不便等。

他们都属于客观现象，一般由一些特定的因素造成（有可能是设计缺陷、有可能是执行效率低下等），给客户造成了极大的不便。

（2）需求驱动型：该类型主要从需求出发，因为需求是长期存在且是亟待解决的，却没有相应匹配的供给，导致了痛点的产生。比如客户想利用碎片化时间学习单词，却没有相应的软件或App；比如创业者没有提高撰写商业计划书效率的工具；比如原先的产品设计陈旧，客户的审美却在不断提高等。

创业的根本目的是满足客户需求。寻找创业机会的一个重要途径是善于发现和体会自己和他人在需求方面的问题或生活中的难处。现实中的痛点就是市场的潜在需求，把握住了这一点，也就把握住了创业机会。

### （三）外部环境的变化

创业的机会大都产生于不断变化的市场环境，环境变化了，市场需求、市场结构必然发生变化，要在变化中看到未来的发展方向，预测到潜在的力量和机会。变化主要来自产业结构变动、城市化加速、人口思想观念的变化、政府政策的变化、人口结构的变化、居民收入水平提高、全球化趋势等方面。比如当今世界，绿色发展已经成为一个重要趋势，许多国家把发展绿色产业作为经济结构调整的重要举措。随着这种绿色理念深入人心，新能源汽车的拥有量将不断增加，这就会衍生出新能源汽车销售、修理、配件、美容、二手车交易、充电桩安装等诸多创业机会。

（四）新发明和新技术的产生

新发明和新技术带来了创业机会。比如量子科技的应用有望为城市创新创业带来新的机遇和模式，推动城市的创新发展。首先，量子计算的高效能力可以加速创新研发的过程，降低新技术开发的成本和风险。其次，量子通信技术可以保障创业项目的数据传输安全，促进跨区域合作和资源共享。量子技术在能源传输和储备方面的应用，可以为创新创业生态提供清洁能源支持，推动创新产业的可持续发展。

科技的大变革往往会给社会带来翻天覆地的变化，促使众多新兴产业的萌发，也必将淘汰某些落后的产业，从而带来了大量创业机会。紧紧追随着科技的发展，从新产业中寻找合适的机会。

（五）市场竞争的机会

市场并非总是明确地存在着属于创业的机会，它需要创业者按照正确的方向去探索和寻找；需要创业者发挥想象力，发现事物背后的机会线索；需要创业者用新的观点去理解现实所发生的事物，从新的角度意识到机会的存在。

在市场竞争过程中，如果你能够针对竞争对手的不足，将自己的优势充分发挥出来，或者采取差异化的产品方案，为客户提供更具价值的产品，那么，你就找到了竞争夹缝中的绝佳创业机会。

（六）其他来源

大学生是“大众创业，万众创新”的生力军，国家在多方面出台政策支持大学生创新创业。近年来，越来越多的大学生投身创新创业实践。大学生创业机会还有以下来源。

1. 科技成果转化

科技是经济增长的发动机，是提高综合国力的主要驱动力。促进科技成果转化、加速科技成果产业化，已经成为世界各国科技政策的新趋势。越来越多的院校将科研项目转化为大学生创新创业项目，成为大学生高质量创新创业项目的重要来源。

## 知识链接

“挑战杯”全国大学生课外学术科技作品竞赛

挑战杯是“挑战杯”全国大学生系列科技学术竞赛的简称，是由共青团中央、中国科协、教育部和全国学联、举办地人民政府共同主办的全国性的大学生课外学术实践竞赛。“挑战杯”竞赛在中国共有两个并列项目，一个是“挑战杯”中国大学生创业计划竞赛，简称“小挑”；另一个则是“挑战杯”全国大学生课外学术科技作品竞赛，简称“大挑”。这两个项目的全国竞赛交叉轮流开展，每个项目每两年举办一届，“挑战杯”系列竞赛被誉为中国大学生科技创新创业的“奥林匹克”盛会，是国内大学生最关注最热门的全国性竞赛，也是全国最具代表性、权威性、示范性、导向性的大学生竞赛，旨在鼓励大学生勇于创新、迎接挑战的精神，培养跨世纪创新人才。

“挑战杯”竞赛活动在较高层次上展示了我国各高校的育人成果，推动了高校与社会间的交流，已成为学校学生课余科技文化活动中的一项主导性活动，成为高校与社会交流与合作的重要窗口，成为促进高校科技成果向现实生产力转化的有效方式，成为培养高素质跨世纪人才的重要途径，也是企业界接触和物色优秀科技英才、引进科技成果、宣传企业、树立企业良好形象的最佳机会，从而越来越受到广大学生的欢迎和各高校的重视，其声誉远播海外。

### 2. 产教融合

产教融合是指产业与教育相互融合，通过校企合作、产学研结合等方式，将产业资源与教育资源相结合，实现人才培养与产业需求的无缝对接。学校是大学生处于学生时期能给予其最大创业支持的组织机构，随着产教融合的发展，大学生更应该根据学校所拥有的优势资源更好地帮助自己创业。产教融合意义：第一，有利于激发学生的创造力、创新力，并为学生勤工俭学创造条件；第二，有利于提高教师的业务水平；第三，有利于促进地方经济繁荣发展；第四，有利于促进职业教育的健康发展。

### 3. 大学生创新创业赛事

很多大学生都参加过创新创业赛事，参加竞赛的大学生很多都有自己心仪或者擅长的创业项目，比赛能够更好地激发大学生的创业激情，也能够给大学生创业带来很多与众不同的思路。所以说对于创业本身，创业者一定要集思广益。综合来看，社会中一些比较成功的创业公司的创业方向和思路很多都源于大学参加比赛时所获得的灵感和想法。比如有些学生参加“青年红色筑梦之旅”实践活动后，就注册公司，将创业构思落地，将专业知识和实践活动相结合，形成良好的产品或社会服务模式，切实推动当地社会文化及经济建设，助力乡村振兴等。

### 4. 服务“一带一路”建设

我国大学生的创新创业，在立足本土的同时，一定要面向世界。我国提出的“一带一路”倡议会给中国和沿线国家同时带来巨大的商机，世界经济的深度融合会带来更多的全球整合资源创新创业的机会。“一带一路”经济区开放后，承包工程项目突破3 000个。截至2023年6月月底，中国已与152个国家、32个国际组织签署200多份共建“一带一路”合作文件。作为一名大学生，“一带一路”建设无疑是好的机遇：青年学生可以在拓展国际视野的同时，提升自己的国际素养和竞争力，在时代助力下寻找出更多创业机会。

## 三、创业机会的发现

创业机会源于市场需求。我们对日常所处的社会环境存在诸多的不满，比如针对吃穿住用行，常常抱怨太贵、太差、太慢等。而透过日常生活中所存在的种种抱怨，其实这些不满背后蕴含着诸多的需求，先要清楚大家的需求，从需求中寻找痛点，解决痛点就可能成为一个创业机会。需求的分类标准有多种，比如按照群体大小（表4-1）、精神的满足程度（基本需求、期望需求、兴奋需求）、马斯洛的需求层次结构等。

**表 4-1　需求按照群体分类大小**

| 需求分类 | 特点 | 满足需求的产品 |
| --- | --- | --- |
| 发生频率高、涉及人群广 | 多为刚需，通常只有大型企业是赢家 | 一日三餐（大众点评、美团、饿了么）<br>日常购物（京东、淘宝、拼多多）<br>社交通信（微信、QQ）<br>娱乐影音（抖音、快手、喜马拉雅） |
| 发生频率高、涉及人群窄 | 特定人群的刚需市场，规模也不小 | 一日三餐（下厨房、叮咚买菜）<br>特殊购物（考拉海购）<br>社交通信（小红书、微博）<br>特殊需求（深度水解奶粉） |
| 发生频率低、涉及人群广 | 不频繁，但也是客户刚需。复购率低，客单价相对较高，中小企业生存空间较大 | 线下培训（早期素质教育、成人教育）<br>母婴护理（月子中心、产后康复机构）<br>婚庆装修（线下商家居多）<br>珠宝购买（线下商家居多） |
| 发生频率低、涉及人群窄 | 特定人群偶尔发生的需求，客单价较高，具有独特价值或技能，不建议企业进入 | 小众的服装<br>定制文具<br>装饰品购买<br>古董交易 |

### （一）寻找痛点的方法

#### 1. 市场调研

通过问卷调查形式深入市场进行调研，从而了解市场状况、变化的趋势，客户需求是否得到了满足。多看、多听、多想广泛获取信息，能帮助创业者迅速精准地找到客户的痛点。

#### 2. 观察与提问

观察和提问也是很直接和实用的方法。观察是带着目的且主动地去提出疑问以便发现问题，寻找客户痛点，开启创业之路。最常用的观察与提问法是5Why分析法，又称“五问法”，是对一个问题点连续问五个为什么，以追究其根本原因的分析方法。

5Why分析法使用时不限定对“为什么”的探讨次数，使用该方法的目的主要是找到根本原因，有时可能只要3次，有时也许要10次。5Why分析法的关键在于：鼓励解决问题的人要努力避开主观或自负的假设和逻辑陷阱，从结果着手，沿着因果关系链条，顺藤摸瓜，直至找出原有问题的根本原因。

比如，丰田汽车公司前副社长大野耐一曾举了一个例子来找出机器停机的真正原因。

问题一：为什么机器停了？因为机器超负荷，熔断器熔断了。

问题二：为什么机器会超载？因为轴承的润滑度不够。

问题三：为什么轴承润滑不足？因为润滑泵失灵吸不上油。

问题四：为什么润滑泵会失灵？因为油泵轴磨损，松动了。

问题五：为什么油泵轴会磨损？因为没有安装过滤器，混进了铁屑。

反复追问上述5个“为什么”，就会发现机器需要安装过滤器。而如果“为什么”没有问到底，只换上保险丝或者换上油泵轴就了事，那么几个月以后，就会再次发生同样的故障。

当你决心要健身时，我们可以借鉴5Why分析法进行洞察（表4-2），挖掘客户的深层次需求。

**表 4-2 5Why 分析法洞察健身**

| 需求类型 | 需求内容 |
|---|---|
| 表层需求 | 需要健身产品 |
| 深层需求 | 想成为一个身材完美的人 |
| 人际需求 | 想提升自己的魅力与吸引力 |
| 人性需求 | 想得到他人的尊重与欣赏 |

在同一需求的同一种表象下，我们挖掘出的人性需求其实是不同的，例如，对想要通过健身，恢复身体健康，那么为其提供专业医师的康复建议，并进行更温和有效的康复训练，可能比直接提供一套减肥计划更能满足客户需求。

### 3. 绘制同理心地图

同理心是一个心理学的概念，又称为“设身处地理解”“感情移入”“共情”等，即设身处地地对他人的情绪和情感的认知性觉知、把握与理解，主要体现在情绪自控、换位思考、倾听能力以及表达尊重等与情商相关的方面。

简而言之，同理心就是人们能够认同或理解另一个人的观点、经验或动机的能力。只有当人们真正能够感同身受，并理解当时的处境和想法后，在遇到同类情形的时候才能够洞察真相，透过现象看本质。现在流行通过绘制同理心地图来发现市场痛点和客户需求。

（1）同理心地图：是用来直观呈现客户群体想法的可视化工具。使用同理心地图，可以收集客户的行为、需求和动机，洞察痛点问题，帮助创业者更好了解客户想法，从而打造出更符合客户需求的产品，服务和体验。

（2）同理心地图绘制步骤：

① 明确目标客户和期望结果。需要对客户的处境、角色、身份等诸多条件进行模拟，总结其主要习惯及想法，了解客户所期望的成功模型。例如，客户需要做什么不同的事或决定？虽然这个问题练习的是关于同理心的建立，但是回答这个问题可以帮助集中客户的注意力，为其设置背景。

② 捕捉外部世界的影响。通过对客户的世界进行有效观察，捕捉其看到的、做到的、说到的、听到的种种及对外部世界的反馈，完成地图的各个部分。在这个过程中切记这是客户的世界，不是观察者的世界，不要主观地自我代入。重点关注那些影响客户思考判断的事情。

③ 探索内心。在完成外部元素收集后，地图构架的主要焦点会在头脑中构建形成，去主动探索客户内心的想法感觉，而这些想法和感觉是无法观察到的。在这个过程中可能存在很多推断、猜测或联想。客户关心的是什么？考虑积极和消极的想法，是什么让客户感觉好或者坏？客户使用过程中担心的是什么？客户的感觉如何，是害怕，兴奋，还是焦虑？什么事情让客户痛苦或产生收获感？所收获的是客户渴望实现或希望拥有的吗？

④ 总结和分享。当同理心地图的所有部分都完成后，就需要花时间进行反思和提炼。结合与客户的沟通过程，分享他们对此次地图绘制经历的想法，询问该地图是否改变了客户的观点，或者是否产生了新的见解需求。现在在了解了同理心地图的构建过程后，再回头看一下它的主要内容，是否有了新的感悟和理解。

经过前面同理心地图的归纳整理，我们已经能清楚描绘客户的痛苦与需求，现在要形成最后的洞见观点，才能将其转化为方案设计的价值创新点。

4. 通过分析搜索引擎中的数据发现痛点

客户感觉困惑的问题、客户不得其解的问题、客户感觉痛苦的问题、客户难以解决的问题等，这些问题反映的是客户在日常生活、使用产品中的痛点所在，也是他们最渴望去解决的问题。

5. 在客户评论中找痛点

通过客户的好评，可以看到产品的卖点所在，不断围绕客户好评中的诉求点，去提炼优化营销方案；可以看到竞品的优势所在，吸取其所长，有效规避跟竞争对手的核心优势硬碰硬。而差评反映的往往是客户的吐槽点和痛点，是让他们最不满意的地方。商家一般不会刻意刷差评，因此差评可信度更高。因此差评可以说是用来分析、发掘客户痛点的“神器”。将客户对产品的差评筛选、归类，进行轻重缓急程度排序，一定能够找到客户的痛点，进而对产品、服务或相关体验进行有针对性的完善。

6. 与客户交流

与客户深层次地交流，去熟悉客户到底想要什么东西，这也是调查客户痛点的一个方式和方法之一，只有这样，才能更好地找到客户想要解决的问题。

### （二）发现创业机会的方法

发现痛点后，创业者利用资源提供解决痛点的产品，才是发现了创业机会。痛点是创业机会的核心之一，痛点不是一成不变的，因此，创业机会的发现也应该与时俱进，因人而异、因地而异。

1. 特殊事件分析法

特殊事件分析法是一种实证研究方法，最早被运用于金融领域，是借助金融市场数据，分析某一特定事件对该公司价值的影响的方法。由于特殊事件分析法具有研究理论严谨、逻辑清晰、计算过程简单等优点，已被学者运用到越来越多的领域来研究特定事件对组织行为的影响。

经由分析特殊事件，来发掘创业机会。例如，国外一家高炉炼钢厂因为资金不足，不得不购置一座迷你型钢炉，但在采买过程中，厂家发现迷你型钢炉的获利率要远高于高炉。再经分析，才发现该国钢品市场结构早已产生变化，因此这家钢厂决定，将投资重点放在能快速反应市场需求的迷你炼钢技术上。

2. 矛盾现象分析法

矛盾现象分析法是指运用矛盾的观点观察、分析事物内部的各个方面及其运动的状况，以达到认识客观事物的方法。它是定性分析的方法。运用这一方法时，必须坚持对立统一的观点，从统一中看到对立，从对立中看到统一。

经由分析矛盾现象，来发掘创业机会。例如，金融机构提供的服务与产品大多只针对专业投资大户，但占有市场七成资金的一般投资大众却未受到应有的重视。这样的矛盾，显示提供一般大众投资服务的产品市场，必将极具潜力。

3. 趋势分析法

趋势分析法是通过对有关指标的各期对基期的变化趋势的分析，从中发现问题，为决策提供线索的一种分析方法。趋势分析法可用相对趋势也可用绝对趋势。

利用趋势分析法寻求创业机会，可基于以下三个层面：一是对产业与市场结构变迁进行分析。例如，在国营事业民营化与公共部门产业开放市场自由竞争的趋势中，我们可以在交通、电信、能源产业中发掘极多的创业机会。二是对人口变化趋势进行分析。例如，人口老龄化的趋势、“三孩政策”的全面实施等必然给创业者提供更多新的市场机会。三是对价值观与认知变化进行分析。例如，人们对于健康饮食和营养需求认知的改变，造就代餐市场、健康食品市场的兴起。

4. 问题发现法

发掘创业机会的另一种方法是寻找问题，从问题中找到解决问题的方法。问题发现法即着眼于问题的发现和解决以寻求机会的方法。每个问题都是一个被精巧掩饰的机会。寻找机会首先要善于发现问题、解决问题，许多成功的企业都是从解决问题起步的。客户的需求在没有被满足之前都是问题，而设法满足这一需求就可以抓住市场机会。创业时应着眼于那些令人们苦恼和困扰的问题，因为人们总是迫切地希望解决它们。对于这些“痛点”“难点”问题，创业者如果能提供解决的办法，实际上就找到了创业机会。

5. 市场调查的方法

市场调查是经营决策的前提。只有充分认识市场，了解市场需求，对市场做出科学的分析判断，决策才具有针对性。市场调查是指为实现收集、分析信息的目的而进行研究的过程，包括将相应问题所需的信息具体化、设计信息收集的方法、管理并实施数据收集过程、分析研究结果、得出结论并确定其含义等。市场调查可以由创业者进行，也可以由外部供应商或顾问进行。市场往往受政策影响，新政策出台通常能引发新商机，如果创业者善于研究市场和利用政策，就能抓住商机，勇立商海潮头。

（1）环境调查。这里的市场环境主要是指市场所在地的政治法律环境、经济环境、社会文化环境、科学技术环境以及地理气候环境等因素的总称。这些环境直接决定了市场所在地的市场生态，也是创业者进行新产品开发，尤其是为产品开拓新的市场时必须考虑的因素。

## 知识链接

### SWOT分析

所谓SWOT分析，是基于内外部竞争环境和竞争条件下的态势分析，就是将与研究对象密切相关的各种主要内部优势、劣势和外部的机会、威胁等，通过调查列举出来，并依照矩阵形式排列，然后用系统分析的思想，把各种因素相互匹配起来加以分析，从中得出一系列相应的结论，而结论通常带有一定的决策性。

S（Strengths）是优势、W（Weaknesses）是劣势、O（Opportunities）是机会、T（Threats）是威胁。

（1）优势和劣势，即SW，是组织机构的内部因素，分别代表竞争中的强势和弱势因素。优势具体包括：有利的竞争态势、充足的财政来源、良好的企业形象、强大的技术力量、具有较大的生产规模、优秀的产品质量、较大的市场份额等。与之相对应，劣势具体包括：竞争力差、资金短缺、经营不善、缺少关键技术、产品积压、设备老化、管理混乱、研究开发落后等。

（2）机会和威胁，即OT，是组织机构的外部因素，机会代表对企业有利的因素，威胁代表不利因素。机会具体包括：新产品、新市场、新需求、市场壁垒解除、竞争对手失误等。威胁具体包括：新的竞争对手出现、替代产品增多、市场紧缩、行业政策变化、经济衰退、客户偏好改变、威胁性突发事件等。

利用这种方法可以从中找出对自己有利的、值得发扬的因素，以及对自己不利的、要避开的东西，发现存在的问题，找出解决办法，并明确以后的发展方向。根据分析结果，可以将问题按轻重缓急分类，明确哪些是急需解决的问题，哪些是可以稍微拖后一点儿的事情，哪些属于战略目标上的障碍，哪些属于战术上的问题，并将这些研究对象列举出来，然后用系统分析的思想，把各种因素相互匹配起来加以分析，从中得出一系列相应的结论，这样的结论通常带有一定的决策性，有利于领导者和管理者做出较正确的决策和规划。

SWOT分析的优点在于考虑问题全面，是一种系统思维，而且可以把对问题的“诊断”和“开处方”紧密结合在一起，条理清楚，便于检验。

（2）产品调查。创业者总是进入某个目标市场，对自己的某个产品或某项服务进行售卖与推广，进而使企业获利，那么对于创业者而言，必须了解自己的产品以及产品所在行业的状况，深入调查目前市场的容量和产品在当地的消费方式、销售额增长情况。

（3）行业调查。对于一个行业的某些产品或者行为进行调查和统计来获取较为准确的商业信息，为企业后续的发展方向作出指引。比如研究一下目标市场及目标市场的消费能力等。根据行业调研为是否设立投资项目作可行性分析，可以通过问卷调查的方式完成。

（4）客户调查。一般而言，客户调查的主要内容包括客户构成、客户购买力、消费心理、消费行为、消费动机、消费决策过程以及信息获取渠道等，此类调查可以作为企业产品的市场定位以及营销决策的重要依据。

（5）竞争调查。竞争可分为直接竞争和间接竞争两种。直接竞争是指经营同类或类似产品的行业之间的竞争，如各汽水品牌之间的竞争；间接竞争则是指经营种类不同但用途相同的企业间的竞争，如汽水与果汁之间的竞争。在竞争性调查中，需要了解市场竞争的结构和变化趋势、主要竞争对手的情况以及本企业产品竞争成功的可能性等情况。

市场调查是创业前期的敲门砖，中期的夯基石，后期的金刚钻。换言之，前期市场调查可以让你快速进入市场；中期因为竞争或者拓展，也需要不断去分析调整，实现优势最大化；后期则强调能否站稳这个市场，守住当下也需要不断分析调研。

6. 技术创新跟踪的方法

创新成果、创造发明产生了新知识、新技术和新工艺，如网络电话、电子邮件等产业的变更或产品的替代，既满足了客户需求，同时也带来了前所未有的创业机会。创业者如果能够跟紧产业发展和产品替代的步伐，就能够通过技术创新不断寻求到新的发展机会。

## 案例分享

### 择机而动的百度

1999年年底，李彦宏决定创办自己公司的时候，他为新公司起了一个颇有诗意的名字"百度"，这个名字的灵感来源于中国一句古诗词：众里寻他千百度。百度正式虽创办于1999年，但李彦宏的创业想法早在三四年前就已经有了。李彦宏说："从商业的角度来讲，哪里有机会、有商机，就应该到哪里去，中国的发展空间和市场前景十分广阔，回国一直是我的愿望，但我一直在寻找时机。"1999年秋天，受驻美旧金山领事馆的邀请，李彦宏回国参加了国庆50周年庆典。当时美国观礼团一行近20人，每个人想的几乎都是如何创业，谈论的也都是这一话题。李彦宏也不例外。虽然创办百度对李彦宏来讲还仅仅是一个不成熟的想法，但他还是把做中文搜索引擎技术服务的想法带回祖国，并为此进行了市场调查。他对国内互联网市场及其成熟度进行实地市场调查，他发现国内的互联网市场已经发展到一定阶段，互联网热升温得非常快，网站如雨后春笋冒个不停，网民人数也在不断增多。同时，他也注意到，国内互联网行业很繁荣，但基础技术环节还是比较薄弱，而自己的长处正是互联网信息检索技术。这"一冷一热"的对比使李彦宏确信，自己等待多年的创业机会终于来临。

李彦宏认为只有从事互联网技术方面的开发才能充分发挥自己的特长。同时，他发现，搜索引擎的市场非常大，当时美国前三大网站的搜索技术主要由一家网络公司提供。相关资料显示，美国信息检索和传递技术公司的商业价值总和在10亿到150亿美元之间，而中文搜索引擎的市场发展潜力也不容小觑。当时的中国互联网市场缺乏好的中文搜索引擎技术，而中国网民数量却在急剧膨胀，每天互联网访问量非常之大。以每天的访问量乘以搜索比例再乘以每千次的收费标准，他认定中文搜索引擎的市场机会将非常大。于是，他决定以搜索引擎为切入点，回国创办网络技术公司。

没有做热门的网络门户和电子商务，而是认准了中文搜索引擎技术，除了看准该领域巨大的商业机会之外，李彦宏坚信，创业绝不能现在什么热，就搞什么；而是要预见两年之后什么东西会有大发展、会热起来，再去做。因为正在热的项目，很多公司已经做到一定的规模了，再去做，可能早已经没有机会可言了。

## 任务辨析

下面看看大学生新新和业业是如何认识痛点和创业机会的。

新新：痛点都是创业机会，用不着深思熟虑，就一个“干”字。

业业：目前市场上出现的新的需求，我要认真观察并分析是否有人愿意付费来解决这个问题。

新新没有掌握痛点和创业机会的区别，业业深刻理解到只有客户愿意付费来解决这个痛点才可能是创业机会。找到痛点后，一定要认真识别，才能确定是否找到了创业机会。

# 任务二　识别创业机会

## 任务目标

### >>知识目标

（1）了解创业机会识别的相关内容。

（2）理解创业机会识别的影响因素。

（3）掌握创业机会识别的方法。

### >>能力目标

能够利用合适的方法，识别出创业机会，提高学生分析判断能力。

### >>素养目标

（1）培养能识别市场潜在需求，捕捉到创业机会的洞悉力。

（2）树立正确的创业价值观和是非观。

## 任务导入

抓住“双碳”机遇奏新章

为了应对气候变化，绿色、低碳发展成为共识，全球正在加快推进能源革命，能源消费电力化、电力生产低碳化也正在加速演进。新能源飞速发展的同时，商用车产业及商业模式也产生了巨大变革，物流运输从“传统能源+密集型人工”向“绿色能源+服务解决方案”转变。

实现碳达峰碳中和，是贯彻新发展理念、构建新发展格局、推动高质量发展的内在要求，是党中央统筹国内国际两个大局作出的重大战略决策。对此，作为北京国企领头羊之一的北汽福田始终坚持党的领导，深入贯彻国家重要战略决策，在新能源领域，早起步、早示范，通过多技术路线、多产品线覆盖、销量引领，率先带动全产业链实现绿色低碳发展，为“双碳”目标的推进作出了重要的贡献。

北汽福田是北汽集团重要的自主商用车板块，2022年，在经济增速下行、需求低迷、疫情反复等多重因素的影响下，北汽福田实现年销量超46万辆，市占率14%。其中，新能源汽车销量达到2.2万辆，同比增长155%，对北汽集团的经营业绩起到了重要支撑作用。

同年，北汽福田提出“抓住‘双碳’发展的战略机遇，深化价值创造体系”的经营发展理念，并强调把新能源战略作为公司第一发展战略，从战略上在新能源主赛道饱和投入，围绕投资、研发、供应链、商业模式和营销生态等全价值链提速发展新能源，确保在“十四五”末期实现商用车行业领先地位。

当下，商用车新能源快速增长，竞争格局加速重构，传统主流商用车企业全面发力新能源。北汽福田将开启“二次创业”新征程，坚定新能源发展战略，携手产业链上下游合作伙伴大力发展新能源业务，共建“整车+核心零部件+后市场服务+碳资产管理”的全新产业生态，共赢新能源发展新机遇。

发展新能源产业，迎接“双碳”时代，实现绿色发展，不仅是中国汽车企业面临的挑战，更是北汽福田大有可为的机遇与责任。北汽福田早在2003年就启动了新能源技术的研发，2008年成立了福田新能源汽车设计制造产业基地，2018年成立了智蓝新能源事业部，2022年将新能源汽车作为北汽福田未来战略发展重心，明确“2025年15万辆”销售目标。2023年，新能源战略升级至2.0，成为北汽福田新能源发展的新转折点。

（资料来源：汽车大观.抓住“双碳”机遇，深化价值创造体系，北汽福田新能源再奏新章.信阳日报.2022-04-13.有删改）

## 任务解码

创业者在创业机会的筛选过程中权衡自身能力与预期价值，明确企业发展战略的过程，称为创业机会识别。在识别创业机会时，创业者对整体的市场环境及行业进行分析，判断该机会是否是有利的创业机会。那么，如何识别创业机会呢？

### 一、创业机会识别的方法

在识别创业机会的过程中，可以采用以下几种方法。

#### （一）从日常痛点中识别创业机会

创业者设身处地以客户的“痛点”作为出发点，那么，其创业的成功概率会大大提升。尤其在当今这个时代，顺应互联网发展大势，寻求拥有相同创业目标的伙伴，运用当下先进的技术手段来高效提升客户的满意度、解决客户的痛点问题，那么，其创业企业的未来发展前景定会非常可观。

伪痛点在创业过程中占据着很大的比例。在创业过程中，创业者不仅要知道哪些是痛点，更要能够分清哪些是伪痛点。简单来讲，伪痛点就是指创业者陷入自己的世界里，自己认为这个痛点非常重要，一定要解决，但对于客户来说并不是很重要。在创业过程中，认真分析，深入研究，就能避免在伪痛点上投入过多时间和精力。

（二）从特定时间段的热点事件中识别创业机会

当今社会不断发展，伴随着互联网技术的飞速进步，社会信息传播分享的速度也大幅度提升，社会热点也在不断刷新更替，创业者只需悉心观察，就能够及时捕捉到合适的创业机会。热点就是创业的机会，抓住热点，掌握题材方向，就能够实现创业的成功。作为即将步入社会的大学生，由于阅历相对较少，必然缺乏一定的商业敏感度，但是大家可以拿出纸笔或手机，将当前身边的热点或潜在的热点一一列出，看看能否结合热点的相关市场，开发出潜在需求，进而进行创业机会的细分和选定。

（三）利用变化识别创业机会

变化的市场环境常常蕴藏着无限创业机会。创业机会大都产生于不断变化的环境，市场环境变化了，市场需求、市场结构必然发生变化。市场环境变化主要来自国家宏观政策调整，国家宏观政策调整会导致产业结构、消费结构、城市化进程、人口结构、居民收入水平和经济全球化趋势等方面的变化。比如，随着健康知识的普及，人们树立了健康生活的理念，围绕“水健康”也衍生了诸多创业机会。德鲁克将创业者定义为“能寻找变化并积极反应，把变化当作机会充分利用起来的人”，创业者要善于用自己敏锐的眼光去识别并利用创业机会。

（四）通过技术创新识别创业机会

技术创新提供了新产品、新服务，能更好地满足客户需求，同时也带来了创业机会。比如，随着计算机的诞生，计算机维修、软件开发、计算机培训、图文制作、信息服务、网上开店等创业机会随之而来。任何产品都有生命周期，会不断趋于饱和、达到成熟，直至走向衰退，最终被新产品或新服务所替代。创业者如果能通过技术创新跟踪产品替代的步伐，就能够不断识别新的发展机会。

（五）在市场竞争中识别创业机会

竞争对手产品的缺陷和不足，也将成为创业机会。如果你能比竞争对手更快、更可靠地提供产品，你就找到了创业机会。因此，创业者要跟踪、分析和评估竞争对手的产品，找出存在的缺陷和不足，有针对性地提出改进生产方法，形成新的创意。

（六）通过传媒、社交等途径识别创业机会

当今，电视、广播、报纸、杂志和网络渠道都有各类创业项目的广告宣传，特别是招商加盟的广告宣传。要强调的是，一个成功的项目，它的原型必须是成功的，对这些广告宣传的项目，要认真对原型进行考察，切实从中找到好的创业机会，千万不可轻信虚假广告宣传。个人社交的深度和广度影响着创业机会的识别，在通常情况下，社交广的人比拥有少量社会关系的人更容易得到创业机会，很多成功的创业者都是在社会关系网的作用下识别和确定创业项目的。

## 二、创业机会识别的内容

对某个创业机会进行识别，通常需要对以下内容作出分析。

### （一）创业机会的原始市场规模

创业机会的原始市场规模是指创业机会形成之初的市场规模。原始市场规模决定了创业企业在创业初期可能销售的规模，也决定了利润的多少。因此，分析创业机会的原始市场规模十分重要。一般而言，原始市场规模越大越好，因为创业企业只要占有极小的市场份额就会拥有较大的销售规模，创业企业就能够生存下去。

### （二）创业机会存在的时间跨度

任何创业机会都有时限，超过这个时限，创业机会将不复存在。不同行业的创业机会存在的时间跨度是不一样的，同一行业不同时期的创业机会存在的时间跨度也不一样。时间跨度越长，创业企业用于抓住机会、调整自身发展方向的时间就越长。相反，时间跨度越短，创业企业抓住机会的可能性就越小。

### （三）创业机会的市场规模及其增长速度

一般情况下，创业机会的市场规模越大，相应地，创业企业的销售量增长速度就越快。创业机会带来的市场规模总是随时间变化而变化的，随之带来的风险和利润也会随时间变化而变化。

### （四）创业机会的优劣判断

即使创业机会有较大的原始市场规模，存在较大的时间跨度，市场规模也随着时间推移以较高的速度增长，创业者也要对该机会做进一步的评估，看它是否是好的机会。蒂蒙斯认为好的创业机会有四个特征：一是它很能吸引客户；二是它能在商业环境中行得通；三是它必须在机会之窗存在期间被实施；四是创业者必须拥有利用该创业机会所需的资源（人、财、物、信息、时间等）和技能。

### （五）创业机会的可实现性

即使创业者具备上述四个条件，寻找到的创业机会对创业者而言也应该是可实现的，否则对创业者来说，这个创业机会便是可望而不可即的。创业者是否能利用创业机会要看创业者是否具备以下条件：拥有利用该创业机会所需要的关键资源；能够创造新市场并占领大部分新市场；遇到较大的竞争力量时，能与之对抗；可以承担创业机会带来的风险等。

## 三、创业机会识别的影响因素

不同的创业者可能愿意关注不同的创业机会，即使是同一个创业机会，不同的人，对其评价也往往不同。在影响机会识别和开发的各项因素中，主要分为两个方面，即创业者的个人特性和创业环境。

### （一）创业者的个人特性

1. 创业愿景

创业愿景是创业者的原动力，只有明确创业愿景的人才会主动去发现和识别创业机会。大多数创业者希望通过创业实现自我价值，或者通过创业创造财富。

2. 先前经验

在特定产业中的先前经验有助于创业者认识到有价值的新信息或机会。创业者一旦有了一定的创业经验，就很容易发现新的创业机会。也就是说，某个人一旦投身于某产业创业，将比那些从产业外观察的人，更容易看到产业内的新机会。因此，先前经验对创业者感知创业机会有极其重要的作用。

3. 社会关系网络

创业者的人际关系网络对机会感知至关重要，个人社会关系网络的深度和广度也极大地影响着机会识别。建立了大量社会与专家关系网络的人，比那些拥有少量关系网络的人更容易得到更多的机会和创意。在社会关系网络中，按照关系的亲疏远近，可以将各种关系划分为强关系和弱关系。强关系主要来源于亲戚、密友和配偶之间；弱关系形成于同事、同学和一般朋友之间。研究显示，创业机会或创意并非一定存在于强关系中，因为大多数人的弱关系数量远远大于强关系数量，许多创业者的创意都直接来自同学或朋友的建议。总体来说，具备更广的关系网络的创业者能更好地识别和利用创业机会，社会关系网络作为创业者的重要隐形资源，对创业者的生存和发展具有重要的推动和促进作用。

4. 创业洞察力

创业机会识别很大程度上也取决于创业者的个人或团队能力。研究表明，由于进行交易的当事人并不能掌握所有信息，市场通常不是一个均衡状态，有的地方购买价格较高，而另一些地方卖价较低，因此存在着大量低买高卖的商业机会。创业者应该对那些变化着的环境或被普通人忽视了的机会保持敏感性。

### （二）创业环境

影响创业机会识别的环境因素复杂多样，环境的变化常带来更多的创业机会。创业环境是多种因素的组合，包括宏观经济政策与制度、产业结构、人口环境、技术革新、自然环境、市场环境、创业价值观等。例如，创业型经济发展的政策倾向、人们生活方式的改变、市场竞争环境的公平性，都会对创业机会的识别产生较大程度的影响，甚至影响创业者的创业积极性。

## 任务辨析

下面看看大学生新新和业业是如何看待识别创业机会的。

新新：我找到一个创业机会——我要加盟一家连锁餐饮企业，别人能赚钱，我也肯定没问题。

业业：创业机会是需要识别的，我要根据识别内容，做好市场调查，按部就班、深思熟虑地选择我的创业项目。

新新没有识别和评估创业机会就盲目创业，很可能导致创业失败。业业按照步骤确定自己的创业项目，必将起到事半功倍的效果。

# 任务三　评估创业机会

## 任务目标

### >>知识目标

（1）了解优质创业机会的特征。

（2）理解创业机会评估的一般过程和标准。

（3）掌握创业机会评估的技巧和方法。

### >>能力目标

能够利用适当的方法评估创业机会。

### >>素养目标

培养思考能力和实事求是、踏实肯干的精神。

## 任务导入

### “水土不服”的美味七七

在倒闭之前，美味七七有着不错的口碑。美味七七成立于2013年5月，公司以上海为中心，自建万亩（1亩≈666.67平方米）农场基地和全程冷链物流，提高了生鲜食材的品质。2014年5月，美味七七得到海外企业2 000万美元战略投资。然而在2016年4月7日，上海生鲜电商美味七七宣布关闭并申请破产清算。

在美味七七正式建立之前，其CEO宓平认为自建冷链物流是直击行业痛点，于是开始斥重资自建冷链物流体系。

2014年年底的报道显示，美味七七当时有5 000多个SKU①，沪上中央仓储达1万多平方米；此外美味七七自建全程冷链物流，建有30个中转“站点”覆盖上海各区域，并已开通一日三送满足客户一日三餐配餐需求。

① SKU：Stock Keeping Unit（最小存货单位）。

2015年，美味七七引入了众多线下社区店作为合作商户，除了销售各类生鲜食品外，还有各类休闲食品和生活用品。2015年5月份，美味七七在上海推出了生鲜“1小时送达”的服务，客户购买合作商户的产品，也能获得“1小时送达”的服务。

美味七七扩大商业覆盖范围的愿景达到了，却进一步加大了自建物流的压力。况且，自建物流是一把双刃剑，京东曾经就差点败于资金链断裂，幸运的是，京东得到了投资机构的有力支持。但是，美味七七却没得到幸运的眷顾。2015年，外界开始流传美味七七资金链断裂的消息；2016年4月，宓平向媒体表示公司资金链断裂的原因是股东矛盾。她说，公司运营状况一直处于良好状态，直到近日，由于两位投资股东之间突发的矛盾，资金出现问题，才暂停营业。

这个创业事例告诉我们，创业前一定要认真调研，评估好创业机会，不能不加深入思考就跟风创业，这可能最终导致创业失败。

（资料来源：界面新闻.倒闭的美味七七是自食其果还是罪有应得？2016-10-22.有删改.）

## 任务解码

评估创业机会是确定创业项目的基础，其目的是确定这个机会到底有多少“含金量”，值不值得进行更为详细的市场调查。全面的可行性评估可以帮助创业者更加深入地了解市场，并将他们所掌握的知识和信息转化为系统性较强的创业计划，从而开始实施创业。那么，优质创业机会有哪些特征？

### 一、优质创业机会的特征

一般而言，有价值的创业机会具有以下七个方面的基本特征。

（1）市场需求：创业机会需要满足市场需求，有足够的潜在客户群体支持，在前景市场中，前3年的市场需求应稳步快速增长。

（2）创新性：创业机会需要具有创新性，能够带来新的价值、新的体验或新的解决方案。

（3）可行性：创业机会需要经过充分的市场调研和商业分析，确保其可行性和可持续性。

（4）可扩展性：创业机会需要具备可扩展性，能够在不同的市场和地区复制和扩展。

（5）资源利用效率高：创业机会需要能够高效地利用资源，包括人力、财力和物力等。

（6）风险可控：创业机会需要风险可控，能够在不同的市场和环境下应对不同的风险和挑战。

（7）具有竞争优势：创业机会需要具有竞争优势，能够在竞争激烈的市场中脱颖而出。

对创业者而言，有价值的创业机会必是既能吸引客户，又有人、财、物、技术、信息和时间资源作支撑，且在现行商业环境中行得通，并能在机会窗口存在的期间得以实施，若竞争者有了同样的想法，并已把产品推向市场，那么机会窗口就关闭了。因此，对创业机会开发的每一步，都需要进行评估。

## 二、创业机会评估的方法

虽然针对创业机会有许多的评估标准，但是由于创业本身就是一个具有高度风险特质的活动，没有一个创业机会是完美的，因此投入创业之前，应该理性评估该创业机会，做出合适的决策。

创业机会的评估主要包括主观评估和客观评估。创业机会的主观评估主要是创业者对自身的素质、自身的能力、创业项目本身的评估。创业机会主观评估的准确性与创业者的商业敏感程度息息相关。具有较高商业敏感度的人具备的共同特征有：较强的认知能力、良好的人际关系、自信乐观的心态、创新精神等。创业机会的客观评估主要通过定性与定量方法进行。

### （一）定性评估

定性分析侧重考虑以下三个方面。

（1）确定该市场机会所需的成功条件。

（2）分析自身在该市场机会上所拥有的优势。

（3）创业者所拥有的竞争优势与期望的发展方向和目标是否一致。

### （二）定量评估

标准打分矩阵法、珀泰申米特法和贝蒂选择因素法是对创业机会进行定量评估最为常用的三种方法。

#### 1. 标准打分矩阵法

标准打分矩阵法通过选择对创业成功有重要影响的因素，由专家小组对每个因素进行“最好”“好”“一般”三个等级的打分，最后求出每个因素对于特定创业机会的加权评分，从而在不同的创业机会之间进行比较。标准打分矩阵可参照表4–3。

**表 4–3　标准打分矩阵参照**

| 标准 | 专家打分 | | | |
|---|---|---|---|---|
| | 最好（3分） | 好（2分） | 一般（1分） | 加权平均分 |
| 易操作性 | | | | |
| 质量和易维护性 | | | | |
| 市场接受度 | | | | |
| 增加资本能力 | | | | |
| 投资回报 | | | | |

续表

| 标准 | 专家打分 | | | |
|---|---|---|---|---|
| | 最好（3分） | 好（2分） | 一般（1分） | 加权平均分 |
| 专利权状况 | | | | |
| 市场大小 | | | | |
| 制造难易度 | | | | |
| 口碑传播力 | | | | |
| 成长潜力 | | | | |

这种方法简单易懂、易操作，主要用于不同创业机会的对比评估，其量化结果可直接用于机会的优劣排序。只用于一个创业机会的评估时，则可采用多人打分后进行加权平均。如果其加权平均分越高，说明该创业机会越可能成功。一般来说，高于100分的创业机会可进一步规划，低于100分的创业机会则需要考虑淘汰。表4−3中列出了其中10项主要的评估因素，在实际使用时可以根据具体情况选择其中的全部或部分因素来进行评估。

2. 珀泰申米特法

珀泰申米特法是计算创业机会的成功潜力指标（表4−4）。对于每个评估因素来说，不同选项的得分分值从−2分到2分，通过将所有因素得分相加，得到最后的总分，总分越高说明特定创业机会成功的潜力越大。只有那些最后得分高于15分的创业机会才值得创业者进行下一步的策划，低于15分的都应被淘汰。

**表 4−4　珀泰申米特法评估**

| 序号 | 评估因素 | 得分 |
|---|---|---|
| 1 | 对于税前投资回报率的贡献 | |
| 2 | 预期的年销售额 | |
| 3 | 生命周期中预期的成长阶段 | |
| 4 | 从创业到消费额高速增长的预期时间 | |
| 5 | 投资回收期 | |
| 6 | 获得领先地位的潜力 | |
| 7 | 商业周期的影响 | |
| 8 | 为产品制定高价的潜力 | |
| 9 | 进入市场的容易程度 | |
| 10 | 市场试验的时间范围 | |
| 11 | 销售人员的要求 | |
| 总分 | | |

### 3. 贝蒂的选择因素法

在贝蒂的选择因素法中，通过对11个选择因素（表4–5）的设定来对创业机会进行判断。如果某个创业机会只符合其中的6个或更少，那么这个创业项目的成功机会较小；相反，如果这个创业机会符合其中的7个或者更多，那么这个创业机会将有希望成功。

**表 4–5　贝蒂的选择因素法评估表**

| 序号 | 选择因素 | 满足情况 |
|---|---|---|
| 1 | 这个创业机会在现阶段是否只有你一个人发现了？ | □是　□否 |
| 2 | 初始的产品生产成本是否可以承受？ | □是　□否 |
| 3 | 初始的市场开发成本是否可以承受？ | □是　□否 |
| 4 | 产品是否具有高利润回报的潜力？ | □是　□否 |
| 5 | 是否可以预测产品投放市场和达到盈亏平衡点时间？ | □是　□否 |
| 6 | 潜在的市场是否巨大？ | □是　□否 |
| 7 | 产品是否是高速成长的产品家族中的第一位成员？ | □是　□否 |
| 8 | 是否拥有一些现成的初始客户？ | □是　□否 |
| 9 | 是否可以预期产品的开发成本和开发周期？ | □是　□否 |
| 10 | 是否处于一个成长中的行业？ | □是　□否 |
| 11 | 金融界是否能够理解你的产品和客户对它的需求？ | □是　□否 |

必须指出的是：在现实创业活动中，创业者不会完全按照框架中的指标对创业机会做出一一评估，而仅会选择其中某些要素来判断创业机会的价值，从而使创业者的机会评估表现为主观感受而非绝对客观分析的过程。

另外，创业者往往由于缺少充足的时间和资金去分析潜在客户聚集地、潜在竞争替代品和竞争者的结构成本以及选择性项目方案，导致市场评估阶段进行机会审查不足，因此，取而代之，创业团队可使用减少调查成本的五步方针。

（1）能力：机会是否与创业团队的能力、知识、经验相匹配。

（2）创新：产品是否有意义、创新点、专利或极优的质量。

（3）资源：创业团队是否能吸引必不可少的财力、物力和人力资源。

（4）回报：能否回收企业的运营成本并且盈利；预期回报是否适合承担风险。

（5）承诺：创业团队成员是否对企业做出了承诺；员工对企业是否有激情。

创业者评价创业机会的原则是在最短时间内摒弃缺乏前景的风险活动，节省资源和时间从事真正有望成功的活动。创业者应放弃缺乏经验和认识的相关领域和市场，创业机会如果不在自己的能力、创新、资源、回报、承诺五项评估指标范畴内，则可以迅速放弃，而剩下的机会则成为重点研究对象。

## 三、创业机会评估的标准

创业本身是一种“在实践中学习”的高风险行为，新创业企业获得成功的概率极低。失败原因包括市场进入时机不对，创业构想有致命缺陷等。如果创业者事先能以比较客观的方式对创业机会进行评估，那么就有可能避免创业失败的结局。针对创业机会的市场与效益面，以下提出一套评估标准，以供大家做创业决策参考。

### （一）市场评估标准

#### 1. 市场定位

好的产品应专注于满足客户需求，同时能为客户带来增值的效果。因此，评估创业机会的时候，可通过市场定位是否明确、客户需求分析是否清晰、客户接触通道是否流畅、产品是否持续衍生等方面，来判断创业机会可能创造的市场价值。创业带给客户的价值越高，创业成功的机会也会越大。

#### 2. 市场结构

针对创业机会的市场结构进行分析，包括金融障碍、供货商、客户、经销商的谈判力量、替代性竞争产品的威胁，以及市场内部竞争的激烈程度等。由市场结构分析可以得知新企业未来在市场中的地位，以及可能遭遇竞争对手反击的程度。

#### 3. 市场规模

市场规模的大小与成长速度，也是影响新企业成败的重要因素。一般而言，市场规模大者，进入障碍相对较低，市场竞争的激烈程度也会略微下降。如果要进入的是一个十分成熟的市场，纵然市场规模很大，由于市场已经趋于饱和，利润空间必然很小，仍然不值得再投入更多成本和精力。反之，一个正在成长中的市场，通常也会是一个充满商机的市场，所谓“水涨船高”，只要进入的时机正确，必然会有获利的空间。

#### 4. 市场渗透能力

市场渗透力是指产品进入市场、占领市场的能力，它反映出产品的竞争力。聪明的创业者知道选择进入市场的最佳时机，也就是市场需求正要大幅增长之际，这时只需要做好准备，就会获得丰厚的回报。

#### 5. 市场占有率

从创业机会预期可取得的市场占有率目标，可以看出这家新创公司未来的市场竞争力。一般而言，要成为市场的领导者最少需要拥有20%的市场占有率；如果低于5%的市场占有率，则这个新企业的市场竞争力不高，自然也会影响未来企业上市的价值。尤其在高科技产业中，新企业必须拥有成为市场前几名的能力，才比较具有投资价值。

6. 产品的成本结构

产品的成本结构是指企业在生产经营活动中缴纳的费用总和，它反映新企业的前景是否有潜力和足够的发展空间。例如，从物料与人工成本所占比重、变动成本与固定成本的比重，以及经济规模产量等，可以判断企业创造附加价值的幅度以及未来可能的获利空间。

（二）效益评估标准

1. 合理的税后净利润

一般而言，具有吸引力的创业机会，至少需要能够创造15%的税后净利润。如果创业预期的税后净利润在5%以下，那么这可能不是一个好的投资机会。

2. 达到损益平衡所需的时间

合理的损益平衡应该在两年以内达到，如果三年还达不到，恐怕这就不是一个值得投入的创业机会。不过，有的创业机会确实需要经过比较长的等待时间，通过前期投入，克服进入障碍，才能保证后期的持续获利。在这种情况下，可以将前期投入视为一种投资，从而给予较长的时间以达到损益平衡。

3. 投资回报率

通常来说，投资回报率越高越好，根据每个人的风险承受能力、投资目标和每个人的预期目标，投资回报率可能会有很大的差异。所以，投资前一定不要被高回报蒙蔽双眼。考虑到创业可能面临的各项风险，合理的投资回报率应该在25%以上。一般而言，15%以下的投资回报率是不值得考虑的。

4. 资本需求

投资者一般会倾向于资金需求量较低的创业机会。据调查，资本额过高其实并不利于创业成功，有时还会带来稀释投资回报率的负面效果。通常，知识越密集的创业机会，对资金的需求量越低，投资回报反而越高。因此，在创业开始的时候，不要募集太多资金，最好通过盈余积累的方式来积累资金。而比较低的资本额将有利于提高每股盈余，并且还可以进一步提高未来上市的价格。

5. 毛利率

毛利率是毛利与销售收入的百分比，其中毛利是收入和收入相对应的营业成本之间的差额。毛利率高的创业机会，相对风险较低，也比较容易取得损益平衡；反之，毛利率低的创业机会，风险则较高。遇到决策失误或市场发生较大变化的时候，企业就很容易遭受损失。一般而言，理想的毛利率是40%；当毛利率低于20%时，这个创业机会就不值得再考虑了。例如，软件业的毛利率通常都很高，所以只要能找到足够的业务量，软件创业在财务上遭受严重损失的风险相对会比较低。

6. 策略性价值

新企业能否创造在市场上的策略性价值，也是一项重要的评估指标。一般而言，策略性价值与产业网络规模、利益机制、竞争程度密切相关，而创业机会对产业价值链所能创造的价值效果，也与它所采取的经营策略与经营模式密切相关。

7. 资本市场活力

当新企业处于一个具有高度活力的资本市场时，它的获利回收机会相对也比较高。资本市场的变化幅度极大，在市场高点时投入，资金成本较低，筹资相对容易；但在资本市场低点时投入，投资新企业开发的诱因则较低，好的创业机会也相对较少。不过，对投资者而言，市场低点的成本较低，有时投资回报反而更高。一般而言，活跃的资本市场比较容易创造增值效果，因此资本市场活力也是一项可以被用来评估创业机会的外部环境指标。

8. 退出机制与策略

所有投资的目的都在于回收前期投入并在未来获利，因此退出机制与策略就成为一项评估创业机会的重要指标。企业的价值一般也要由具有客观鉴价能力的交易市场来决定，而这种交易机制的完善程度也会影响新企业退出机制的弹性。由于退出的难度普遍要高于进入，所以一个具有吸引力的创业机会，应该能让所有投资者寻找出退出机制以及退出的策略规划。

## 四、创业机会评估的过程

创业机会评估的目的是在众多的创业机会中，通过分析、判断和筛选，发现可以利用的商业机会。一个好的创业机会意味着创业者的成功率会大幅度提升。但并不是每一个创业机会都适合创业、都能创业成功。识别创业机会后，还要对这个机会进行评估，看其是不是一个有价值的创业机会。并不是每一个创业机会都会给创业者带来效益，而每个创业机会都必定存在一定的风险。所以，创业者要对创业机会进行科学的分析与评估，然后做出选择。一般来说，创业机会评估可以按照以下步骤来进行。

（1）判断新产品将如何为购买者创造价值，判断使用的潜在障碍，分析如何克服这些障碍，根据对产品和市场认可度的分析，得出新产品的潜在需求、早期使用者的行为特征、产品达到创造收益的预期时间等。

（2）分析产品在目标市场投放的技术风险、财务风险和竞争风险，并进行详细的机会窗口分析。

（3）在产品的制造过程中是否能够保证足够的生产批量和稳定的产品质量。

（4）估算新产品项目的初始投资额度，使用何种渠道进行融资。

（5）在更大的范围内考虑风险的程度，以及如何控制和管理风险要素。

评估创业机会是对定量指标和定性指标进行处理，引入需要的数据和相关专家的评定，结合相关模型，最终得到评估结果。创业机会是否成熟，是否可以在现实中开发，还需要进一步在实践中证明。依据创业活动实践，可以从风险规避和价值创造这两个方面对创业机会评估的结果做进一步修正。

## 知识链接

### 创新大赛评委眼中的好项目

通过对大量创新大赛金奖项目的分析，我们发现这些项目中不乏智能制造、现代农业等科创项目，虽然它们的项目类别相差甚远，却都受到了评委和投资人的青睐。项目成功绝非偶然，除了团队的自身努力之外，这些成功项目的背后还隐藏着哪些相似的基因呢？

1. 两个“高”

（1）项目科技含量高。鼓励大学生结合自身专业特长开展科技创新创业活动，将科研成果转化成实际项目。

（2）商业壁垒高。商业壁垒包括技术壁垒、品牌壁垒、政治壁垒、资金壁垒、资源壁垒、贸易壁垒、地域壁垒等，不同行业的壁垒有所区别。只有你的商业壁垒足够高，建立自己的“护城河”，才能保证自己创建的项目不容易被别人抢占挤压，甚至超越。

2. 三个“可”

（1）可落地。不能落地的项目，创意再优秀也毫无价值，创业项目要能把技术创新转化为实际市场需求，并拥有市场拓展空间，能不断优化和完善商业闭环，获得公司经营收益。

（2）可持续性。项目要具有可持续性，首先要做好项目的定位，定位决定了你未来的发展方向（尽量选择新兴产业）。

（3）可复制性。成功的项目必须是可以复制的，项目产品本质上是解决市场痛点的标准化方案，标准化的价值就在于可复制和可控。一个人的经验无论多丰富其价值是有限的，只有把他的经验转化成可复制的标准化方案，价值才能被无限放大。

3. 团队强

创业项目不管处于哪种创业阶段，创始人和初始团队都是非常重要的，在大赛的评审规则中，创意组、初创组和成长组的团队权重均为30%。

项目团队要注意以下几点：团队组织结构是否合理（专业人做专业事）；团队的互补性及协同能力；股权结构是否合理；团队价值观是否统一。

4. 市场大

市场容量是指在不考虑产品价格或供应商策略的前提下，市场在一定时期内能够吸纳某种产品的单位数目。只有市场容量足够大，才有更大的发展空间。

5. 排名佳

初创组和成长组项目一定要做到行业细分领域的“前三甲”，以此说明项目具有十足的发展潜力。

6. 增长快

增长快是指公司的各种关键指标上升得快或上升幅度大，包括销售额、客户量、利润额、市场占有率等都有明显的上升趋势。

## 任务辨析

下面看看大学生新新和业业是如何认识创业机会评估的。

新新：什么评估不评估，有了机会就试试呗，机不可失，正所谓“机不可失，失不再来”。

业业：不是所有的创业机会都有足够大的价值潜力来填补为把握机会所付出的成本，所以，为了降低创业风险，减少创业损失，我们应该提前做好创业机会的评估。

新新在选择创业机会的时候没有认识到机会和创业主体的差异性，只顾任性强闯，势必在未来受到挫折和打击。业业知道根据创业机会的特性进行评估，判断机会的投入产出比，从而找到一项最适合自己的创业项目，降低创业风险，提高创业成功率。

## 项目小结

创业不能头脑一热就开始行动。首先我们要分清什么是创业机会和商业机会，认识到并不是每个商业机会都适合我们创业，发现创业机会可以从个人的兴趣和爱好，痛点，外部环境的变化，新技术、新发明的产生和市场竞争的机会等方面来进行发掘创业机会；其次必须要准确识别创业机会，避免在创业过程中走弯路，增加不必要的创业成本；最后运用合适的方法对创业机会进行科学的评估，从而打开我们的创业之门。通过本项目的学习，同学们要及时发现并识别创业机会，再进行全面评估，一旦确定是很好的创业机会，就要坚持下去。若能够把握住每个稍纵即逝的创业机会，就等于成功了一半。

## 双创榜样

### 孙振宇：走绿色产业发展，把握创业机会，赋能乡村振兴

孙振宇，男，汉族，黑龙江职业学院2014届农牧工程学院畜牧兽医专业毕业生，先后被评为乡级、市级先进新型农业经营主体，事迹先后被市电视、省电视台和中央电视台专题报道。2016年被推选为“政协穆棱市第六届委员会委员”。2017年荣获穆棱市第二届创新创业大赛“优秀创业奖”。

孙振宇于2014年7月毕业参加工作，2016年5月返乡创业，积极投身生态农

业，成立六峰谷家庭农场，带领农场家庭成员及同村农户从事生态种植、养殖、农产品加工、销售。

1. 以绿色产业发展为引领，励志艰苦创业

孙振宇经过多方比较，尝试，下定决心最终选择了农村最熟悉的项目——发展生态种植、养殖产业。因为他看到绿色食品产业是共和乡的支柱产业，在他看来许多村民都有非常优质的农产品，但是他们不会进行市场化和品牌化，难以把优质农产品以高价卖出去，这是急需破解的问题。通过摸索他找到了一个适合家庭农场的发展模式，通过互联网、自媒体、社群等营销手段发展农场优质特色农产品种子客户，把这些放心食材通过原产地直供的方式直接卖给终端客户，客户可以通过短视频、直播等方式直观地看到农产品的生产过程，因而放心地购买。现在孙振宇的农场不但能以较高价格销售自己生态种植、养殖的优质食材，还吸纳了同村黑木耳种植户、蜂蜜养殖户等的优质产品，让这些农户也一同增收。

2. 以项目拉动为突破，带动贫困户脱贫

为扩大绿色农产品产业发展，增加农场及合作农户的收入，孙振宇积极主动与乡县农业、林业和金融等部门对接协调，谋求项目，贷款扶持，为拉长农产品深加工产业链条，确保生产安全，提升农产品品质和农产品附加值，积极建立标准化农产品加工车间、包装车间等，带动同村10户农民增收，实现产业脱贫目标。

3. 以技术服务为支撑，提升服务功能

生态种植、养殖要有技术，要懂得科学管理。当然，最重要的还是农产品的销售环节。孙振宇通过自己摸索的社群营销、自媒体传播，和团市委的农村电商示范工程等一系列销售经验，一一与合作的农户进行交流，让农户充分利用好自己的手机：通过手机就能轻松把自家的优质产品卖给终端客户。现阶段同心乡农场所生产的放心食材主要卖到了广州、深圳等一二线城市，有很多广东客户都要亲自来农场体验森林人家的原汁原味生活，据孙振宇介绍，接下来农场还要发展民宿、餐饮和森林游等一二三产业融合发展的目标，通过旅游服务业吸引南方客户到基地体验，从而带动农产品走出去，打开市场，提升产品的客户黏度和竞争力。

4. 发挥示范作用，拉动青年人返乡创业

孙振宇在发展自身产业的同时，还积极引导带动身边的青年人扎根基层，投身农业。近三年来，他吸引了多名外出务工青年返乡投身农业。基层的创业历程让他深深地感受到：农村太需要青年人了，但是受“离农”教育的思想，绝大多数的年轻人还是选择了去城市工作，现实中真正热爱农业的年轻人少之又少。所以，孙振宇想通过自己的农创事迹让更多的年轻人知道，在大城市竞争激烈的今

天，返乡创业也是一件值得去深刻思考、去实践的事情，而且还可以走向致富的道路。对于走生态农业这条路，他坚信自己的选择是正确的，因为祖国的现代化农业、农村发展将会需要更多的年轻人。

## 项目实训

### 树洞猫咖创业机会的评估

#### 一、实训目标

（1）通过分析树洞猫咖创业机会的来源，学会寻找身边的创业机会。

（2）通过市场调查，分析、判断完善项目服务内容，识别优质的创业机会。

（3）能够运用贝蒂的选择因素法对树洞猫咖创业机会进行评估，使该创业项目更加完善。

#### 二、实训内容

结合实训一树洞猫咖的项目背景，学生按照小组进行实训。

步骤一：结合上面树洞猫咖的项目背景，分组分析该创业机会来源，并完成表4-6填写。

表 4-6　树洞猫咖的创业机会来源分析表

| 因素 | 评估 |
| --- | --- |
| 个人的兴趣和爱好 | |
| 痛点 | |
| 周围环境 | |
| 市场竞争 | |
| 解决方案 | |

步骤二：利用本项目所学识别创业机会的相关内容，围绕表4-7中的11个项目内容开展市场调查活动，并完成表格填写。通过该市场调查，洞悉痛点，了解客户需求，进行行业分析及竞品分析，完善产品；结合创业机会识别因素判断

该创业机会是否是优秀的创业机会，并为创业机会的评估做准备。

表 4–7　市场调查记录表

| 序号 | 项目 | 记录 |
|---|---|---|
| 1 | 市场调查方法 | |
| 2 | 项目主要客户 | |
| 3 | 项目市场容量 | |
| 4 | 项目的行业前景 | |
| 5 | 行业支撑政策 | |
| 6 | 项目主要盈利点 | |
| 7 | 产品介绍 | |
| 8 | 技术或产品的独特之处（竞争优势） | |
| 9 | 市场定位及价值 | |
| 10 | 竞品分析 | |
| 11 | 解决方案 | |

步骤三：项目评估。使用贝蒂选择因素法评估创业机会的成功潜力。对“项目评估表”中的11个项目进行选择，完成该创业机会的综合评估（表4–8）。根据评估结果来决定是否要抓住这个创业机会，是否开始实施创业。

表 4–8　贝蒂的选择因素法评估表

| 序号 | 因素 | 满足情况 |
|---|---|---|
| 1 | 这个创业机会在现阶段是否只有你一个人发现了？ | □是　□否 |
| 2 | 初始的产品生产成本是否可以承受？ | □是　□否 |
| 3 | 初始的市场开发成本是否可以承受？ | □是　□否 |
| 4 | 产品是否具有高利润回报的潜力？ | □是　□否 |
| 5 | 是否可以预期产品投放市场和达到盈亏平衡点时间？ | □是　□否 |
| 6 | 潜在的市场是否巨大？ | □是　□否 |
| 7 | 产品是否是高速成长的产品家族中的第一位成员？ | □是　□否 |
| 8 | 是否拥有一些现成的初始客户？ | □是　□否 |
| 9 | 是否可以预期产品的开发成本和开发周期？ | □是　□否 |
| 10 | 是否处于一个成长中的行业？ | □是　□否 |
| 11 | 金融界是否能够理解你的产品和客户对它的需求？ | □是　□否 |

## 三、考核评量

授课教师根据实训目标，对学生的实训情况进行综合考评，并完成表4−9的填写。

表 4−9　考核评量表

| 序号 | 评量内容 | 分值 | 要求 | 团队赋分依据 | 得分 |
|---|---|---|---|---|---|
| 1 | 树洞猫咖创业机会来源分析表的填写 | 40 分 | 对创业机会来源分析准确，至少有两名同学对表格内容进行汇报和答辩 | 1. 小组成员针对痛点进行讨论，说出判断理由及解决方案，并记录小组讨论过程（20 分）；<br>2. 表 4−6 填写清晰完整，并以小组为单位上交一份同理心地图（20 分） | |
| 2 | 树洞猫咖市场调查记录表的填写 | 30 分 | 由教师带领小组成员进行市场调查，并将调查记录表填写完整，至少有两名同学对表格内容进行汇报和答辩 | 1. 小组成员对市场情况进行调查，并记录小组讨论过程（20 分）；<br>2. 表 4−7 填写清晰完整（10 分） | |
| 3 | 树洞猫咖项目评估表的填写 | 30 分 | 利用贝蒂选择因素法对创业机会进行评估，至少有两名同学对表格内容进行汇报和答辩 | 1. 表 4−8 填写清晰完整，并对本小组选择的创业机会进行客观评价（15 分）；<br>2. 小组间进行公正互评（15 分） | |
| 总分：＿＿＿＿＿＿ | | | | | |

## 项目检测

把握创业机会

项目五

# 提供产品

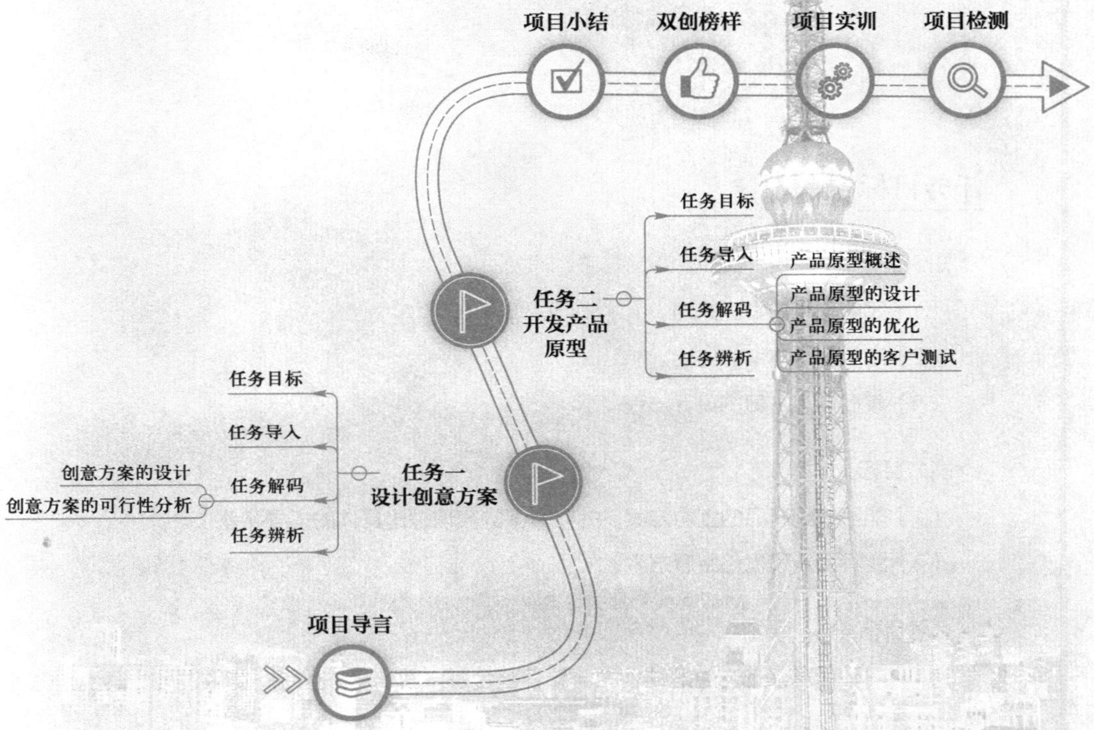


## 项目导言

创意是打破常规的哲学，是破旧立新的创造与毁灭的循环，是思维碰撞、智慧对接，是具有新颖性和创造性的想法，是不同于寻常的解决方法。创意是一种通过创新思维意识，从而进一步挖掘和激活资源组的思维方式。创意方案只是停留在文字描述阶段，最终还是要通过具体的产品和服务来实现。很多产品改变了我们的世界，如互联网、智能手机、可再生能源、3D打印等。所以在创新创业过程中，产品是创新创业的核心内容，好的产品，是创新创业活动的开始。

# 任务一　设计创意方案

## 任务目标

>>知识目标

（1）了解创意方案的来源。

（2）理解创意方案的内涵。

（3）掌握创意方案的设计流程。

>>能力目标

（1）能够找到产品的创意方案，并为方案的实现提出具体的指导和建议。

（2）能够完善和优化创意方案。

>>素养目标

（1）提升信息筛选与整理的能力，培养整合各方面信息并提炼，能敏锐地觉察到创意点的素养。

（2）培养个人创新能力，并将其转换到产品创意的素养。

## 任务导入

### 盘点蜜雪冰城的营销策略

蜜雪冰城是一个新鲜冰激凌与茶饮的全国连锁品牌，其创意产品设计在市场上备受瞩目。通过创意设计，蜜雪冰城成功地打造了品牌效应，得到了大量消费者的关注和认可。那么蜜雪冰城这个品牌，到底有哪些地方值得创业者学习？以下是蜜雪冰城营销的几个成功案例。

1. 全面媒体化

在这个时代，各类信息鱼龙混杂，客户的注意力越来越分散，这就意味着如果想要在线上争夺客户的注意力，流量成本只会越来越高。而线下媒体却能完美解决这个问题。

品牌战略公司华与华曾经在微博中透露，蜜雪冰城的门店已经突破20 000家，这20 000家不仅仅是门店，也可以看作20 000家媒体。由于蜜雪冰城拥有大规模的门店以及亲民的价格，实现了渗透率高、想得起、买得到三个条件，其在消费者面前的曝光率大幅度提升，并获得了大量忠实客户。也就是说，想要实现品牌增长，首先要提高产品的渗透率，然后要让消费者在产生需求的时候能想得到，之后产生购买欲望，还要能买得到产品。

2. 创造创意营销日历

大多数品牌往往都会根据时事热点作出创意营销策略，而蜜雪冰城创建了属于它们自己的营销活动——创意营销日历。创意营销日历通俗的理解就是品牌的年度营销活动，每年都是同样的营销活动主题。

蜜雪冰城的2个营销活动分别是：

（1）蜜雪冰城福袋节。消费者购买蜜雪冰城特定饮品满一定金额可以抽取福袋，福袋的奖品不定。这个活动看起来流程很简单，但是也有很多值得各商家学习的地方。

首先，是福袋这个概念。福袋的概念，如果从产品本身来说可以有多种说法，比如礼物、礼品等也可以称作奖品，但引入福袋这个概念，大部分人便认为其象征着好运。所以，消费者对于福袋的认知不仅仅是奖品，还有更深的一个层次，就是得到福袋就是得到好运。从各大社交媒体也可以发现，消费者都会把自己抽到的福袋分享出来，并且有很多人都说这是在图个喜气。这就和微信红包一样，一个红包，如果是运气王的话，会调动消费者的情绪。

（2）520活动。520活动的主题主要是围绕着情侣证的领取，只需要买够12元的饮品就可以获得情侣证。这一活动吸取了年轻情侣的注意，而在网络上“晒出”情侣证便是对品牌的再曝光。

以上的两个活动，共同的关键点在于挖掘消费者的第二属性，消费者是产品的购买者也是传播者，消费者并没有付出额外的成本，只购买了产品本身，活动的奖励都是附加的。如果想要形成品牌的独有资产，创造属于消费者和品牌的共同记忆，除了刺激强度外，还有一个要素很关键是刺激频次。

（资料来源：活动聚网站.盘点蜜雪冰城的营销策略.2022-06-30，有删改.）

## 任务解码

创意是对传统的叛逆，是破旧立新，是创造与毁灭的循环，是思维碰撞、智慧对接，是新颖性和创造性的想法。那么，什么是创意和创意方案呢?

### 一、创意方案的设计

#### （一）创意概述

1. 创意的概念

创意是指新颖、独特的思维方式和方法，通过联想、比喻、类推等方式，在解决问题、满足需求、创造价值的过程中产生的新思路和新想法。创意的产生靠的是观察力、联想力、想象力、表达力等方面的能力。

2. 创意的特点

（1）突破性。创意是突破传统的思考方式，打破思维定势，走出固有的框架，从而产生新的认识和见解。

（2）独特性。创意是非常个性化和独特的，反映了独特的思维方式和审美观念。

（3）实用性。创意不仅要具备创新性和独特性，还要能够实现并产生真正的效果和价值。

（4）可行性。创意不是毫无根据的空想，而是需要基于一定的事实和数据，具有可行性和可实施性。

简而言之，创意是一种具有突破、独特、实用、可行等特点的思维方式和方法，在推动创新和发展各个领域方面都具有重要的作用。

## 案例分享

### 雨伞的创意设计

1. 圆角雨伞

相信很多人在人多的环境中使用的伞的时候，总有这样一个痛点：担心伞尖会扎到他人的眼睛。其实这个痛点早就已经被解决了。在1999年，一位工程师就敏感地捕捉了这一痛点，并因此创造出了圆角伞（图5–1）。这种伞不仅看起来简洁、时尚、美观，解决了可能存在的安全问题，而且抗风能力也比较出众，一般儿童使用的居多。

图5–1　圆角雨伞

2. 拐杖雨伞

专为老年人设计的拐杖雨伞（图5–2），轻便易携带，必要的时候可以拆解成拐杖和伞，分别使用，更贴合老年客户使用需求。

3. 双人雨伞

如果两个人用一把伞，难免会有一个人被淋湿，买一把更大的伞听起来并不是个最好的解决方案，所以这种连体的双人雨伞（图5–3）就孕育而生。

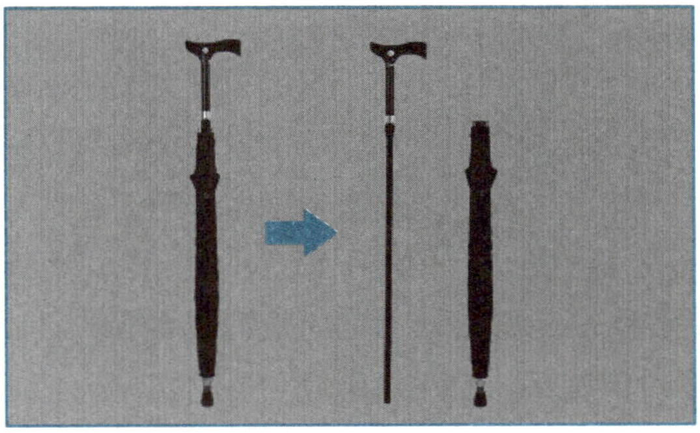

图 5-2　拐杖雨伞

图 5-3　双人雨伞

### （二）创意方案的概念

创意方案可以应用于各种领域，如广告、产品设计、市场营销等，企业创意方案是指基于某种问题或需求，利用创造性思维和创新方法提出的解决方案。而创新创业则是指将创意转化成商业价值并进行商业运营，实现盈利的过程。

创意方案是创新创业的先导和基础，是创新和创业不可或缺的元素。创新需要有源源不断的创意源头作为支持，而创意则需要有执行力和商业化思考才能够突显商业上的成功。一个优秀的创新企业会注重培养创意能力，不断探索市场需求，发掘市场潜力，并结合自身技术、资源等条件，制定全面的商业化策略，最终将创意转化成有商业价值的产品。

创意方案是创新和创业的灵魂，而创新创业则是对创意方案的认真实践和推广。

### （三）创意方案的来源

现在的市场竞争激烈，环境变化很快，在这样的客观条件下，企业必须对市场作出快速的反应。但企业显然很难制订每一个营销决策，出每一个产品创意的时候，都去做市场研究，对中小企业来说，更是如此。那在做产品策划的时候，有没有什么方法，是可以在不用做市场研究的前提下，还能产出好的产品创意呢？我们总结了产品设计常用的五种创意方案的来源。

1. 模仿跟进

模仿跟进指竞争对手的产品在市场上取得了好的效果，或者说竞争对手有什么新产品经过企业自身判断将有很好的市场前景，那么企业自己就研发什么产品推出市场。这是大家常用的方法，可能有很多做产品创意的人员认为这种方法太简单，体现不了创意人员的价值。但对于创意小组来说，判断一个创意有多大价值，关键在于它为创意小组创造了多大的价值，这不是以产品创意人员的意志为转移的，产品创意人员需要有这样的意识。

模仿跟进是最经济高效的方法，市场中最常见的成功大都源于此，比如华为公司在90年代初期与思科公司进行合作，学习和模仿思科的技术和产品，从而提高自己的产品质量和市场竞争力，这种模式的案例比比皆是。

2. 空白区域

空白区域跟模仿跟进类似，就是在竞争对手所没有开拓的空白市场区域，推出与竞争对手相同或相似的产品，以抢占市场先机。

空白区域的运用需要创意小组具备敏锐的市场触角（洞悉市场趋势）、宽广的视野（发现有潜力的产品或市场的空白区域）、快速行动的能力（把握空白市场机会）。

一般来说，空白区域的运用一般有两种情形：一是区域性创意小组发现全国性创意小组的一个有价值的产品，然后发现该产品对于本区域是空白区域，从而快速行动推出类似产品占领市场，二是全国性创意小组发现区域性创意小组其中的一个有价值的产品，然后在其他区域市场推出类似的产品快速占领市场。

3. 新建品类

新建品类是产品创意的最高境界。成功的构建新品类的方法有如下三种。

（1）品类嫁接：就是把市场上两个常见的产品品类，融合进一个产品，从而诞生一个新的品类，这个新品类集两种品类于一身。如农夫山泉股份有限公司推出的农夫果园混合型果蔬汁及杭州娃哈哈集团推出的牛奶果昔饮品营养快线。

（2）品类借接：就是把市场上比较受欢迎或者比较常见的一个品类冠名到另一个品类上，从而产生的一个新品类，其不同于品类嫁接，不会隶属于两个品类之下。新兴的行业比如互联网，在其范畴内，品类借接得到大量的运用，并且已经取得了一定的效果。

（3）市场细分：就是基于消费者的市场细分，而产生的一个新品类。这方面的例子比较多，比如早餐奶、儿童钙片等。

4. 替代转换

管理学大师迈克尔·波特的五种竞争力量模型（供应商的议价能力、购买者的议价能力、潜在竞争者进入的能力、替代品的替代能力、行业内竞争者现在的竞争力）中的市场竞争能量，便是来自于替代转换。这实际上是给了大家一个非常好的构思，在我们做产品策划的时候，我们可以从“替代”的方向来寻找好的创意。

（1）某一行业有时会与另一行业的公司互为竞争关系，其原因是这些公司的产品具有相互替代的性质。替代产品的价格如果比较低，它投入市场后就会使本行业产品的价格上限局限于较低的水平内，这就限制了本行业的收益。本行业与生产替代产品的其他行业进行的竞争，常常需要本行业所有公司采取共同措施和集体行动。

（2）替代产品的威胁体现在企业现有产品的价格和获利能力的会受到限制，如果替代产品对客户来说更具接受性，这种限制的影响会更明显。要想应对替代产品威胁，公司采取的方法主要有：一是提高产品质量；二是通过降低成本的方法降低产品价格；三是对现有产品进行改造，增加新的产品卖点；四是提高营销预算，进行促销活动。

（3）如果面对替代产品的威胁不采取相应措施，必然会影响销量和利润。当然公司还要分析替代产品的市场前景，考虑到产品优势、客户需求、与替代品竞争的竞争成本、替代产品的科技含量和先进性等因素影响。

替代转换的方法，可以从相似行业中寻找，也可以从相异行业中寻找。比如同样是聊天软件，有了QQ，为什么还会有微信的出现与存在，这就是我们需要思考的问题。目前这种替代转换的创意方法比较常见，而且也确实证明其具有旺盛的生命力，与新建品类的方法相比，替代转换是在分流原有的市场需求，而新建品类则是构建全新的市场需求。

5. 增值挖掘

增值挖掘类似于迈克尔·波特的专一化战略思想，它主攻某个特殊的客户群。在与波特所提出的五种竞争力量的抗争中，蕴含着三类成功型战略思想。

（1）总成本领先战略：总成本领先战略是指企业通过降低生产和经营成本，以在市场上提供更具竞争力的价格来获得市场份额，并实现长期的商业成功。这一策略依赖于企业有效地管理其采购、生产、销售等各个环节，优化生产过程并提高效率，减少运营成本和浪费。

（2）差异化战略：产品差异化战略是指企业通过在产品设计、品质、售后服务等方面进行创新和提升，以满足消费者对特定需求的要求，从而与竞争对手形成明显的差异，取得更好的市场地位和商业成功。产品差异化战略需要企业深入洞察市场细节，不断提高产品质量和服务水平，同时不断创新，达到与其他竞争对手实现差异化。企业应该根据自身能力和行业特点适当地采取措施，确保其产品得以成功地洞悉并吸引到目标消费群体，并获得市场份额与收益。

（3）专一化战略：专一化战略是企业追求产品在特定市场领域内的专门化与专业化，以获得更高的市场份额和利润率。这种战略常见于小型或中等规模企业，因为他们相对于大型企业来说资源有限，无法在各个方面进行全面的市场占有。实施专一化战略的关键包括以下几点。

① 选择目标市场：选择一个具有良好前景且有足够发展空间的特定市场，以便在该市场中积累经验和知识，并逐渐扩展市场份额。

② 专业化产品：专注于开发并提供一种或几种个性化或高质量的产品，满足目标市场客户的需求。

③ 建立知名品牌：建立自己的品牌和声誉，在目标市场中产生影响力，使消费者认可其在该市场上的地位和专业性。总的来说，专一化战略适合那些有限的企业资源并希望在特定市场领域获得长期成功的企业。通过专注于自己的核心优势，提高产品质量来占领市场，切忌过度分散企业精力，保持专注、稳定经营，开拓新市场，坚守循初衷是成功的关键。

具体的作法就是，基于企业之前销售的一个主要产品的相似或相关需求，通过提供更多的其他产品来提高创意小组对平均单个消费者的销售额。比如早期的海尔主要向消费者提供冰箱这个产品，然后又继续向消费者提供海尔空调，继而向客户提供整体厨房的创意产品方案。

### （四）设计创意方案的方法

在我们日常工作中设计创意的方法不一而足。可创意工具与方法并不是万能的，正如创意没有固定的法则一样。当我们为没有一个好的创意表现而头疼时，如果我们掌握一定的创意方法，通过这些方法与技巧，在项目操作之前做足功夫，无疑有利于激发思想的火花和创造性。我们常见的创意方案的方法有以下两种。

#### 1. 头脑风暴法

关于头脑风暴法，在本书项目二任务一中已作详细介绍，此处不再赘述。

#### 2. 思维导图技法

思维导图（图5-4）以发散性思维为基础，运用在创意的发散与收敛、问题的解决与分析等方面，往往会产生令人惊喜的效果。它是一种展现个人智力潜能的方法，可以提升思考技巧，大幅增进记忆力、组织力与创造力。

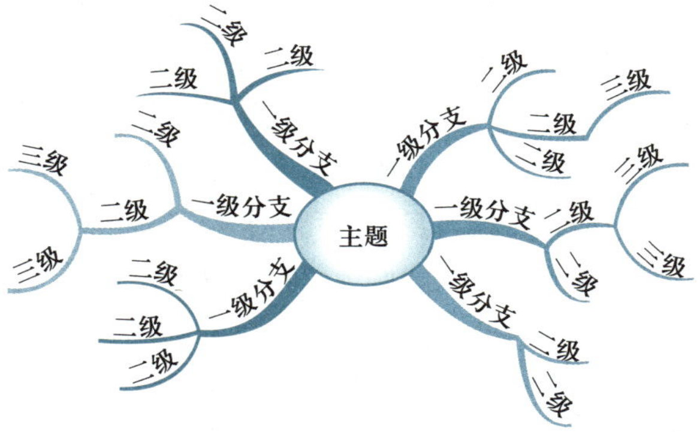


图 5-4　思维导图示意图

（1）思维导图的用途

随着人们对思维导图的认识和掌握，思维导图可以应用于生活和工作的各个方面，包括学习、写作、沟通、演讲、管理、会议等，运用思维导图带来的学习能力和清晰的思维方式可以改善你的以下行为表现。

① 成倍提高你的学习速度和效率，更快地学习新知识与复习整合旧知识。

② 激发你的联想与创意，将各种零散的智慧、资源等融会贯通成为一个系统。

③ 让你形成系统学习和思维的习惯，并使你能够达到众多你想达到的目标，包括快速记笔记，顺利通过考试，轻松地表达沟通，熟练进行演讲、写作、管理等。

④ 让你具有超人的学习能力，向你喜欢的优秀人物学习，并超越你的偶像和对手。

⑤ 让你尽快掌握思维导图这个能打开大脑潜能、强有力的图解工具。它能让你同时运用大脑皮层的所有机能，包括词汇、图像、数字、逻辑、韵律、颜色和空间感知等。它可以运用于生活的各个层面，帮助你更有效地学习、更清晰地思考，让你的大脑表现出最佳状态。

（2）创建思维导图的方法

思维导图诞生初期，人们在应用它时是不需要借助计算机软件来制作的，完全手绘而成。计算机的作用在于可以更好地帮助我们进行导图的整理、保存和复制传播。但无论计算机技术如何发展，都不能代替人的思考。而且通过用手绘思维导图作品可以促进大脑左脑和右脑的合理应用，促进大脑的潜能开发，在提高记忆力、促进知识整理消化和吸收等诸多方面效果显著。同时，通过不断地手绘思维导图，可以创造出属于自己的独特风格，创造出独具特色的作品，不断地锤炼自己的制作技能、技巧和手法。

### （五）创意方案的设计流程

设计创意流程是指有组织的流程，用于引导创业者在设计过程中产生创意并将其转化为设计方案。设计创意流程是一个循环的过程，创业者需要根据客户反馈和实践经验，不断改进和完善设计方案。通过这个过程，创业者可以提高自己的创意能力，提供更好的设计方案。创意方案设计分为几个关键步骤。

#### 1. 确定目标

明确你想要达成的目标和结果，这将有助于为你的创意方案设定清晰的方向。清晰地了解自己期望实现什么，才能更好地为此设定方向。首先要问自己：我想要实现什么？这个问题需要细节化，明确期望达到的具体业务成功度。设定可实现的目标，考虑既能发挥团队优势又兼顾实际能力的情况，否则会给团队带来巨大压力和负面结果。将目标拆分为阶段性节点，在任务起步时或许是一步到位的好选择，但一步成功的概率极小，因而对目标进行分类、设定不同的阶段性节点，是一种更现实的方案。在实现目标的过程中保持灵活性，不断调整，并密切注意跟踪工作和进展，及时优化方案。

## 案例分享

### 群众喜用乐用的健身器材

澳瑞特健康产业集团位于山西长治，是创始人郭瑞平在一个破产的小自行车厂基础上组建孵化出来的体育用品及健身器材公司，澳瑞特成立时间只有短短十几年，但年产值现在已超过上亿元。郭瑞平成功的秘诀便是顺势而为。本来山西长治地区作为经济发展较为落后的地区，健身人数少之又少。在毫无经验的基础上，将创业定位于在本地毫无市场的健身器材，在当地许多人看来等于自讨苦吃。但是郭瑞平具备敏锐的商业头脑，他捕捉到了当时国家竞技体育与群众体育两手抓、两手都要硬的政策大势，将创业目标定位于“群众喜用乐用的健身器材”，避开了与国内众多专业竞技体育器材生产厂的竞争。同时，他与各健身器材需求方建立保持良好的联系，最终让“群众性体育健身器材”走向了中国。你现在走到街头看一看，都是这种刷成黄色、红色、橙色的健身器，一组下来少的也有10来件，上面都标着“澳瑞特”的字样。顺势而作，就是顺水行舟，创业的道理也是一样。观察政府，研究政策，锁定新的目标，这才是创业最重要的一环。

### 2. 了解受众

了解你的受众是谁，明晰他们的需求、兴趣和行为习惯。这将帮助你创建一个更具有针对性的创意方案。研究你要推广的领域，了解潜在客户和客户的信息，如年龄、性别、地理位置及消费能力等方面，包括他们使用产品的时间和方式；定期收集反馈并加以应用，及时回应客户反馈，识别他们对你的产品的异议点，并据此调整创意方案；与目标受众进行真实话题接触，在与客户经常性的交流沟通中，得到实际需求和建议，通过与受众群体沟通，确定将注意力和发展方向集中到哪些具体领域上。

了解受众，是设计创意方案过程中非常重要的环节，了解受众才可以准确地把握市场，让设计创意方案更有效地被执行、推广。

## 案例分享

### 青年家政服务深入社区

为了帮助在家行动不便的老人，广州市越秀区的青年樊尚和戴军，计划开展送餐和家政服务。最初，樊尚和戴军想要成立一家家政服务公司，但由于不懂市场运作，没有经济背景，两个人走了不少弯路。但两人并没有就此放弃，在仔细分析了越秀区内的老人群体的特点后，将公司改成了协会的形式，并通过一些老人群体中的“意见领袖”进行口碑宣传，让越秀区的老年群体很快得知了这一服务信息。

在樊尚和戴军居住的城市，家政服务早已有先例，但却都因为只重利益，不顾质量，而且并没有针对老年群体的老人家政特色服务，从而得不到老年群体的青睐和信任。而樊尚和戴军的协会里聘请了富有经验的生活顾问、医生、护士和社会工作者，他们可以回答来自社会各方面的咨询并提供相应的服务。同时，由于服务热情周到，协会逐渐获得了老年群体的认可并拥有了相当数量的客户。

3. 研究市场

了解你的竞争对手并寻找潜在的机会和趋势。分析竞争对手，收集和分析同类产品的数据和信息，如他们的目标客户、定价策略等具体营销计划，这样可以在自己的策略中融入竞争对手的优势点并就此做进一步调整；掌握行业趋势，寻找行业中新兴技术和服务等最新趋势，并根据这些预测当前市场未来可能向着何种方向发展，做到未雨绸缪；了解潜在机会，在市场环境不断变化的情况下，了解信仰、文化或者因外界环境改变而出现的新需求外界环境，更好地把握机遇。

创意与市场研究密切相关，市场研究是在创意生成之前对市场进行了解和分析，有助于指导和促进创意的产生，并为创意的实施提供支持。具体来说，市场研究可以为创意提供以下方面的帮助。

（1）了解市场需求。通过市场调查和竞争分析，获取消费者的需求、喜好和使用反馈等信息，以及其他品牌、产品的销售情况，为创意提供市场空间和可行性的判断依据。

（2）挖掘机会点。市场研究不仅可以揭示市场需要的新产品类型，还能发现原来已有产品中存在的缺陷和不足之处，从而提供寻找开拓新领域的机遇。

（3）支持创意策略。市场研究能够提供细致、丰富的信息，同时还能针对不同产品的特性和目标人群制定策略，以及确定各项应用环节的方案，如宣传、广告、包装等。

（4）测试和优化创意方案。市场研究可以采用多种方法和技术，对创意进行客观、系统的评估，从而能够及早发现问题和优化方案。

在市场竞争日益激烈的今天，想要创意成功不仅需要考虑设计或文化上的问题，对市场需要、消费心理甚至商业模式的了解和把握也至关重要。因此，在创意的开发过程中，结合市场研究的思路和方法，既有助于提高创意的品质和创新度，也更利于实现经济效益和社会效益的双赢。

4. 产生创意

利用所学知识和收集到的信息，产生不同的创意，并筛选出一些最具价值的选项。具体来说，有如下几种方式：借鉴其他行业想法；寻找来自其他行业或重大事件的灵感，并结合到目标产品中产生发散性思考；研究客户体验，团队进入客户群体并调查他们使用产品的具体体验，根据客户反馈对现有服务进行改进和创新等工作，从而找出不足并提供解决方案；开展头脑风暴活动，团队聚集在一起思考出解决方案，这其中参与者可以不用顾虑质量问题所产生的结果，取消评价机制，保证不会否决某些想法；利用工具产生不同的创意，一些在线工具和软件，如思维导图或随机字母生成器等，可以激发我们的创造力并帮助我们产生不同的创意。

5. 制定方案

确定最终的创意方案，包括实施计划、资源需求和预算。方案应注意的部分有：明确目标，制定方案之前要明确目标，并根据目标选择适当的营销策略，并且在制定方案的过程中，也要时刻关注目标是否能够达成；考虑资源和成本，对于任何项目，都需要考虑资源和成本问题，确定自己真正需要的资源、人员配备、时间和预算等，这样可以更精确的调配资源，确保项目的顺利完成；在确认最终的方案后，需要详细规划实施计划，并制定执行步骤和排期，以便及时发现问题并进行调整；考虑风险因素并做好备案，做好准备工作，采取防范措施并做备选方案，在出现问题时能够迅速响应并及时解决。

一个成功的创意方案需要深入研究、精心设计、投入大量的时间、资源和精力，并且需要时刻关注效果和反馈，以便做出及时的调整和改进。

## 案例分享

### 创意植物“走红”

一位名叫肖阳的大学生是这样讲述他的创业故事的：

我看到水培植物很受欢迎，就萌生了开一家水培花卉店的念头。跟妈妈一商量，没想到得到了全方位的支持，家里当即拿出了2万元的创业资金。

因为钱少，店装饰得非常简单。刚开张的时候，我们的水培花卉品种非常单一，样式也简单，所以很难有吸引力，即使有人进店来看一看，还以为是鲜切花，怎么说也不相信水里面种的花能活得长。后来，我和妈妈一商量，制定了几项整改措施——首先我利用晚上的时间，参加了一个插花培训班，不仅学插花，更重要的是借鉴一下花形与容器的搭配技术；妈妈很有创意的在水里放上她养的金鱼，这样原来极不起眼的一盆花，在我们的精心装饰和设计下，便在店里熠熠生辉了。妈妈设计的这种能养鱼的水培最受欢迎，因为小鱼在天然环境下长大，生命力极强且观赏性极佳，赢得了众多客户的喜爱。

另外，我们还慢慢地扩大业务范围，由小型水培花卉向大型水培植株发展：我们的大型水培利用了市场上现成的水族箱，直接把植株固定在水族箱上，通上氧气，水族箱中照样可以养鱼。我用相机拍了许多照片，闲暇时，到附近的大公司、大企业做宣传。很快，就有单位前来接洽。但许多单位都有疑问，这种水培与养殖一体的方法能保证植株和鱼的成活率吗？谁也不希望买回去的植株经常有黄叶，鱼也总是死。根据这些情况，我和妈妈又根据实际情况，制订了新一轮的创意：干脆实行租、卖两条路，租是指根据植株的大小，每月设定三百到五百不等的租金，我定期去单位打理，根据情况添加不同种类的营养水，并且修枝、喂鱼，甚至换水，搞清洁。直接售卖的话，这种大型水培少则一千元，多则五六千元。

如此简单的一个专利产品——水培植物，为现实中的一个家庭提供了一个非常优秀的创业机会。水培植物，本就是在观赏植物培育上的创新与创意，母女在经营中也很有创意地提出了“租、卖一体”的经营策略。所以说，若要创业，是离不开创意创新的这一个关键点的。

## 二、创意方案的可行性分析

在当今竞争激烈的商业环境下，创意方案对于产品的重要性不言而喻。创新方案可以为企业带来新的机会和收入来源，也可以让企业在市场上占据更有竞争力的地位。

对创意方案进行评估，就是要排除不可行的创意方案，也是要根据分析结果，对创意方案进行调整，提供更加优秀的产品。

### （一）产品可行性分析

这一部分的可行性分析主要是判断新创企业所提供的产品的吸引程度，我们将从产品存在的合理性和需求的程度两个方面来进行分析。

创新型的产品存在的合理性分析，就是要思考：该产品有实际意义吗？能吸引消费者吗？能解决人们的什么问题吗？同时，应该将你的想法写成描述书，发给需要的人，让他们给出有效反馈意见，以完善产品建议。

### （二）目标市场可行性分析

进行目标市场可行性分析的目的在于了解新创企业选择进入的产业和拟生产的产品目标市场的吸引力状况。要知道你产品的竞争对手都是谁（可运用迈克尔·波特的“五种竞争力量”进行分析），了解你的产品的客户是谁，还要预判一下市场的潜力，也就是成功机会有多大。

### （三）组织可行性分析

组织就是指人们为实现一定的目标，互相协作结合而成的集体或团体，在现代社会生活中人们已普遍认识到组织是人们按照一定的目的、任务和形式编制起来的社会集团，组织不仅是社会的细胞、社会的基本单元，而且可以说是社会的基础。在组织可行性分析中，评估新创企业的管理能力和资源状况至关重要。管理能力方面，需考察企业团队的决策效率、战略规划能力、执行力及协调能力等，以判断其是否能有效应对市场变化和业务挑战。资源状况上，需分析企业的财务实力、人力资源、技术储备以及市场资源等，以确定其是否具备支持企业持续发展的充足资源。通过这两个方面的综合评估，可以判断新创企业是否具备实现其愿景和目标的潜力和能力。

（四）财务可行性分析

对创意的财务可行性分析仅仅只是一种初步的分析，并不需要提供大量的财务报表作为依据，主要是针对创建成本、同行业企业财务业绩以及拟新创企业财务吸引力状况进行分析。如果新创企业通过了此项分析，随后还需要在商业计划书中做更完善的融资计划。

1. 创建成本

资金是企业进行生产经营活动的基本条件。创业者创立一个企业需要投多少资，可能取决于新企业的性质、获得的商业机会或者创业者未来的计划。我国法律对于不同性质企业都设定了一个初始的投资要求，投资水平的高低是视新创企业的不同状况而定的。有些企业可能从小做起，一开始并不需要过多的投资；有些企业则有可能在一开始就要投入巨资，这些情况都是有可能存在的。

创业者有了资金预测后，还需要考虑这些资金将来源于何处，是商业银行贷款还是政府贷款，或者是个人和机构投资者；获得投资后资本结构如何，如何分担风险。此外，创业者还要考虑如何与投资者接触，向投资者提供哪些信息和资料以获得投资者的投资信任和资本注入等。这些在做初创资金需求分析时就应当考虑清楚。

在可行性分析阶段，评估的指标不一定要非常细化，一般包括雇佣员工、办公场地、生产场地、设备、培训、研发、营销和产品展示等。虽然获得的财务数据并不一定非常精确，但也足以使创业者了解企业在建立初期的创建成本。

2. 同行业企业财务业绩

分析同行业企业财务业绩的目的在于估算新创企业可能获得的财务业绩，当然这也只是一种评估的手段，仅供创业者作为参考。一般我们可以借助网络来查找一些同类企业的财务报表，但一般在网络上披露财务数据的企业通常都已成规模，不太具有可比性。我们可以通过其他方法来寻找一些中小企业的财务业绩表，如进行小范围的市场调查，搜寻一些产业联盟公布的本行业企业的销售额与利润等财务数据。我们在可行性分析时，一般比较新创企业与同行业企业第一年和第二年的年销售额和利润率。

3. 新创企业财务吸引力状况

分析新创企业财务吸引力的指标可以包含如下内容：企业前几年的预期销售增长额度、预期客户重复购买率、新创企业较为精准的预测收入与支出的能力、企业前几年盈余并自负盈亏的能力以及投资者的投资机会等。这些指标的评估仅仅只是一种判断的方式，并非基于实际业绩，只是帮助创业者了解并预测新创企业未来可能的财务状况。

## 任务辨析

下面看看大学生新新和业业是如何认识创意方案的。

新新：我认为没必要设计创意方案，照着别人做就可以了。

业业：创意方案是为了解决某个问题或实现某个目标而提出的独特想法。它的关键在于“创意”，要有新颖的观点、独特的思路，这样才能让人眼前一亮。通过发挥创造力和想象力，我们可以打破传统框架，提出与众不同的解决方案，从而更有效地解决问题或实现目标。

新新没有真正理解创意方案的重要性。产品设计方案若一味模仿可能会导致以下问题：一是缺乏创新，无法在市场上脱颖而出；二是法律风险，若模仿涉及侵权，可能面临法律纠纷和赔偿；三是客户体验不佳，不适合目标市场的模仿设计可能无法满足客户需求。

业业的发言，清晰地表述了创意方案的内涵和重要性，同时同学们还应该清楚的是：创意方案不仅是个人的创新思维和艺术想象的成果，更是一个科学、严谨且需要持续打磨的过程。它起始于对市场趋势的敏锐洞察，对消费者需求的深入挖掘，对行业动态的细致分析。这一过程需要我们具备开阔的视野，勇于挑战现状，勇于探索未知，并善于从多元视角出发，综合运用战略规划、设计创新、技术研发、市场推广等多领域知识，以实现商业价值和社会效益的最大化。

# 任务二　开发产品原型

## 任务目标

### >>知识目标

（1）了解产品原型的内涵。

（2）理解产品原型的优化。

（3）掌握产品原型的设计过程。

### >>能力目标

能够获得产品原型的设计能力。

### >>素养目标

（1）培养设计能力与判断能力的知识能力素养。

（2）树立正确的创业价值观和服务理念的素养。

## 任务导入

大众点评网的原型产品

大众点评的创始人张涛，在创业之初花了3天时间就做了的大众点评网最早的一个网页。但以前他羞于给别人看这张图，因为太简陋了。但是后来，他觉得这张网页就是最小可行性产品（Minium Viable Product，MVP）。当时张涛没有跟饭馆签任何协议，而是将旅游手册里的一千多家饭店录入进网站系统。他就想验证一件事，网民在一家饭馆吃完饭，是否愿意进行点评。这个认知的获得是大众点评网商业模式最重要的起点。

当然，那时候大众点评网还是无意识地做MVP，现在张涛和其他合伙人已经主动选择这样的产品策略。举个例子，大众点评网想切入餐馆订位服务，市场上有很多解决方案，比如电话预订。在经过一番研究之后，他们想到一种声讯电话模式。简单地说，就是客户在手机上提交预订请求，然后用技术把文本转为语音，之后通过声讯电话服务商把客户的要求发送给相应的餐馆，餐馆可以简单地通过按“1”或者“2”来选择是否接受预订，最后再由大众点评网把预订结果以短信形式通知客户。

这个解决方案听起来很完美，但是，开发这套系统至少需要3个月时间，而且他们也不确定客户是否愿意通过这种方式来预订餐位。MVP的概念再次帮了张涛的忙，他做了一个极为灵活的试验：一开始根本不用语音转化技术和声讯电话业务，而是后台有两位客服人员人工地接收信息，电话餐馆，回复客户，换句话说，只是"假装"成声讯电话的样子。最后验证这个需求和解决方案是可行的，他们才投入大量资源来开发系统。

创业要解决两件事：一是你要知道客户的需求是什么；二是你能为这样的需求提供什么样的解决方案。本质上这些问题都是未知的。假如在一切未知的情况下贸然确定方向，就举全公司之力扑上去，很可能出现竹篮打水一场空的情况。

（资料来源：爱运营网站.大众点评产品分析报告——客户至上才是产品根本.2016年5月16日.有删改.）

## 任务解码

产品原型就像是一个"预览版"的产品，可以让你在投入大量资源之前，快速验证你的想法和设计。通过产品原型，你可以获得客户的反馈，发现潜在的问题，并及时进行调整和改进。这样可以降低风险，提高产品的成功率。另外，产品原型还能帮助你更好地与团队成员、合作伙伴和客户沟通你的设计理念，那么，什么是产品原型呢?

### 一、产品原型概述

产品原型是产品设计方案的可视化、真实化的表达。对于实体产品，它具体形象地展示出产品设计界面、功能与交互等产品开发的核心信息。产品原型通常需要通过设计草图、原型、客户界面设计、客户体验研究和测试等手段来操作和展示。

#### （一）产品原型的内涵

##### 1. 产品原型的概念

产品原型是指在正式推出之前，开发人员利用各种工具和技术所制作的初步版本。该原型可用来展示和测试某个产品的外观、功能、效果等方面的表现，帮助开发人员更好地了解客户需求和产品定位，并不断改进设计和功能。

产品原型可以是物理产品、数字产品或多媒体产品的模拟版本，其目的是充分表现产品的外观、交互方式、功能特点等，让客户得以更直观地感受和理解产品的思路，同时也为后续产品开发提供重要的参考依据。

##### 2. 产品原型的内容

在设计制造原型产品的过程中，需要专业的团队和技术支持，同时注重客户体验和市场需求，才能真正带来商业价值和社会效益。具体来说，产品原型通常包括以下内容。

（1）外观：产品原型需要呈现出产品的基本外观和界面，包括产品标识、页面结构、按钮等。

（2）功能：原型需要展示产品的核心功能和操作流程，如系统设置、数据录入、数据查询、订单生成等。

（3）系统架构：原型需要展示产品的整体架构和组成部分，包括数据库、服务器等。

（4）交互：原型需要模拟客户与产品的交互过程，即对产品进行操作的方式和流程。

### （二）产品原型的作用

#### 1. 验证需求的依据

在做客户需求调研时，企业给客户的信息通常数量大且散乱。客户往往对未来的产品的真实模样认知模糊不清，对功能了解失真。有了产品原型，就能让客户明确认知产品，让产品的需求越来越清晰，原来一些很模糊的需求认知会变得越来越清晰。

#### 2. 设计开发的依据

产品的设计与开发人员可能并不参与客户需求收集工作。设计与开发人员并不直接对接项目发起人或客户。设计开发人员可通过产品原型快速而直观地理解需求，减少落地的产品与需求的错配可能性。

#### 3. 客户测试的依据

客户测试可以产品原型为抓手来展开。创业者或市场人员可把产品原型投放到某个客户测试平台中，客户通过原型，能够直观地了解产品的特色或创意，并完成提前设计好的测试内容。创业者得到测试的数据，通过学习与反思，更新当初的创意和想法，然后调整或重新设计原型，进入下一轮的测试与学习的循环。

### （三）最小可行性产品概述

最小可行性产品（MVP）是资源投入最少，仅体现创意或核心价值的产品，创业者可以把MVP在短时间内投入市场、直达客户，以便学习迭代。

MVP具有以下三个特点。

（1）功能最简，只体现核心功能。

（2）快速成型，开发成本低。

（3）可视化，便于沟通理解。

MVP不仅仅是一个看得见、摸得着的产品，它也是一种方法和理念，贯穿创业的整个过程。创业者可以在创意阶段、设计阶段或产品测试阶段等方面加以运用。只要能以最快的方式、最少的资源投入实现“开发–测试–学习”反馈循环的产品，即为MVP。通过迭代学习，可能在不断的试错中发掘出一个理想的产品或找到一种盈利的商业模式；也可能相反，它查验到一个伪需求，避免了代价高昂的开发成本。

在具体形态上，MVP中的产品可能是一个切实可行的产品，也可能是仅展示功能而不能真正使用的产品原型。尤其是在创意初期，MVP往往以产品原型形态出现。

## 二、产品原型的设计

一个产品从需求到成品要经历一个漫长的过程，这是从虚到实的过程。

设计过程与设计结果就是量变与质变的关系，设计过程量的积累造就设计结果质的飞跃。产品原型的设计工作是一个漫长而又艰辛的过程，需要经历许多时间的磨炼。就像小孩学步，“爬–走–跑”是一个成长的过程，不可能跨越中间的过程，直接飞奔。

### （一）明确客户核心需求

产品设计人首先应该清楚了解客户的痛点是什么，自己的产品在什么场景下使用，可以解决什么问题。

### （二）以核心需求为中心整理功能要点

先列示出一些核心功能，同步做一个手绘图来简单显现产品设计的核心功能点，不需要画得太精美，以能看懂为宜。

### （三）构建相对充分完整的产品架构

根据上面的手绘图上的核心功能点，添加功能细节，构成一个相对完整的产品架构。在这个过程，思考这些功能怎么实现，放在哪里，哪些功能需要详细说明。因为手绘图制作成本低，易于改动，在思考不算成熟的设计初期，可先行完善好手绘图，功能框架思考成熟后再进一步制作中度保真产品原型。

### （四）构建中度保真产品原型图

在产品的功能思考也比较成熟、手绘图做得比较完好的情况下，设计团队应与需求方或客户初步核实主体功能的准确性，但不要纠结于细枝末节。在确认核心功能无误后可构建中度保真产品原型，如运用现在流行的原型工具来构建一个交互式数字化产品原型。至于是否需要构建高度保真的产品原型，则视乎开发工作的必要性或客户意愿。一般情况下，中度保真的产品原型就能满足使用需求。

### （五）注释说明

就算中高度保真的产品原型具有交互性，但是功能的底层逻辑往往无法表达清楚。例如，设计中的App里有一个让图片短暂存在的功能：“图片发出后72小时自动删除”。这样的功能逻辑在产品原型图里是无法呈现的，因此，某些功能逻辑还需要文字表达，这就需要在页面里做出必要的注释说明。

## 三、产品原型的优化

产品原型的优化是一个持续的过程，它包括对产品的评估、改进和迭代。以下是优化产品原型的建议。

### （一）客户反馈

收集客户对产品的反馈，了解客户的需求和使用中的痛点。根据这些反馈来调整和改进产品。

### （二）数据分析

通过分析客户行为、使用数据和业务指标等数据，了解产品的性能和客户的需求。根据这些数据来识别问题和机会，并进行相应的优化。

### （三）竞争分析

研究竞争对手的产品，了解他们的优势和劣势。通过比较和借鉴竞争对手的经验，可以找到自己的优势和改进空间。

### （四）客户体验设计

关注客户的体验，确保产品易于使用，满足客户需求并具有吸引力。通过改进交互设计、导航和信息架构等元素，提高客户满意度。

### （五）迭代改进

产品的优化是一个不断迭代的过程。在每次改进后，要持续关注客户反馈和数据表现，以便进行后续的优化和改进。

### （六）合作伙伴关系

寻找与你的产品互补的合作伙伴，为自身产品提供更全面和丰富的解决方案。与合作伙伴建立良好的关系，可以实现共同发展和客户价值的最大化。

### （七）持续学习

关注行业动态和技术趋势，不断学习和掌握新的知识和技能。通过学习和应用新技术和方法，持续提升产品的质量和竞争力。

### （八）客户测试

在产品的关键阶段，进行客户测试以了解客户的真实反馈。通过观察客户的实际使用行为和反馈，可以发现潜在的问题和改进点。

## 四、产品原型的客户测试

产品原型的客户测试就是当我们设计了一个产品，想要验证可用不可用，客户是否买账时的一种方法，让客户来使用这个产品。我们不能耗费更多的人力财力物力，将产品原型真实、完整地展现给客户后再来看，这个产品好不好。那么，用最小的成本，做最简单地测试产品是最有效的方式。

### （一）客户测试的内涵

在产品开发过程中，为了确保产品最终能打动目标客户，开发人员会邀请潜在客户或了解产品的相关人士使用产品原型，并观察、记录、测量使用者的使用行为，或对客户进行访谈，进而了解产品存在的问题并洞察客户的需求，以此改进迭代产品。客户测试对象包括内部客户和外部客户。一般情况下，客户测试会聚焦于以下两方面。

（1）有没有用。即产品的核心功能或创意点是否能解决产品设计所指向的痛点，这是产品的最核心价值。

（2）好不好用。即产品使用是否操作方便，是否适用于不同客户群体，可同步观察客户行为和客户的使用习惯。

### （二）客户测试的重要性

客户测试不是为了推销产品，而是为了对产品原型进行验证，通过客户反馈来修正和完善产品。客户测试避免了创业者在还不完全了解客户需求的情况下，就大规模制造产品，从而导致资金不足或产品库存积压等风险。

客户测试的一个非常重要的目的，是判定产品是否能让客户快速地接受和使用，或验证产品是否符合客户的习惯。针对这一目的进行的客户测试，其介入时间一定要尽可能早，如果在系统快要发布前才进行该项测试，很可能因为在客户体验测试时发现产品结构不符合客户操作习惯，或有些功能对于客户而言需要强化，或操作步骤过繁而导致产品失败。具体来说，客户测试有三大作用。

（1）为设计决策提供可靠的依据。客户是一个产品成败的最终评判者。但是客户的想法往往与产品设计人员的预期是不一致的，因此一次好的客户体验测试能够得到客户对产品的反馈，为开发团队提供改进的依据。

（2）优化产品功能设计。在产品进入开发程序前，进行客户测试可辨识并去除那些多余的功能，节省开发成本。产品开发后期，在性能检测后进行客户体验的测试，能够及时发现问题，避免产品上线后带来的不必要返工损失。

（3）为新产品预热。有针对性的客户体验，可以提升最终产品的客户满意度，在产品正式进入市场前，先行激活部分追随者或客户意见主导，推动产品日后在市场中口碑的树立，助推新产品上市。

### （三）测试对象的选择

参与测试的对象是否合适，在很大程度上决定了这次测试能否成功、能否为设计开发者提供有效的建议和反馈。不同的或同一产品的开发，在不同的开发阶段影响着测试参与者类型的选取，也有公司选取两个或以上类型的测试参与者。这视该类产品开发的战略地位和公司的资源投入的多少而定。如有必要，开发经费充足的公司可能会扩大测试的范围。下面介绍四类主要的测试参与者。

1. 目标客户

产品在设计时所对标的客户群就是未来的服务对象，也称潜在客户。让一部分目标客户群来测试原型，得到的反馈和建议对产品的下一步开发和设计往往会有更直接的作用。这是大部分产品开发惯用的测试群体。

2. 竞品的使用者

竞品的使用者是非常优质的测试对象。该群体不仅了解此类产品如何使用，更重要的是了解你的竞品的使用状态。如果他们能参与测试，会自然地把你的产品原型与自己正在使用的产品（竞品）去作对比。对于开发者而言，在产品开发前期，了解自身产品与竞品间的不同和差距，有助于开发者了解目前设计中的缺点和不足。

3. 公司内部的市场推广人员

产品测试不一定要找客户或者外部人员，公司自己的市场人员也是可以参与测试的。首先，市场人员是公司最直接接触到潜在客户并了解市场竞争环境的人，他们对本公司的产品开发的意见应受到重视，也可以借此测试让公司的一线市场人员深入了解公司待开发的产品；其次，在实际操作上，公司市场人员是最容易组织起来的，这便于快速测试。但需要注意的，公司内部人员可能会受诸多因素影响，因此，他们的意见不一定客观，与真实客户的感知可能存在差距。

4. 行业专家或专业级玩家

如果大众不太了解此类产品，并且测试的将产品在使用和操作上需要一定的技巧，那么就应该选取该领域的专家或专业级玩家来参与测试。如一市场调查公司受客户委托，实施一项超大型工程车开发项目的市场调研活动。该公司要求测试产品原型的参与者必须具有该类工程车驾照和10年相关工作经验。一般而言，受测产品越专业，对受测对象要求也越高，只有深度客户才能给出专业意见。但需要说明的，专家并不意味着只能选取年长人员，比如游戏开发往往青睐专业级玩家参与测试，他们基本上都是年轻人。

（四）客户测试的方法

客户测试是通过观察和询问客户（被测试者），记录产品的真实使用情况，界定出产品可用性及可能存在的问题。本书主要介绍客户测试的基本步骤，目的是让不太熟悉客户测试的设计师对客户测试有一个基本认知。创业者就可以根据如下方法展开产品原型的客户测试。

1. 客户访谈法

客户访谈是客户测试最直接和最常用的方法。客户访谈不是照本宣科，而是围绕引出产品需要解决的问题展开。在《四步创业法》中谈到的“客户问题展示”就是这样一个重要环节，作者指出，可以通过真实的客户来测试假设是否成立。客户访谈应该是探索性的，而不是为了兜售产品或者创意。这个过程可以把你的产品能解决的问题都列下来，然后询问客户它们是否奏效，还可以询问客户怎样排列这些问题的优先级。例如，消费者购物后会接到回访电话，调查所购产品使用感受。

## 知识链接

### 客户访谈的8个小技巧

1. 通过预访谈修正大纲

在设计好访谈大纲后，可以先预约1个客户，或者和目标客户关系相近的朋友进行一次访谈预演习。通过这次演习找到大纲问题，或者访谈中遇到的其他突发情况，对大纲进行修正之后再批量预约客户进行访谈。也可以把大纲当作一款可实时更新互联网产品，每一次访谈之后对大纲进行反思迭代，让下一次访谈质量更好。

2. 寒暄和循序渐进

建议在开场后先和客户寒暄，聊一些和产品相关的、比较轻松的问题，给访谈热身。

3. 鼓励客户畅所欲言

为了从访谈里得出更多信息，要鼓励客户畅所欲言，尤其要引导客户说出自己的需求和对已有产品的不满，以便对未来工作进行升级和改进。

4. 不要使用客户不懂的术语

在与客户交谈时，减少或不使用客户不熟悉的专业术语，好好和客户沟通，本身也是在改良客户体验。

5. 多询问曾经的真实经历

询问客户曾经的真实经历，具体的问题也能让客户回忆起当时的细节，这样你才能从细枝末节中找到痛点。

6. 穿插现场操作，鼓励口述想法

访谈过程中穿插一些让客户现场操作的小任务，观察客户的现场操作，根据客户行为分析出体验优化点。同时注意让客户一边操作一边说出脑中的想法，获取客户的思考过程，更能得到有价值的信息。

7. 不要问封闭式问题

访谈中要尽可能多问开放式问题，多收集未知的信息。

8. 给客户荣誉感

“垃圾是放错地方的资源”，对某些人不重要的信息对另外的人可能非常有价值。换言之，客户对访谈中说过的话可能对其他人来说并不是有意义的信息，但是对于你来说可能就是提升产品体验的高价值意见。

2. 产品预订法

产品预订这种测试方法可以帮助你向潜在客户说明产品，目的是吸引客户在产品还没有开发出来前就为它买单。互联网技术的快速发展使这种测试越来越多。产品预订的方法能够帮助你了解正在制造的产品究竟有多大的需求量，并提醒你这个项目应该继续还是应该放弃。

3. 众筹

众筹也是一种很好的客户测试方法。众筹网站还是一个提供原型产品测试的平台，如京东众筹和小米众筹。这些网站本质上是原型产品的集中地，可以通过筹款活动中客户的贡献度来判断人们的兴趣点。原型产品测试把验证性学习的优势和众筹结合起来，甚至可以给你机会接触到一群对产品感兴趣又积极参与的早期使用者。同时，这也是建立口碑的好时机，你还能得到持续不断的反馈。

## 案例分享

### 用众筹改变媒体形态

2013年最瞩目的自媒体事件，似乎在证明众筹模式在内容生产和社群运营方面的潜力：长视频脱口秀《罗辑思维》主持人罗振宇发布了两次“史上最无理”的付费会员制：普通会员，会费200元；铁杆会员，会费1 200元。买会员不保证任何权益，就是这样的付费会员制却筹集到了近千万会费。爱就供养不爱就观望，事实证明大家愿意众筹养活一个自己喜欢的自媒体节目。

《罗辑思维》的选题，是专业的内容运营团队和热心“粉丝”共同确定的，用的是“知识众筹”，主讲人罗振宇说过，自己读书再多积累毕竟有限，需要找来自不同领域的大咖一起玩。众筹参与者名曰“知识助理”，为《罗辑思维》每周五的视频节目策划选题，再由罗振宇来讲授。来自中国人民大学的李源同学因为对历史研究极透，在视频中多次被提及，也小火一把。要知道，目前《罗辑思维》微信“粉丝”150余万人，每期视频点击量均过百万次。

罗振宇想摆脱传统媒体的束缚才选择创业，做起了自媒体。其众筹的对象就是一群对罗振宇的《罗辑思维》这一创意产品感兴趣又积极参与的早期使用者。后期罗振宇又通过组织“粉丝”见面会等形式，组织众筹者对早期的节目进行反馈，并根据众筹者的建议对节目进行持续不断的优化。

## 任务辨析

下面看看大学生新新和业业是如何看待开发产品原型的。

新新：我认为开发产品原型就是把产品先生产出来一部分样品让大家试用体验。

业业：我觉得不对。产品原型是产品设计方案的可视化、真实化的表达。对于实体产品，它具体形象地展示出产品设计界面、功能与交互等产品开发的核心信息。客户可通过产品原型理解设计者的创意，但不能使用其功能解决客户问题，也不能实现交易。

新新对于产品原型的理解仅停留在表面。产品原型，是在产品最终发布之前，开发团队运用各类工具与技术精心打造的试验性版本。此原型的存在，旨在为产品外观、功能及效果等方面提供展示与测试的平台。通过这一环节，开发团队能更精确地把握客户需求，明确产品定位，并在此基础上不断完善产品设计与功能实现。此举对于提升产品质量和客户体验具有重要意义。业业对于开发产品原型的观点是正确的，但需要补充一点的就是：客户可通过产品原型理解设计者的创意，原型产品是不能实现交易的。

## 项目小结

提供产品是创新创业活动的核心内容。狭义地讲，在创新创业活动中，一个优秀的产品首先应该具有解决实际问题的能力，能够满足市场需求，从而为创业公司提供可持续的收入来源。其次，优秀的产品能够吸引更多的投资人和合作伙伴，为公司的扩张和进一步发展提供支持。此外，优秀的产品还能够提高公司的品牌价值和知名度，为公司带来更多的商业机会。广义地讲，优秀的产品为我们提供了改变世界的可能性。

同学们在设计产品的过程中，要时刻思考客户的痛点与体验，要不断改进所提供的产品，去优化、去改进。

## 双创榜样

### 胸怀创业梦想　成就集团伟业
### ——记甘肃双龙实业集团、甘肃第十建设集团董事长王宝龙

王宝龙，甘肃双龙实业集团董事长、企业法定代表人。2000年，王宝龙凭借丰富的医学专业知识，开始从事医用药品销售的工作。但一个刚刚毕业的大学生，书本知识是有的，面对竞争激烈的市场，要能站稳脚跟并深深扎根，谈何容易？一次次的碰壁、无数次的推销失败，不但没有击垮王宝龙的进取心，反而成了他积累经验、奋勇直前的动力。功夫不负有心人，5年的实践历练让他小有成就，王宝龙成立了第一家属于自己的公司——甘肃双龙药业有限公司，注册资本由起步5万发展到2 000万元。在随后的5年中，经过艰苦地探索、大胆地实践、不断地壮大，昔日的学校书生已经成长为甘肃双龙实业集团董事长，集团注册资

本2.3亿元，是专业从事医疗设备（进出口贸易）、家具制造、路灯制造、大型厨卫、绿化工程、土地开发为一体的大型开发、生产、贸易型企业。集团下设甘肃控股公司1个，平凉子公司5个，广东加工厂3个，涉及医疗、办公、亮化、厨卫、绿化和房地产等六大行业，建立集团官方的网站年实现销售收入4 000万元，上缴税金390多万元，解决300余人就业。

王宝龙及其企业先后被甘肃省市场监督管理局、广州市人民政府、广州市消协、平凉市市场监督管理局、共青团兰州市委、共青团平凉市委等单位授予“先进企业”“行业内100强”“守合同重信用企业”“诚信企业”“青年文明号”“青年岗位能手”等荣誉30多项。在国家级刊物发表专业论文20余篇。

“雄关漫道真如铁，而今迈步从头越”。王宝龙和他的团队在创业道路上义无反顾、勇往直前，解决2 000人就业问题，带动500名大学生创业，用“青春梦”构筑自己的“创业梦”，用“创业梦”托起伟大的中国梦！

## 项目实训

## 树洞猫咖的服务创意设计

### 一、实训目标

对树洞猫咖的服务进行创意设计，把握创意设计的难点和要点。

### 二、实训内容

根据本书设立的创新创业项目——树洞猫咖，按照“产品+其他元素”的组合方式（表5-1），产生新的产品创意。

按照表5-1中的元素组合，每组设计至少两种元素，并完成记录。

表5-1　组合创意

| 元素 | 湿粮 | 罐头 | 零食 | 玩具 | 宠物服饰 | 宠物美容 | 宠物洗澡 | 宠物寄养 | | |
|---|---|---|---|---|---|---|---|---|---|---|
| 咖啡 | | | | | | | | | | |
| 点心 | | | | | | | | | | |
| 其他 | | | | | | | | | | |

## 三、考核评量

授课教师根据实训目标，对学生的实训情况进行综合考评，并完成表5-2的填写。

表 5-2　考核评量表

| 序号 | 评量内容 | 分值 | 要求 | 团队赋分依据 | 得分 |
|---|---|---|---|---|---|
| 1 | “产品 + 其他元素”创意 | 80 分 | 设计至少两种元素组合创意 | 1. 每组讨论,有小组讨论的证明( 30 分 );<br>2. 说出创意的由来，表达流畅（30 分）;<br>3. 创意是否合理、新颖（20 分） | |
| 2 | 增加项目 | 20 分 | 每组增加两种元素 | 完成表 5-1（20 分） | |
| 总分： | | | | | |

## 项目检测

提供产品

# 项目六

# 构思商业模式

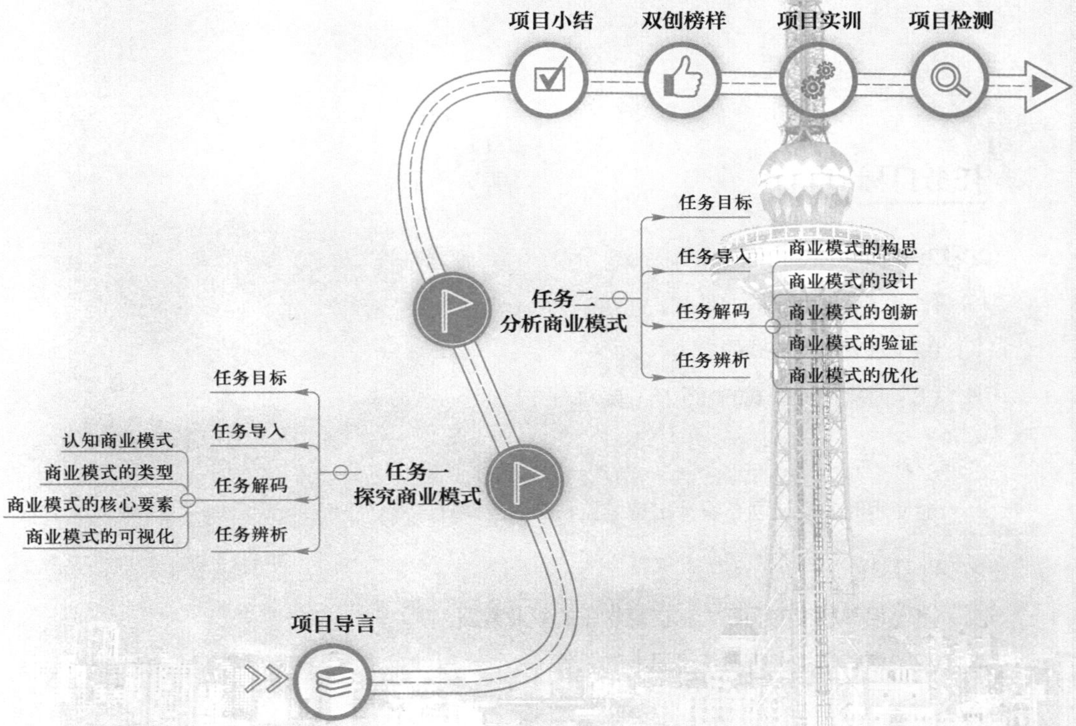


## 项目导言

有这样一句俗语："酒香不怕巷子深"，其意为酒酿的好，就是在很深的巷子里，也会有人闻香知味，前来品尝美酒。对于本书而言，"酒香"是产品研发要达到的目标，但"巷子深"并不是一个有利于"好酒"销售的条件，想要"好酒"被目标受众认可和欣赏，我们需要好好想想办法，这时候，我们就需要来确认一下"卖酒"的商业模式。学习商业模式，用商业模式的知识帮助企业持续变革和提升自身创新能力，对于个人在创新创业中成长，企业在快速变化的商业环境中存活和发展，都是极其重要的。

# 任务一 探究商业模式

## 任务目标

### >>知识目标

（1）了解商业模式的维度。

（2）理解商业模式的内涵。

（3）掌握商业模式的九个核心要素。

### >>能力目标

能使用商业模式画布设计出持续盈利的商业模式。

### >>素养目标

（1）培养敏锐的洞察力，提高学生的职业素质。

（2）培养学生进行系统性思考的素养。

## 任务导入

### “谭木匠”的商业模式选择与创新

“谭木匠”是近年来我国选择了独特商业模式而获得快速发展的创业企业。

“谭木匠”集团由董事长谭传华创办，创业之初主要生产民间传统的木制梳子。该公司在经营中赋予产品十足的中国传统文化韵味，其产品用料精细、做工考究、成品古朴典雅，深受客户喜爱。随着“谭木匠”市场份额逐步扩大，“谭木匠”商标被国家工商总局（现国家市场监督管理总局）认定为驰名商标。

“谭木匠”在创业之初遇到了缺乏资金、缺少技术实力、没有官方背景和垄断资源等诸多问题，它只是同期千百万创业企业中普通的一员。20多年过去了，许多创业企业消失了，更多企业默默无闻、停滞不前，“谭木匠”却逐步发展壮大，成为行业中的佼佼者。独特商业模式的选择与实施是其成功的关键。

“谭木匠”用一把木梳打天下，把一件不起眼的小产品赋予浓郁的文化品位，企业做得个性十足。1997年，企业发展遇到资金瓶颈，银行认为生产木梳的企业没有发展前途，并没把这家小企业纳入贷款范围之内。“谭木匠”公司面对困难，及时策划，在重庆商报上刊登“企业招聘银行”的广告，向社会诉求企业发展所遇的资金困难和未来发展前景，使得银行竞相和企业接触并向“谭木匠”公司主动提供贷款。这一举措既是一次成功的企业公关活动，也解决了企业发展的资金瓶颈。学者们在20世纪末提出的虚拟经营的商业模式，被“谭木匠”很好地运用于企业实践。通过虚拟经营，企业整合和充分利用了外部资源，从而把有限的资金用在企业发展的关键环节，有效培育和打造了企业的核心竞争力。

（资料来源：上游新闻.谭木匠木梳：卖梳子卖出一家上市公司.2021-04-20，有删改.）

## 任务解码

商业模式就像是产品的“生命线”，它决定了产品如何创造价值、盈利和可持续发展。一个好的商业模式可以帮助你吸引客户、提高竞争力，并确保你的产品在市场上取得成功。那么，什么是商业模式呢？

### 一、认知商业模式

#### （一）商业模式的概念

商业模式是一个人人都在说在用，但又难以准确对其内涵作出定义的概念。在我国，商业模式一词随着20世纪末网络经济的发展而流行，之后的很长一段时间，商业模式似乎成为网络经济的专有名词。直到今天，在网络上搜索“商业模式”，能找到的几十万条相关内容中，多数都还是B2B（Business to Business，商家对商家）或B2C（Business-to-Consumer，商家对消费者）等内容。到现在，中国的企业经营者很少有人完整地诠释出自己的商业模式，并对此加以宣传。商业模式成了一个大筐，从企业如何获得收入到采取怎样的组织架构，都可以往这个筐里装。商业模式到底是什么？现在让我们从标准的企业运作流程来分析一下。

标准的企业运作流程是：钱——物——钱——进入下一个循环。

开始的“钱”指的是资本，包括资产和资金；“物”指的是产品，包括有形产品和无形产品；最后的“钱”是开始资本的增值。由此公式及结合上面列举的案例，我们可以初步得出一般商业模式的流程：如何获得资本，用资本做什么（市场需求产品或服务），为谁做（市场定位），用什么做（材料、采购、物流），怎么做（生产方式），做完后通过什么方式（渠道或手段）提供给需求者（目标消费群），并获取利润的整体解决方案。

从20世纪50年代至今，关于商业模式的概念已经有数十个版本。我们总结出比较恰当且被普遍认可的概念：商业模式是以价值创造为核心，形成的企业如何创造、传递和获取价值的运行模式。具体来说，商业模式描述了公司所能为客户提供的价值以及公司的内部结构、合作伙伴网络和关系资本等，借以实现这一价值并产生可持续盈利收入的要素。

简单来说，商业模式就是一个企业通过什么途径或方式来盈利。例如，早餐店通过卖早餐来盈利，快递公司通过收发快递来盈利，网站通过点击率来盈利，通信公司通过话费和流量费来盈利等。

但需要注意的是，盈利的方式其实包含了一套复杂的机制。例如，两家早餐店，如果一家专门做互联网外卖，而另一家以堂食（店内消费）为主、外卖为辅，这就决定了他们的成本结构、销售渠道等各方面的不同，也就是说，他们盈利的方式——商业模式是不同的。

从现象上看，商业模式回答的是企业“卖什么”“怎么卖”和“挣多少”等问题。

从本质上看，商业模式是企业如何为客户创造价值以实现自身价值的问题。盈利只是终点，选择商业模式的起点是思考你将为目标客户创造什么样的价值，你将通过哪些手段把这些价值传递给目标客户，也就是说，一个好的商业模式不在于有多漂亮的形式设计，而在于企业的内在价值。

以互联网为例，在国内每一个崛起的互联网品牌背后都有着自己独特的商业模式支撑：新浪网背后是在线新闻，腾讯背后是即时通信，百度背后是搜索，优酷背后是视频，淘宝、携程、当当背后是电子商务等，这些知名互联网品牌无不是某个领域互联网商业模式的典型代表。

企业一时盈利并不难，难的是持续盈利。要持续盈利，企业就必须使自己的商业模式有别于其他企业，即具独特性、创新性；而且还让其他企业难以模仿即不易模仿性或模仿有一定门槛；同时客户的直接需求和潜在需求能不断满足即客户价值的挖掘、满足、实现；还要能随时变化、与时俱进即商业模式再造；同时还要考虑企业是在一个产业价值链上生存的特点，企业与企业的竞争往往不仅仅是企业之间的竞争，而更重要的是每个企业所属产业价值链的竞争，即系统的竞争。因此企业内及企业外各要素的整合、协调就显得尤为重要。只有各要素协调，才能使企业或企业所属的整个产业价值链在同行业内始终具有领先性，也才能始终持续地盈利。总之，商业模式是一个完整的系统，是一个高速运转的、有效率的，而且有别于其他企业或其他产业价值链的能持续盈利的系统。

（二）商业模式的特征

1. 系统性

商业模式是一个整体的、系统的概念，而非由单一的因素组成。如收费模式（广告收入、注册费、服务费），向客户提供的价值（价格优势、质量优势），组织架构（构成体系的业务单元、整合的网络能力）等，这些都是商业模式的重要组成部分，但并非全部。

2. 创新性

好的商业模式往往具有创新性，能构建品牌自身的竞争优势，形成核心竞争力。

3. 独特性

这个独特的价值可能是新的思想，而更多的时候，它往往是产品独特性的组合。这种组合要么可以向客户提供额外的价值，要么能让客户用更低的价格获得同样的利益，或者用同样的价格获得更多的利益。

4. 难以复制性

企业通过确立自己与众不同的优势或特点（如对客户的悉心照顾、无与伦比的实施能力等），来提高行业的进入门槛，从而保证利润来源稳定。

## 二、商业模式的类型

### （一）运营性商业模式

重点解决企业与环境的互动关系，包括与产业价值链环节的互动关系。运营性商业模式创造企业的核心优势、能力、关系和知识，主要包含以下主要内容。

1. 产业价值链定位

企业处于什么样的产业链条中，在这个链条中处于何种地位，企业结合自身的资源条件和发展战略应如何定位。

2. 盈利模式设计（收入来源、收入分配）

企业从哪里获得收入，获得收入的形式有哪几种，这些收入以何种形式和比例在产业链中分配，企业是否对这种分配有话语权。

### （二）策略性商业模式

策略性商业模式是对运营性商业模式的扩展和利用。策略性商业模式涉及企业生产经营的方方面面。

1. 业务模式

企业向客户提供什么样的价值和利益，包括品牌、产品等。

2. 渠道模式

企业如何向客户传递业务和价值，包括渠道倍增、渠道集中/压缩等。

3. 组织模式

企业如何建立先进的管理控制模型，比如建立面向客户的组织结构，通过企业信息系统构建数字化组织等。

## 案例分享

平安集团向互联网+健康养老的行业拓展案例

随着互联网产业的蓬勃发展，互联网金融市场快速兴起，异业竞争加剧。面临市场环境和客户需求的变化，为完善集团业务组合，平安集团2014年提出从“个人金融服务集团”向

“个人金融生活服务提供商”转型，确立“综合金融＋互联网”的发展模式。围绕个人客户“医、食、住、行、玩”的需求布局非传统金融业务，构建或完善平安好房、平安好医生、平安万里通等互联网生活服务平台。

通过拓展互联网业务，平安集团弥补了其传统金融业务与客户接触频次相对较低、客户黏性较差的短板，建立与其金融业务具有强相关性的生活场景，实现了互联网业务向传统金融业务的客户迁徙。此外，借助平安集团的资金、产业资源、品牌、客户、渠道、人才、技术能力等优势，集团互联网业务实现快速发展，获得较高市场估值。除进入互联网领域之外，平安集团依托其保险业务与健康、养老产业之间的天然联系，从健康险、养老险业务切入，股权投资产业链上下游的体检机构、移动医疗、养老地产等，从而进入大健康、大养老产业。

（三）制造商领域的商业模式

所谓的商业模式是指企业根据自己的战略性资源，结合市场状况与合作伙伴的利益要求，设计而成的一种商业运行组织，这种商业运行组织一般会涉及供应商、制造商、经销商、终端商以及消费者等综合性利益，因此，商业模式是一种多赢价值体系下，主导企业的一种战略性构思。商业模式不同于单一的渠道策略，商业模式更多的是一种基于利润结构为导向的组织结构性设计，而不是简单的渠道铺货策略。

制造商、品牌商、经销商和终端商，都有自己比较独特的商业模式。这里主要以快速消费品与耐用消费品制造企业为例，因此，所说的商业模式主要是为制造商（含品牌商）商业模式。目前，制造商商业模式主要有如下六种形式。

1. 直供商业模式

主要应用在一些市场半径比较小，产品价格比较低或者是流程比较清晰，资本实力雄厚的国际性大公司。直供商业模式需要制造商具有强大的执行力，现金流状况良好，市场基础平台稳固，具备市场产品流动速度快的特点。

## 案例分享

花西子的直供商业模式

以花西子化妆品品牌为例，该品牌采用了直供商业模式，实现了从生产商到消费者的直接连接。具体操作如下：

品牌通过自有工厂生产高品质化妆品，保证了产品的质量和供应的稳定性。

品牌在官方网站和线下门店直接销售产品，避免了中间商的环节，降低了成本，同时也保证了消费者购买到的是正品。

品牌还通过社交媒体和线上广告投放等方式，与消费者建立直接的联系，了解消费者的需求和反馈，不断优化产品和服务。

在这种直供商业模式下，品牌得以更加直接地触达消费者，建立紧密的联系，提供更加个性化的服务。同时，由于省去了中间商的环节，品牌得以降低成本，提高盈利能力。消费者也能够以更加优惠的价格购买到高品质的产品，实现了双赢。

需要注意的是，直供商业模式需要品牌具备强大的生产能力和销售能力，同时需要建立起完善的物流体系和售后服务体系，以确保产品的供应和消费者的满意度。此外，品牌还需要注重与消费者的沟通和互动，不断了解消费者的需求和反馈，不断优化产品和服务，以保持竞争优势。

### 2. 总代理制商业模式

总代理制商业模式是我国广大的中小企业所广泛使用的商业模式。总代理商，是指一个公司或一个人在一定地域范围内，为他人或者企业代理销售产品的商业模式。总代理商可以是各种类型，如批发商、零售商、经销商等，在不同的商业场景中能够起到不同的作用。代理商商业模式作为一种兼顾风险与效益的商业模式，逐渐受到各行各业人士的关注。因此，越来越多的企业倾向于选择总代理商来推广自己的产品，这也促进了代理商商业模式的全面发展。

由于我国广大的中小企业在发展过程中面临着两个最为核心的困难，选择代理商模式无疑是解决困难的最佳方式：其一是团队执行力比较差，企业很难在短时间内构建一个庞大的执行团队，而选择经销商作总代理可以省去当地市场执行面的困难；其二是资金实力上困难，我国中小企业普遍资金实力比较薄弱，选择总代理制商业模式可以帮助中小企业占有总代理一部分资金，甚至可以通过这种方式完成最初原始资金的积累，实现企业快速发展。

## 案例分享

#### 微信借代理商模式上线商家公众号

2012年，微信上线了商家公众号功能，并向第三方公司开放功能开发接口。一时间，微盟、微客来等一大批第三方公司带着他们的微商城产品在全国发展代理商，一套微商城最早可以卖到2万元，单月的公众号代运营要1万元（热度完全不输后来的抖音代运营），最早代理微盟、微客来产品的代理商都赚得盆满钵满，微盟也凭借代理商的帮助日后成为市值百亿元的公司。腾讯后来推出的小程序及今天仍在造势的企业微信，其搭建生态的思路和公众号都是一样的。通过这三波操作，腾讯完成了“朋友圈广告投放—公众号粉丝留存—小程序交易下单—企业微信私域维护”的企业营销闭环产品布局，同时也培养了一批具有综合营销服务素质的代理商。

### 3. 联销体商业模式

随着大量中小企业采取总代理商业模式，市场上好的经销商成为一种稀缺的战略性资源，很多经销商对于鱼目混珠的招商产生了戒备心理，在这样的市场状况下，很多比较有实力的经销商为了降低商业风险选择了与企业进行捆绑式合作，即制造商与经销商分别出资，成立联销体机构，这种联销体既可以控制经销商市场风险，也可以保证制造商始终有一个很好的销售平台。联销体这种方式受到了很多有理想、有长期发展意图的制造商的欢迎。如食品行业的龙头企业娃哈哈就采取了这种联销体的商业模式；空调行业巨头格力空调也选择了与区域性代理商合资成立公司共同运营市场，取得了不错的市场业绩。

4. 仓储式商业模式

仓储式商业模式也是很多消费品企业选择的商业模式。很多强势品牌基于渠道分级成本很高，制造商竞争能力大幅度下降的现实，选择了仓储式商业模式，通过价格策略打造企业核心竞争力。比如20世纪90年代，四川长虹电视在中国大陆市场如日中天，为降低渠道系统成本，提高企业在市场上价格竞争能力，长虹集团就选择了仓储式商业模式，企业直接将产品配送到消费者手里。

仓储式商业模式与直供最大的不同是，直供属于企业，但不拥有直接的店铺，而是通过第三方平台完成产品销售，企业将货源直接供应给第三方销售平台。而仓储式商业模式是企业拥有自己的销售平台，通过自己的销售平台完成市场配货。

5. 专卖式商业模式

随着中国市场渠道终端资源越来越稀缺，越来越多的中国消费品企业选择专卖形式的商业模式。选择专卖店商业模式需要具备三种资源中的任何一种，或者三种特征均具备。其一是品牌。选择专卖商业模式的企业基本上属于具备很好的品牌基础，消费者自愿消费比较多，而且市场认知也比较成熟；其二是产品线比较全。要维系专卖店的稳定利润，专卖店产品结构就应该比较合理，因此，选择专卖渠道的企业必须具备比较丰富的产品线；其三是消费者行为习惯。在广大的农村市场，这种专卖模式就很难起到推动市场销售的功能，因此，专卖式商业模式需要成熟的市场环境。

专卖式商业模式与仓储式商业模式完全不同，仓储式商业模式是以价格策略为商业模式核心，而专卖商业模式则是以品牌形象与高端为核心。

6. 复合式商业模式

由于中国市场环境异常复杂，很多快速消费品企业在营销策略上也选择了多重形式。复合式商业模式是基于企业发展阶段而作出的策略性选择。但是，要特别注意的是，一般情况下，无论多么复杂的企业与多么复杂的市场，都应该有主流的商业模式，而不能将商业模式复杂化作为朝令夕改的借口，使得营销系统在商业模式上出现重大的摇摆。而且，我们应该了解，一旦我们选择了一种商业模式，往往需要在组织建构，人力资源配备，物流系统，营销策略等各流程做出相应的调整，否则，我们就不能认为这个企业已经建立起了成熟的商业模式。

## 三、商业模式的核心要素

进入工业4.0时代，企业也正在经历从传统商业模式的颠覆到新商业模式的重塑阶段，为了更好地了解商业模式，一般我们把商业模式分为价值体现、价值创造、价值传递和企业盈利四个维度来构建，连接、价值、体验、共享和共赢正是新商业模式的核心关键词。把握好以价值为中心的四个维度，将这些时代热词应用到商业模式的创新中来，是我们要掌握的核心要素。

### （一）价值体现

价值体现是指企业拟为客户创造并传递的价值。例如，淘宝的客户群体包括网络消费者、中间商、制造商。对于消费者来说，只要在淘宝网站输入关键词，就能轻松找到来自全球各式各样的有关商品，挑选合适的商品后轻松下单，突破了地域的限制，又满足了消费者个性化的需求，并且由于中间环节的成本缩减，使商品价格大幅下降，这是淘宝为消费者创造的价值。

### （二）价值创造

价值创造是指企业构建的平台、资源和流程所创造出的价值。例如，在阿里巴巴的发展初期，企业专注于信息流领域，打造信息服务平台，使得客户汇聚到阿里巴巴的信息服务平台上。而随着企业发展，阿里巴巴进一步深化了信息平台，并开通了几个新的平台业务，客户可以在这些平台上获取所需的信息。可以说阿里巴巴为客户提供了一个国家贸易平台，建立一个全球性的商业社区。

### （三）价值传递

价值传递是通过相关平台渠道，使企业价值得到传递的过程。即使企业有巨大价值，但不能传递出去，也是无用的。在阿里巴巴涉足互联网商业之初，对标企业就是eBay（易贝，美国线上拍卖及购物网站），但eBay在进入中国时，却抵不过初出茅庐的阿里巴巴，为什么呢？这一切就源于阿里巴巴的免费模式，相比eBay昂贵的手续费，阿里巴巴提供免费注册、获取免费的平台信息，使其奠定了扎实的客户基础，逐渐打出了自己的品牌。

### （四）企业盈利

盈利指企业获取利润的方式。阿里巴巴在前期通过免费模式获取了大量的客户后，通过具有吸引力的网络平台，建立呼叫中心和庞大的服务团队，将部分免费客户转为付费客户，并通过收取会员费、广告费，提供竞价排名，增值服务等获取利润。

从以上四个维度去理解商业模式我们就会发现：商业模式就是企业为客户创造并传递价值，使客户感受并享受到企业为其创造价值的系统逻辑。

## 案例分享

小猪短租给你舒心的住宿体验

小猪短租于2012年8月正式上线，是为客户提供短租住宿服务的互联网平台，是我国房屋共享经济领域的代表企业。2015年7月对外宣布完成6 000万美元的C轮融资，2023年在北京、上海等全国10多个城市设有分公司，房源覆盖全国200多个城市，多达80 000套，有超过160个城市的两万多个家庭将闲置的别墅、公寓、卧室或是沙发分享给旅途中的人们，为旅客提供个性化的服务。

小猪短租旨在为房东和房客搭建一个诚信、有保障的在线沟通和交易平台，将房东将闲置资源通过分享充分利用起来，并发挥最大价值，同时构建房东与房客之间的社交关系，提供更有人情味的住宿体验。

1. 小猪短租的定位

小猪短租的景点周边民宿房源让消费者体会到了特色住宿，让旅行充满乐趣，而且为了满足游客的个性化需求，小猪短租线上的房源种类非常丰富，再挑剔的游客也能找到合适的房源。

此外，传统酒店行业多是标准化经营，与小猪短租的个人民宿房源相比，是无法满足社交需求的，而小猪短租平台将房东与房客联系在一起，使双方在交易前后进行交流，待租客住宿到房东家里时，双方面对面交流上，租客与房东间更多了一种人情味。

目前在线短租人群主要集中在20~29岁和30~39岁这两个年龄段，小猪短租目标客户群体具有这样的特征：热爱新事物，互联网是他们生活的重要组成部分；追求高性价比的年轻客户；拥有需要不定期外出的职业或爱好。

2. 小猪短租的业务形式

房东通过小猪短租在线平台展示价格、位置、房屋图片等信息，游客可以在小猪短租网站查找适合的房源，与房东在线交流，若彼此都比较满意，游客通过第三方支付平台等方式完成线上预订交易，待入住结束后，房东与租客可以在网上互评。

值得一提的是，小猪短租专业团队会为房东提供摄影、培训等个性化服务，并且提供房东和房客相应的保险服务。目前小猪短租的盈利模式主要是向房东收取10%的佣金，房东发布信息是不需要缴纳费用的。

### 四、商业模式的可视化

#### （一）商业模式画布的概念

在互联网时代，无数创业者都在寻找自己的商业模式，试图用“四两拨千斤”的方式去颠覆传统行业。商业模式构建中，最流行的工具就是商业模式画布，它能帮助团队催生创意，降低不确定性，合理解决问题。

商业模式画布是一种可视化工具，能把商业模式直观地展现出来。它是由瑞士学者亚历山大·奥斯特瓦德和比利时学者伊夫·皮尼厄与超过全球470位参与者共同开发的一个简单易用的商业模式设计工具。我们可以运用画布来设计、优化、改变商业模式。

### （二）商业模式画布的构成要素

商业模式画布由九大要素构成，分别是：客户细分、价值主张、渠道通路、客户关系、收入来源、核心资源、关键业务、重要合作、成本结构（图6-1）。

<table>
<tr><th>重要合作</th><th>关键业务</th><th>价值主张</th><th>客户关系</th><th>客户细分</th></tr>
<tr><td rowspan="3"></td><td></td><td rowspan="3"></td><td></td><td rowspan="3"></td></tr>
<tr><td>核心资源</td><td>渠道通路</td></tr>
<tr><td></td><td></td></tr>
<tr><td colspan="3">成本结构</td><td colspan="2">收入来源</td></tr>
<tr><td colspan="3"></td><td colspan="2"></td></tr>
</table>

图 6-1　商业模式画布构造图

商业模式画布从目标客户群出发，确定他们的需求，想好如何接触他们，与他们建立和维护关系，并满足他们的需求实现盈利，凭借什么关键资源和业务流程实现盈利，谁是与你并肩作战的合伙人，以及这个过程中你可以了解到的成本结构。每一个构造块都代表着成千上万的可能性和替代方案，你需要做的是找到最佳的那一个。

#### 1. 客户细分

客户是所有商业模式构成的核心，没有客户就没有获利来源，初创企业也不可能长久存活。客户细分，简单来说，就是根据客户的不同需求，将客户分类。当然，对客户进行细分，不仅仅是提供个性化的产品或服务，还在于能够帮助企业在有限资源的基础上，找到更有价值的客户群体。

客户细分的依据有很多，一般分为外在属性和内在属性：外在属性，如地域、所在组织、归属等；内在属性，如性别、年龄、爱好、收入层次等。这些依据可以是单一的，也可以是组合的。例如，一个研发自行车智能头盔的项目，他们的客户细分为：15~35岁，追求时尚的自行车骑行爱好者。这种客户细分就显示出了三个维度：年龄、消费心理和爱好。

#### 2. 价值主张

价值主张，即为描述客户从你提供的产品或服务中期望得到的收益，它在商业模式中处于中心地位。同样以自行车智能头盔项目为例，他们的价值主张是：让骑行变得更加时尚和快乐。

## 案例分享

### 华为的价值主张

以客户为中心、以奋斗者为本、长期艰苦奋斗，是华为的核心价值观。坚持自我批判，是自我纠偏的机制。客户的价值主张决定了华为的价值主张。

质量好、服务好、价格低、快速响应客户需求，是客户朴素的诉求；为客户提供及时、准确、优质、低成本的服务，是公司生存下去的唯一出路；核心价值观是胜利之本，围绕以客户为中心长期艰苦奋斗。但成功并不是引导公司走向未来的可靠向导，华为在市场竞争中，不靠低价取胜，而是靠优质的产品取胜。

低质量、低价是没有出路的，以优质的产品打动客户，从客户中来到客户中去，端到端地为客户提供服务，以客户痛点为切入点，帮助他们解决面向未来的问题，要让客户看到华为能引领行业升级。华为同时致力于提供面向未来的客户体验，在客户面前，公司要永远保持谦虚，加强与客户的沟通，倾听客户的心声，重视客户关系，优质资源向优质客户倾斜，构筑战略伙伴关系。

### 3. 渠道通路

渠道通路，即把产品或服务转移到客户细分群体的渠道，它描绘公司是怎样沟通接触客户并细分群体的，进而传递价值主张的。例如，销售自行车智能头盔可以开设实体店，也可以通过网络店铺销售。

### 4. 客户关系

把产品或服务传递出去的同时，我们还要明确如何与客户建立关系。这就是第四个要素，即客户关系。描述企业与特定客户群体建立何种客户关系，需要我们明确以下动机：如何获取客户、维护客户关系和进一步提升销量。例如，自行车智能头盔项目通过赞助本地有影响力的自行车骑行活动，提升品牌影响力的同时提高销量。

## 案例分享

### 华为创建客户规划

华为通过洞察价值客户，得到了战略沙盘中的机会清单。机会的实现需要公司投入资源，所以客户团队要按照机会的市场空间、增长速度、利润水平、竞争强度对机会进行排序，评估机会的市场吸引力，并向公司申请资源。市场一线团队的职责是发现客户机会，但是选择机会的权力在公司。如果每个客户团队都向公司申请资源，公司的资源就会不足，从而无法满足所有机会对资源的需求，所以公司要对机会进行选择，这个选择的过程就是战略制定的过程。所谓战略，就是在企业资源有限的情况下对机会的取舍，能“略”才能“战”。在此处，“略”是指放弃的机会，“战”是指选择的机会。这个选择的结果，就成为公司对各个客户的目标诉求。比如市场部在某一个客户处发现了10个商机，提报到公司以后，公司对所有客户团队提报的机会进行综合评价。在进行过各方面的评估后，针对这个客户，公司选择了10个机会中的3个作为市场目标下发，并且给予一线团队相应的资源支持。

一线团队根据公司的指令，也就是下发的目标以及要实现的机会，完成年度工作规划。当市场目标明确以后，客户关系规划就获得了明确的输入，必须以支撑市场目标的达成为目的全面规划客户关系。而业务管理与客户管理所需要的资源，要通过全面预算管理保障。

### 5. 收入来源

收入来源，描绘的是公司从不同客户群体中获得的现金收入的方式主要有：资产销售、使用收费、订阅收费、租赁收费、授权收费、经纪收费、广告收费等。例如，自行车智能头盔的收入，就是资产销售获得收入。

### 6. 核心资源

核心资源，是用来描述让商业模式有效运转的最重要资源。它可以分为：有形资源（如厂房、设备、汽车、销售网点等），无形资源（如品牌、知识产权、专利、版权等），人力资源（组织成员向组织提供的知识、技能及推理决策能力）。例如，自行车智能头盔项目的创业者要非常清晰自己的核心资源所在。

## 案例分享

#### 美团的核心资源

美团外卖业务是美团的第一大收入来源，占比56%，其核心作用是引流。目前阶段，外卖行业呈现双寡头格局，美团已经是行业龙头，市占率63%且在持续提升，拥有压倒性优势，由于在C端客户流量和B端商家数量上（美团+点评580W餐饮商户饿了么+口碑 350W餐饮商户）都有显著优势，配送端也优于饿了么（美团即时配送日单量）饿了么蜂鸟+点我达，饿了么要再想反超美团极其困难，只能寻求差异化竞争，将重心放到三四线城市去；同时，外卖行业的进入壁垒很高，包括地图/搜索等技术壁垒、长期地推串联商家的时间/人力/资金成本，以及打造平台和骑手团队的庞大资金投入，随着市占率持续走高，美团外卖的规模化优势会越来越明显，边际变动成本越来越低，除非出现颠覆性的新商业模式，否则外卖行业已经无人能对美团造成威胁。在已经建立起绝对优势的情况下，外卖业务的盈利能力在逐步提升，体现在收入端的佣金率提高、在线营销放量提升变现率和毛利率；成本端的规模效应和持续的重金投入建设智能调度系统降低成本大头——骑手成本，以及进入存量提频阶段后、不再需要大规模补贴获取新客户，获客成本持续降低，重心转向消费频次提升。

### 7. 关键业务

关键业务，是为了描绘商业模式可行性，企业必须做的重要事情。例如，自行车智能头盔项目的核心资源是产品专利，关键业务是研发设计和市场营销。

## 案例分享

### 格力的关键业务

格力电器成立于1991年，其前身为珠海市海利冷气工程股份有限公司，公司于1989年12月由珠海经济特区冷气工程有限公司空调器厂、珠海经济特区塑胶工业公司、珠海经济特区冠英贸易公司改组成立。格力最初以生产空调为主，以生产干衣机、抽湿机和电风扇为辅。在1996年上市后，格力逐渐聚焦到空调行业，通过扩大产能、自主研发的独立自主发展道路逐渐成为全球最大的空调生产厂商。据日本经济新闻社发布的报告，2018年格力电器全球占有率达到20.6%，超出第二名近6个百分点，同时，格力在国内市场也是第一，份额为38%，排第二的美的仅为22%，在空调出口份额方面，格力为24%，全国排第二。格力坚持自主研发，空调产品已涵盖20个大类、400个系列、12 700多个品种规格；通过对空调相关上游领域的延伸，格力上游产品已从最初的钣金、喷塑发展到掌握空调核心部件压缩机并向更高端的机器人、数控机床突破。同时，格力也凭借格力优秀的品牌力向白色家电、小家电多元化延伸。目前公司拥有格力、TOSOT、晶弘三大品牌，形成空调、生活电器、高端装备、通信设备四大支柱业务领域。

### 8. 重要合作

重要合作是商业模式的重要基石，它描绘出让商业模式有效运作所需的供应商与合作网络。一般分为三种类型：合资关系、可靠的供应关系和战略联盟。例如，自行车智能头盔项目的重要合作是生产厂商和各地代理商的紧密合作关系。

## 案例分享

### 平安与富通建立全球资产管理合作伙伴关系

富通集团（富通）与中国平安保险（集团）股份有限公司（平安或平安集团）于2008年3月20日联合宣布已签署建立全球资产管理合作伙伴关系的谅解备忘录。平安拟以21.5亿欧元（约合240.2亿人民币*）收购富通集团的全球资产管理业务—富通投资管理50%的股权。平安将借此机会快速建立全球资产管理及QDII（合格境内机构投资者）的业务平台，富通也将加速其在中国以及亚太地区市场的发展。据此谅解备忘录，富通投资管理将更名为平安富通投资，英文名为Fortis Ping An Investments。平安富通投资的董事会将由12名董事构成，其中6名非执行董事、2名执行董事和4名独立董事。富通和平安将分别任命3位非执行董事，并提议2名独立董事。公司的高级管理层将保持不变，同时也将受益于平安高层管理人员的亚洲业务专长。富通投资管理现行的业务战略未来将在平安富通投资的两大股东的支持下得以延续。

### 9. 成本结构

成本结构，描绘运营一个商业模式所引发的所有成本。一般来说，成本分为固定成本和变动成本两大类。例如，自行车智能头盔的成本包括生产、人力和广告等。

综上，从自行车智能头盔案例中，我们运用商业模式画布，可以更清晰地看到项目是怎样在创造价值、体现价值、传递价值及盈利方面去完成的，这也能很好地将商业模式实现可视化，从而帮助我们不断调整适应新的商业模式。

## 任务辨析

下面看看大学生新新和业业是如何看待商业模式的。

新新：商业模式就是公司如何从事商业的具体方法和途径，而且商业模式是完全可以复制的。

业业：商业模式被定义为实现客户价值最大化，把能使企业运行的内外各要素整合起来，形成一个完整的高效率的具有独特核心竞争力的运行系统，并通过最优实现形式满足客户需求、实现客户价值，同时使系统达成持续盈利目标的整体解决方案。

新新所说的商业模式泛指一个公司从事商业的方式，这个理解是正确的，但如果说商业模式是完全可以复制的，这就是错误的，商业模式可以在一定程度上进行借鉴，成功的商业模式的确可以为我们提供很多帮助，但如果一味地复制、模仿，不参考自身所处的商业环境，这样制订的商业模式，就一定会出问题的。而业业对于商业模式的理解，更透彻，也更准确。商业模式是通过整合内部资源和外部合作，构建高效运营体系，实现产品的独特定位和市场竞争优势的过程而设定的整体解决方案。

# 任务二　分析商业模式

## 任务目标

### >>知识目标

（1）了解商业模式构思的方法。

（2）理解商业模式的创新、验证和优化。

（3）掌握商业模式的设计方法。

### >>能力目标

能够构思、设计、创新和优化商业模式。

### >>素养目标

（1）培养学生对商业模式中的各个方面进行整合和优化的能力素养。

（2）培养学生对于信息和数据加以筛选、分析和简化的能力，从而提高解决复杂问题的素养。

（3）培养结构化思考问题的素养。

## 任务导入

农夫山泉的商业模式画布

农夫山泉历经近30年的发展，依靠其商业模式的构建与创新，目前已经成为行业内的领先企业，创造了一定的价值。对农夫山泉进行研究，可以发挥借鉴作用，具备一定的现实意义。从商业模式视角来看，价值创造的内涵分解可以用商业画布来体现，同时商业画布的九大要素有机地组成了一个企业的商业模式。结合农夫山泉发展与经营状况，可以用商业模式画布（图6–2）对农夫山泉目前的商业模式进行描述与分析。

<table>
<tr><th>重要伙伴</th><th>关键业务</th><th>价值主张</th><th>客户关系</th><th>客户细分</th></tr>
<tr><td rowspan="3">各水源地的政府相关机构、第三方物流合作伙伴、原材料及包装材料供应商、各经销商与零售商、其他行业的跨界合作伙伴</td><td>包装饮用水与其他各种饮料产品的生产、设计与推广，以及销售渠道的建设</td><td rowspan="3">天然水比纯净水更健康，“我们不生产水，我们只是大自然的搬运工”</td><td>天然、健康、高品质的产品，具有人文关怀与社会责任的企业形象，为客户树立差异化认知</td><td rowspan="3">包装饮用水业务：针对不同的群体设计不同的产品，尽量获得全体消费者的青睐饮料业务；以年轻群体为主要目标</td></tr>
<tr><th>核心资源</th><th>渠道通路</th></tr>
<tr><td>优质水源地、平台化建设、差异化品牌</td><td>多样化销售渠道，包括传统渠道现代渠道、餐饮渠道、电商渠道及其他渠道，销售不断下沉</td></tr>
<tr><th colspan="3">成本结构</th><th colspan="2">收入来源</th></tr>
<tr><td colspan="3">原材料及包装材料成本、物流及仓储开支、产品制造费用、员工成本、广告及促销开支</td><td colspan="2">包装饮用水、茶饮料、功能饮料、果汁饮料和其他饮料的销售</td></tr>
</table>

图 6–2　农夫山泉商业模式画布

## 任务解码

商业模式能帮助公司规划如何利用资源，制定营销策略，预测收入和利润。所以，在设计产品的同时，也要认真思考商业模式。那么，应该如何构思商业模式呢？

### 一、商业模式的构思

利用商业模式画布构思商业模式，有五种不同的方法：资源驱动、产品驱动、客户驱动、财务驱动和多中心驱动。

#### （一）资源驱动

资源驱动指的是源于一个组织现有的基础设施或合作关系的拓展，去改变现有的商业模式。

## 案例分享

阿里云计算成为平台核心驱动力

客户每次在淘宝或天猫上浏览商品的时候，后台的服务器都会进行记录，这个记录是有价值的，因为你每次点开的这个商品，很有可能是有购买意向的，再次登录网站的时候，你就会发现，网站后台会根据之前的浏览记录推荐类似的商品。

从客户关系来说，这是一种自动化服务，为了更好地实现给客户的自动化服务，阿里巴巴必须有一个强大的云计算平台，2008年，阿里巴巴开始研发自己的云计算平台，并在2009年开始投入使用，阿里云不仅为阿里巴巴提供了优质的云计算服务，还成了全球领先的云计算平台，作为企业核心资源的阿里云，已成为阿里巴巴商业模式中重要的资源保障。

（二）产品驱动

产品驱动指的是通过建立新的价值主张，来影响其他商业模式的构造。从而形成更有竞争力的商业模式。

## 案例分享

京东商城构建高效供应链

京东商城刚开始上线的时候，以正品低价吸引了大量消费者的关注，随着电子商务的发展和人们生活方式的变化，客户需求的不仅仅是正品低价的购物网站，而是一个省心的购物网站，表现为更好更快地把正品低价的商品送至客户手中。

高效并可控的供应链变得越来越重要。京东商城从一个纯粹的购物平台，改变价值主张，构建自己的供应链体系，并引起整个商业模式的改变。目前，京东商城已成为中国最大的自营式电商企业。

（三）客户驱动

客户驱动指的是基于客户的需求，降低客户获取产品的成本，或提高其便利性的商业模式。

## 案例分享

营销升级的驱动力模式

建材行业瓷砖的领先企业马可波罗，为了满足各年龄段消费者的需要，设计制作和诸多方案，首先，增加了不同风格的产品系列，并且可以进行不同图案和花色的裁切拼接。其次，基于大型品牌专卖店，积极拓展小区、工程、分销、设计师和电子商务等细分渠道，建立点面结合，线上、线下互动的立体渠道。最后，建立了售前、售中和售后全程服务体系。这一系列的营销策略和活动创新，形成了马可波罗独特的、优于行业的营销模式，为消费者提供了更多的选择、更生动的产品体验、更便利快捷的交易和全程增值服务等消费价值，让企业很好地抓住了新兴消费群和高端消费群，取得了极佳的市场反馈。

（四）财务驱动

财务驱动指的是由收入来源、定价机制或成本结构来驱动商业模式的改变。

如某电商平台通过独特的财务驱动商业模式实现了快速增长。该平台采用了“先销售、后结算”的策略，吸引了大量供应商入驻，并为消费者提供了丰富的商品选择。消费者在平台下单后，资金先进入平台账户，形成资金池，这为平台提供了充足的运营资金和利润空间。随后，平台再根据供应商的销售情况进行结算，通过账期管理，实现了对供应商的财务优化。此外，平台还通过数据分析，精准推送个性化广告，提高了广告转化率，进一步增加了收入。这种商业模式不仅优化了供应链和财务结构，还为消费者带来了更优质的购物体验，为供应商创造了更高的销售额，实现了多赢局面。

### （五）多中心驱动

多中心驱动指的是由多个集中点驱动，并且会显著影响商业模式的其他构造是否完整的商业模式方法。

## 案例分享

### 小米打造万物互联生态链

基于物联网的商业模式是典型的从单一中心向多中心发展，由单一主体创造价值为主，向多样化主体共同创造价值转变成为发展的趋势。例如，小米互联平台，它是小米面向消费类智能硬件领域的开放合作平台。在帮助开发者提升产品智能化的同时，连接着使用智能硬件产品的客户。接入小米互联平台的产品，能够借助米家App提供的服务，方便客户集中管理和控制；能够被具有小米人工智能助手的产品，如手机、电视及音箱等控制；能够和其他接入小米互联平台的智能产品间形成智能联动，在客户的创意下共同打造极致的智能生活体验。

## 二、商业模式的设计

实现客户价值最大化，使企业运行的内外各要素整合起来，形成一个完整的、高效率的、具有独特核心竞争力的运行系统，并通过最优实现形式满足客户需求、实现客户价值，同时使系统达成持续盈利目标的整体解决方案。

顺着这种思路，再来看商业模式的本质，对商业模式的理解就更清晰了，企业行为就是投入和产出的过程，而企业在不同的发展阶段，在不同的经营状况下，把企业的资源已经拥有或能够拥有的资源组织起来，实现最佳的产出（或价值创造），这种组织方式就是商业模式，而商业模式设计的实质只是资源优化配置的方式而已。商业模式是个性化的，是难以复制模仿的，因为同时有两个企业已经拥有或能够拥有的资源是不可能完全一样的。

设计商业模式没有固定范式，但可以遵循以下基本步骤。

### （一）界定和把握利润源

利润源是购买企业商品或服务的客户群，它们是企业利润的唯一源泉。利润源及其需求的界定，决定了企业为谁创造价值。客户群分为主要客户群、辅助客户群和潜在客户群。好的目标客户群的特征：一是要有清晰的界定，没有清晰界定的客户群往往是不稳定的；二是要有足够的规模，没有足够的客户群规模，企业的业务规模必然受到局限；三是企业要对客户群的需求和偏好有比较深的认识和了解。

设计商业模式的时候，首先需要分析客户需求，目的就是要为产品寻找能够比较容易创造价值的客户群。一般来说，企业盈利的难度并非在技术与产品端，而主要还是在客户端。有时把握好企业客户的一点点需求，也可能产生巨大的客户价值。

### （二）不断完善企业利润点

利润点是指企业可以获取利润的、目标客户购买的产品。利润点决定了企业为客户创造的价值是什么，以及企业的主要收入及其结构。

好的利润点是客户价值最大化与企业价值最大化的结合点，它要求：一要针对目标客户的清晰的需求偏好，二要为目标客户创造价值，三要为企业创造价值。有些企业的产品缺乏客户的针对性，或者根本不创造利润，就不是好的利润点。

## 案例分享

#### 去哪儿网的利润点分析

去哪儿网的利润点主要来自两个方面：一是点击付费的返佣模式，即由去哪儿网帮助旅行服务提供商带来成功订单的旅行网站后，由提供商缴纳一定的介绍费或交易费，这也是包括去哪儿网在内的垂直搜索网站目前主要的盈利来源；二是品牌广告，即争取让更多的旅行服务提供商在其网站上刊登广告。经过四年多的发展，去哪儿网成为改变中国在线旅游业格局的代表性力量，2023年公司营收增长近2倍，全年实现盈利，并成为中国航空业最大的机票销售在线渠道。

去哪儿网将机票和酒店的价格从低到高摆在客户面前，满足了客户需求，也开创了细分领域谷歌版盈利模式。不过，去哪儿网归根到底提供的是一种“比价服务”，价格是重要的信息分类指标。但对于已经形成一定黏度的携程网、艺龙网站客户来说，他们不仅希望价廉，更看重服务的品质。这其实也意味着去哪儿网在争夺这些客户时，必须根据他们的核心需求升级自身的商业模式。

### （三）打造强有力的利润杠杆

打造利润杠杆、规划企业内部运作价值链是商业模式设计与完善的重要内容，它决定了产品能否为企业带来价值和带来价值有多少。企业利润杠杆主要包括：组织与机制杠杆、技术与装备杠杆、生产运作杠杆、资本运作杠杆、供应与物流杠杆、信息杠杆、人力资源杠杆等。这些内部运作活动可以清楚界定企业的内部运作的成本及其结构，以及计划实现的利润目标。

将没有竞争优势的企业内部价值链外包，是打造利润杠杆的有效途径。很多公司意识到，在一个非常长而复杂的企业内部价值链上，他们也许只能在价值链的三四个环节具有高度竞争力，要想在所有环节上都具有竞争力是不太可能的，而一旦认识到企业内部价值中的优势环节，就应该把公司定位在那个位置，将其他部分以签约方式外包给别的公司，从而使利润杠杆更加有力。

### （四）疏通拓宽利润渠道

利润渠道，即企业向客户供应产品和传递产品信息的渠道，是商业模式得以正常运作必不可少的外部运作价值链。产品的价值传递是企业把产品传递给目标客户的分销和传播活动，目的是便于目标客户购买和了解公司的产品。

### （五）建立有效的利润屏障

利润屏障是指企业为防止竞争者掠夺本企业的目标客户，保护利润不流失而采取的战略控制手段。比较有效的利润屏障主要有：行业标准建立、价值链控制、领导地位、独特的企业文化、良好的客户关系、品牌、版权、专利等。

创业面对的是变化莫测的未来环境，而创业者也无法全盘取得市场信息，因此没有一个商业模式，能确保未来一定会获得利润。在设计与执行商业模式的时候，一定要随时调整，保持随环境变动而完善的高度弹性。

顺着这种思路，再来看商业模式的本质，对商业模式的理解就更清晰了，企业行为就是投入和产出的过程，而企业在不同的发展阶段、不同的经营状况下，把企业的资源已经拥有或能够拥有的资源组织起来，实现最佳的产出（或价值创造），这种组织方式就是商业模式，而商业模式设计的实质是资源优化配置的方式而已。商业模式是个性化的，是难以复制模仿的，因为同时有两个企业已经拥有或能够拥有的资源是不可能完全一样的。

## 知识链接

### 商业模式的设计核心原则

1. 客户价值最大化原则

一个商业模式能否持续盈利，是与该模式能否使客户价值最大化有必然关系的。一个不能满足客户价值的商业模式，即使盈利也一定是暂时的、偶然的，是不具有持续性的。反之，一个能使客户价值最大化的商业模式，即使暂时不盈利，但终究也会走向盈利。

2. 持续盈利原则

企业能否持续盈利是我们判断其商业模式是否成功的唯一的外在标准。因此，在设计商业模式时，如何盈利也就自然成为重要的原则。当然，这里指的是在阳光下的持续盈利。持续盈利是指既要获得利润，又要能有发展后劲，具有可持续性，而不是一时的偶然盈利。

持续盈利是对一个企业是否具有可持续发展能力的最有效的考量标准，盈利模式越隐蔽，越有出人意料的好效果。能持续盈利是我们对成功商业模式的最基本的要求。

3. 资源整合原则

整合就是要优化资源配置，就是要有进有退、有取有舍，就是要获得整体的最优。优化企业内部价值链，获得专业化集中优势；深化与产业价值链上下游企业的协同关系，整体化快速响应市场；强化产业价值链的薄弱环节，释放整体效能；把握关键环节，重新组织产业价值链；构建管理型产业价值链，不断提高系统协同效率。

4. 创新原则

一个成功的商业模式不一定是在技术上有所突破，而是对某一个环节进行改造，或是对原有模式的重组、创新，甚至是对整个游戏规则的颠覆。

5. 融资有效性原则

融资模式的打造对企业有着特殊的意义，尤其是对中国广大的中小企业来说更是如此。企业生存需要资金，企业发展需要资金，企业快速成长更是需要资金。资金已经成为所有企业发展中绕不过的障碍和很难突破的瓶颈。谁能解决资金问题，谁就赢得了企业发展的先机，也就掌握了市场的主动权。

6. 组织管理高效率原则

高效率，是每个企业管理者都梦寐以求的境界，也是企业管理模式追求的最高目标。用经济学的眼光衡量，决定一个国家富裕或贫穷的“砝码”是效率；决定企业是否有盈利能力的也是效率。

7. 风险控制原则

设计再好的商业模式，如果抵御风险的能力很差，就会像在沙丘上建立的大厦一样，经不起任何风浪。这个风险指的是系统外的风险，如政策、法律和行业风险，也指的是系统内的风险，如产品的变化、人员的变更、资金的断链等。

## 三、商业模式的创新

商业模式创新是改变企业价值创造的基本逻辑以提升客户价值和企业竞争力的活动。它既可能包括多个商业模式构成要素的变化，也可能包括要素间关系或者动力机制的变化。

### （一）商业模式创新的基本途径

商业模式创新有两个基本途径。

（1）通过创造性活动，构建全新的商业模式。

（2）在已有商业模式的基础上进行调整和改变，逐步发展演变成新的商业模式。

### （二）商业模式创新的基本条件

商业模式创新的基本条件包括以下三个方面。

（1）企业可以提供全新的产品，开创新的产业领域，或以前所未有的方式提供产品。

（2）商业模式的要素可被改变，并导致与竞争对手产生明显差别。

（3）由要素改变所形成的商业模式创新，可为企业带来显著的经济效果和业绩回报，能够明显地提升企业的竞争力。

### （三）商业模式创新的分类

根据不同要素的改变情况引发的商业模式创新，主要分为四种情况：界面模式变动引发的界面创新；运作流程变动引发的流程创新；资源组合或资源能力变动引发的资源创新；价值主张变动或价值链重构引发的价值创新。

#### 1. 界面创新

界面模式是企业为了获取利润而进行各种决策时所遵循的标准、法则、机制或模式，包括企业的营销原则、采购与供应原则、市场竞争原则和客户服务原则、产品的目标市场及其定位、生产规模、成本模式和收入模式等，是构成企业界面模式的重要内容。因此，以上内容的改变都将引发界面模式的变动，从而引发商业模式的改变与创新。

通常来说，界面模式的改变会引起公司外部表现形式的变化，并能改变客户或公众对其的印象与认知。比如，计算机公司改变市场定位，由高端市场定位向下拓展到低端市场，使定价方式和生产批量发生变化，即由过去较高的价格和较少的销售量策略，改变为较低价格与较大的销量策略，以适应低端市场客户的价格承受能力，从而实现利润目标。此时公司界面模式的变化可能导致公司在其客户及公众心目中的形象发生改变，但公司生产计算机所使用的技术与资源并没有发生本质上的变化，即公司商业模式中的运作流程和资源组合没有改变。因此，可以将界面模式的改变所引发的公司商业模式的创新称为界面创新。

#### 2. 流程创新

所谓流程就是相互连接的企业运作活动。企业将全部资源以有效率的形式组织在一起，进行生产和销售产品的活动，这些活动有效地衔接，并不断重复就形成了企业的运作流程，包括原材料采购、产成品的生产与销售、资金往来、后勤保障等。

运作流程变化往往对企业的商业模式产生重要影响，在改变生产效率的同时，还可能带来界面模式的变化，从而引发商业模式由内向外的改变，导致商业模式推陈出新。

#### 3. 资源创新

资源是企业为了实现价值主张而需要投入的全部资源，包括人力资源、原材料、厂房设备、专利技术、品牌商标等各种有形与无形的资源。如果环境条件改变了，即使价值主张没有改变，资源组合也可能随着外部环境的变化而改变。例如，研发出了新的技术、新的生产工艺、新的原材料和整合了新的资源，这些资源的变化和重新优化组合，会直接导致生产流程、生产成本、市场定位等方面的调整与优化，进而引发商业模式多层次的变革与创新。资源创新及其创新性的组合在引发企业的基础层与主体运作层发生变化的同时，也往往会导致企业界面模式与价值主张、渠道通路等方面的变化与创新，从而引发商业模式的创新。

4. 价值创新

价值创新引发商业模式的改变与创新，主要包括基于价值活动的创新、基于价值网络的创新、基于价值曲线的创新和基于价值主张的创新等几个方面。

（1）基于价值活动的创新，主要表现为改变价值链中的定位、重组价值链，如戴尔公司的网络直销。创建独特的价值活动体系，如春秋航空公司的经济型低价航空。

（2）基于价值网络的创新，主要表现为做交易的组织者，通过各种比价、导购网站、打造交易的平台或桥梁，如淘宝、京东等的销售平台模式作为交易的中介者联系卖家与买家。

（3）基于价值曲线的创新，是企业创造独特的价值曲线专注于客户价值的创造和服务的创新，为客户提供更好的服务体验，如京东物流、海底捞等。

（4）基于价值主张的创新，是企业提供的产品服务。价值主张，关注的是企业提供何种产品服务、产品服务的属性与特征、生产所需资源及生产流程以及如何向市场提供等问题。伴随价值主张的改变，商业模式的各个层面都将不可避免地发生相关改变。价值主张的变化与创新，必将导致企业资源组合、运作流程以及界面模式的一系列变化。例如，外卖将餐馆的价值主张由为客户提供就餐价值，更改为在就餐价值之外还要为客户提供更多的时间价值和便利价值。外卖与传统餐馆在资源需求、运作流程和生产服务方式都存在很大的不同。

## 知识链接

### 商业模式与技术创新

商业模式和技术创新两者是相互关联、相互影响的。商业模式的变化会推动技术创新，而技术创新的发展也可以推动商业模式的升级。

首先，商业模式为技术创新提供了市场需求和商业支持。企业通过不断调整商业模式，更好地满足客户需求，创造更高附加值，从而促进技术创新，提高产品或服务质量。一方面，技术改善和突破带来了商业模式的变革，如全球性电子商务平台、共享经济模式等，这些模式都是在先前的基础上与技术创新紧密结合而产生的；另一方面，商业模式中的多种策略也可以反过来激励技术创新，如通过设定差异化价值，探索新型的盈利模式来实现产品替代，引领行业发展。

其次，技术创新也促进着商业模式的革新，传统商业模式已经无法很好地适应科技不断变化和客户需求的快速变化，因此寻求新型商业模式与技术创新相互依托的关系。例如，虚拟现实技术赋予企业新的操作方式与产品设计创新尺度，基于其设计和构建的场景使得商业模式变革具有了更为广泛的实际应用前景。

因此，无论是商业模式还是技术创新，它们之间并非相对独立，相反，两者通过双方的互相作用来达成全面升级、提升和优化，这样产生的商业模式与技术创新的协同效应可以使得企业更快速地适应市场环境，推动行业不断进步发展。

在当前社会经济环境下，商业模式比技术创新更重要。日益稀薄的利润，已经使众多企业纷纷开始寻找新的出路，究竟是进行技术创新还是商业模式创新，在世界范围内都存在很大争议。在中国，商业模式的创新，显然比技术创新更为重要。其根本原因，在于中国存在庞大而低端的消费市场，而且这个市场在绝对意义上说，远远没有达到饱和，无数产品还没有被寻常消费者享受到，商业并没有得到更广泛普及。同时在短期内，国民的收入不会发生大的变化，这也导致中国对高端消费的抑制，这个时候，发现新的需求，并且创造出新的需求模式，显得尤为重要。

## 四、商业模式的验证

### （一）商业模式的检验

成功的商业模式一定是一种有效的盈利模式。商业模式必须经受逻辑检验和盈利检验。

#### 1. 逻辑检验

逻辑检验指从直觉的角度考虑商业模式描述的逻辑性，隐含的各种假设是否符合实际或在道理上说得通。商业模式的逻辑检验要聚焦以下四个问题：谁是自己的客户？客户重视的价值是什么？商业参与各方的动机和目的是什么？自己的商业模式的与众不同之处是什么？通过以上四个问题可以判断商业模式的基本逻辑是否符合常识、是否顺畅，商业模式是否有潜在优势和限制因素。

#### 2. 盈利性检验

盈利性检验重点通过以下四个问题的分析来确定：基于损益表的检验、基于资产负债表的检验、商业如何实现良性循环以及瓶颈在什么地方。对市场的规模和盈利率、消费者的消费行为和心理、竞争者的战略和行动进行分析和假设，从而估计出关于成本、收入、利润等量化的数据，评价经济可行性。当测算出的损益达不到要求时，则该商业模式不能通过盈利性检验。

### （二）商业模式的评价

商业模式的评价分为设计评价和实施评价。

#### 1. 商业模式的设计评价

商业模式的设计评价主要用于检查我们设计的商业模式是否合理，设计评价主要从以下三个方面来进行。

（1）商业模式的适用性。适用性也可以称之为个性，它是商业模式的首要前提。由于企业自身情况千差万别，市场环境变幻莫测，商业模式必须突出自身企业不同于其他企业的独特性。这种独特性表现在它怎样为自己的企业赢得客户、吸引投资者和创造利润上。严格地说，一个企业的商业模式应当仅仅适用于自己的企业，而不可能被其他企业原封不动地搬过去。商业模式没有好坏之分，只有适用与否的区别。适用的就是好的，适用较长久的就是最好的。

（2）商业模式的有效性。有效性是商业模式的关键要素。在经济全球化、信息化的今天，无论哪个行业或企业，都不可能有一个万能的、单一的商业模式来保证自己在各种条件下均产生优异的财务结果。因此，评价商业模式的好坏，最根本的一条在于它是否具备有效性。

有效的商业模式是企业在一定时期、一定条件下，能够选择地为自己带来最佳效益的、有效的盈利战略组合。根据埃森哲咨询公司对70家企业的商业模式所做的研究分析，发现有效的盈利战略组合应当具有以下三个特点：它必须是能提供独特价值的；它必须是难以模仿的；它必须是脚踏实地的。

所以，有效的商业模式是丰富和细致的，并且它的各个部分要互相支持和促进，改变其中任何一个部分，它就会变成另外一种模式。处理得不好，就可能影响其有效性。

（3）商业模式的前瞻性。前瞻性是商业模式的灵魂所在。商业模式是与企业的经营目的相联系的，一个好的商业模式要和企业较高的经营目的相结合。商业模式实际上就是企业为达到自己的经营目的而选择的运营机制。企业的运营机制反映了企业持续达到其主要目标的最本质的内在联系。企业以营利为目的，它的运营机制必然突出确保其成功的独特能力和手段，能够吸引客户、雇员和投资者，在保证盈利的前提下向市场提供产品。但是，仅仅如此是不够的，因为这只是商业模式的“现在式”，而商业模式的灵魂和活力在于它的“将来式”，即前瞻性。也就是说，企业必须在动态的环境中保持自身商业模式的灵活反应、及时修正、快速进步和快速适应的能力。

2. 商业模式的实施评价

商业模式设计是否理想，实施商业模式后能否真正达到期望的效果，通常需要从以下三个角度进行评价。

（1）客户价值实现的程度。创业者所设计的商业模式是否合理，首先要审视该模式对于创业团队所构想的“价值体现”的实现程度，即该商业模式能够在多大程度上实现创业团队原本拟为客户创造并传递的价值。而要回答这一问题，创业者需要评价该商业模式可能为客户创造并传递的价值是不是原本拟创造的价值。例如，创业者原本打算为客户创造“节能”的价值，但通过所设计的商业模式，是不是真的能达到预期价值。其次需要评价该商业模式实现拟定价值的程度。如前假设，若所设计的商业模式能够为客户提供“节能”的价值，则还需要进一步评价该商业模式能够为客户“节能”的程度大小。

（2）客户价值实现的可靠性。多数商业活动都存在风险，创业者借助所设计的商业模式为客户提供价值，存在着可靠性问题。创业者在设计特定商业模式之后，需要评价其能够在多大程度上为客户可靠地提供拟定的价值。显然，只有那些能够可靠地为客户创造拟定价值的商业模式，才是可取的。商业模式的可靠性评价，在一定程度上等同于商业模式的风险评价。相应，既需要搞清特定商业模式的系统风险和非系统风险，还需要搞清各种具体风险的程度大小。只有认清了各种可能的风险，才能称之为对特定商业模式的可靠性进行了较为充分的评价。

（3）客户价值实现的效率。如果预定的特定商业模式能够较为可靠地为客户提供拟定的价值，那么还需要进一步分析该商业模式为客户创造与传递价值的效率。在商业模式的顶层设计中，价值创造方式和价值传递方式二者共同决定客户价值的实现效率。创业者评价客户价值的实现效率，一是要评价特定商业模式为客户创造价值的效率；二是需要评价特定商业模式为客户传递价值的效率。而最终效率的形成，则是价值创造和价值传递两个效率的“乘积”，而不是两个效率的“相加”。只有特定商业模式的价值创造效率和价值传递效率都很高时，创业者才可能以较高的效率为客户提供价值；反之，如果其中任何一个环节的效率较低，都可能降低创业者为客户提供价值的效率。

## 五、商业模式的优化

关于商业模式的评价，可以简单通过以下七个问题，分析评估一下创业项目所应用的商业模式中存在的问题与风险，并在此基础上进行商业模式的优化。

### （一）客户的“转移成本”有多高

转移成本是指客户从一个产品转移到另一个产品所需的时间、精力或者资金。转移成本越高，客户就越忠实于某项产品，不会轻易离开去选择竞争对手的服务。

### （二）商业模式的扩展性怎样

扩展性是指在没有增加基本成本的情况下，能很容易地拓展商业模式，赢得利润。基于软件和互联网的商业模式比基于传统商业模式有天然的扩展性。

### （三）能否产生可循环的经济价值

循环价值有两个主要的优势：一是对于重复销售，成本只产生一次；二是可以有更多更好的想法来构想未来怎样扩大盈利。还有另外一种循环价值形式，即从之前的销售中获取增值收入。比如，人们购买一部华为手机，华为公司在从硬件销售中赢得利润的同时，还可以获得来自客户购买内容和App的稳定增长收益。

### （四）是否可以在投入之前就盈利

毫无疑问，每个创业者都希望在投入之前就获得收入。戴尔就把这种模式运用到计算机硬件设备制造的市场上。通过直销建立的装配订单，避免硬件市场库存积压成本。戴尔取得的成功就显示了自身在投入之前就实现盈利的力量。

### （五）怎样让客户为企业工作

让客户为企业工作可能是商业模式设计上最具有“杀伤力”的“武器”。例如，宜家就让客户自己组装在店里购买的家具部件；小红书App让客户上传照片视频，参加对话及“点赞”某样东西，这正是小红书的真正价值——公司只提供平台，内容全部由客户创造，而公司能获得丰厚的市场回报。

### （六）是否具有高壁垒以防止竞争对手模仿

一个优秀的商业模式不仅能够为客户提供优秀的产品，还可以使企业保持长时间的竞争优势。一个成功的商业模式通常会包含一些难以复制的因素，比如独特的品牌形象、强大的供应链管理、专利技术、优质的客户服务等。这些因素可以增加竞争对手模仿的难度，为企业创造一定的竞争优势。

### （七）是否建立在改变成本结构的基础上

降低成本是创业者的长期追求，有的商业模式不仅可以降低成本，更能够创造出一个与以往完全不同的成本结构。

当然，几乎没有商业模式设计能一一回答以上七个问题并且全部获得积极正向的答案，不过有的商业模式仍会在市场上大获成功。对创业者而言，时刻用这七个问题提醒自己，有助于企业保持长久的竞争力。

## 任务辨析

下面看看大学生新新和业业是如何看待商业模式的。

新新：双十一购物狂欢节（以下简称“双十一”）就要到了，好多商家都已经打折，开始发放代金券了，这个减价打折的商业模式真好，咱们消费者省了不少钱，商家肯定少挣了不少钱吧。

业业：我觉得不是，任何的商业行为，后面都会跟随一定的商业模式，所谓的“双十一”，不过是在渠道和营销上下了功夫，目的还是在于通过销量的增加，提高商业模式体系内价值流通速度，这样可以让商家获得更多的利益。

两个人的发言，业业的发言是更为准确的。商业模式并不仅仅是一个简单的策略或概念，它是一个庞大的、错综复杂的体系，需要企业从上至下、从内到外进行系统的操作和优化。这个体系涉及企业内部的资源配置、核心能力的挖掘，以及外部资源的整合与合作。企业首先需要清晰地认识到自己的核心能力和资源优势，还需要积极拓展外部资源。如与供应商建立长期稳定的合作关系，不仅可以确保原材料的稳定供应，还可能获得更优惠的价格和更好的服务。

总的来说，商业模式的操作是一个涉及多个层面和维度的系统性工程。企业需要从多个角度和层面出发，进行全面的考虑和规划，确保每一个环节都能得到有效的管理和优化。只有这样，企业才能在竞争激烈的市场环境中立足并持续发展。

## 项目小结

本项目通过大量的商业模式案例，为同学们讲授了商业模式的内涵、商业模式的类型，并剖析出商业模式的核心要素，通过商业模式的可视化展示，引导同学们完成了商业模式的认知学习。并在接下来的商业模式的分析中，通过对商业模式构思和核心原则两部分的引入，进入到重点部分，完成了商业模式设计的讲解，并对商业模式的创新、验证和优化进行了层级性的讲述。

商业模式的学习，并不是看几本教材或是听若干讲座就可以按计划完成学习目标的，商业模式是一个包容度很大的平台，需要谨慎思考自身的关键业务以及延伸出的价值主张，并清楚地明晰自身的重要伙伴和核心资源都有哪些，准确地对客户进行细分，明晰客户关系并开发相应的渠道通路，要在成本结构和收入来源上，做到严谨规范。严格地说，任何一处的瑕疵，都会影响整个商业模式的震荡。

## 双创榜样

### 廉东旭：我以我心爱祖国　我以我行报家乡

廉东旭，2007年毕业于黑龙江职业学院畜牧兽医专业，现任北京米乐动物医院有限公司总经理。

廉东旭是一名土生土长的黑龙江人，来自山高林密、土地肥沃、以农牧业闻名的萝北县，他的家人一直从事畜牧养殖业，因此，在大学选择专业时，他毅然选择了畜牧兽医专业。毕业后，他带着自己的梦想来到北京发展，经过多年的努力奋斗，创立了WEPET米乐动物医院品牌连锁诊疗机构。廉东旭说："我希望能够带着我的技术、我的团队回到孕育我成长的土地，回馈我的家乡。"

随着团队的壮大和门店数量的不断增加，廉东旭有了在哈尔滨设立分部的想法。通过对哈尔滨宠物市场的调研分析和对东北宠物诊疗行业现状的了解，他希望能够把国内行业领先的技术及经营理念带到黑龙江这片肥沃的土地，提速当地宠物诊疗行业的发展。

2019年底，廉东旭开始筹备哈尔滨分院，经过长达5个月的准备，2020年，WEPET米乐动物医院（哈尔滨中心医院）正式开始运营，医院总面积1 000余平方米，配备CT、核磁等高端设备，拥有转诊中心、急诊中心及影像诊断中心。医院以卓越的服务理念，深受本地广大养宠人士的认可。

在创业过程中，他得到了母校的大力支持和帮助，并与母校合作开展了校园专业技术培训及企业岗实位习项目，均取得了不错的成果。现在，米乐团队中也融入了许多跟他一样满腔热血、有理想有抱负的年轻人，他们一样热爱这个行业，并认同米乐的企业文化和价值观。

廉东旭回母校宣讲时说："我本是一个农场家庭出身的普通青年，是我的家乡、我的母校和黑土地给予我奋斗的能量，是中国经济全面发展给了我创业最佳时机。祖国在进步，家乡在发展，一切美好的憧憬已经展现在我们眼前。我以我心爱祖国，我以我行报家乡。"

## 项目实训

### 设计树洞猫咖的商业模式画布

#### 一、实训目标

用商业模式画布设计创新创业项目——树洞猫咖的商业模式。

#### 二、实训内容

小组按照商业模式画布九个基本构成要素设计树洞猫咖的商业模式，并填写商业模式画布图6-3。

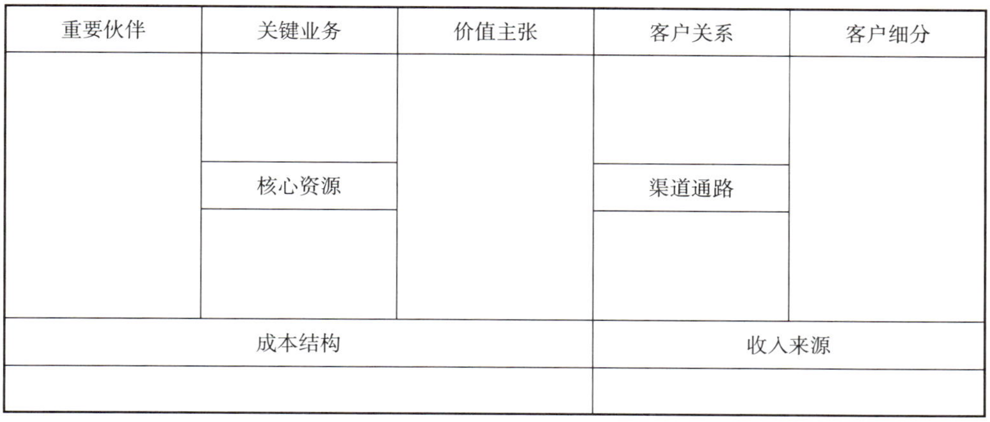


图 6-3　树洞猫咖商业模式画布

## 三、考核评量

授课教师根据实训目标，对学生的实训情况进行综合考评，并完成表6-1的填写。

表 6-1　考核评量表

| 序号 | 评量内容 | 分值 | 要求 | 团队赋分依据 | 得分 |
|---|---|---|---|---|---|
| 1 | 树洞猫咖商业模式的设计 | 70 分 | 完成树洞猫咖商业模式画布，要求填写清晰完成，并有一定的创新 | 小组成员进行讨论，完成商业模式画布填写后，派小组代表对画布进行介绍 | |
| 2 | 考核评量表的填写 | 30 分 | 认真填写 | 内容是否完整 | |
| 总分：__________ | | | | | |

## 项目检测

构思商业模式

# 项目七

# 制订商业计划书

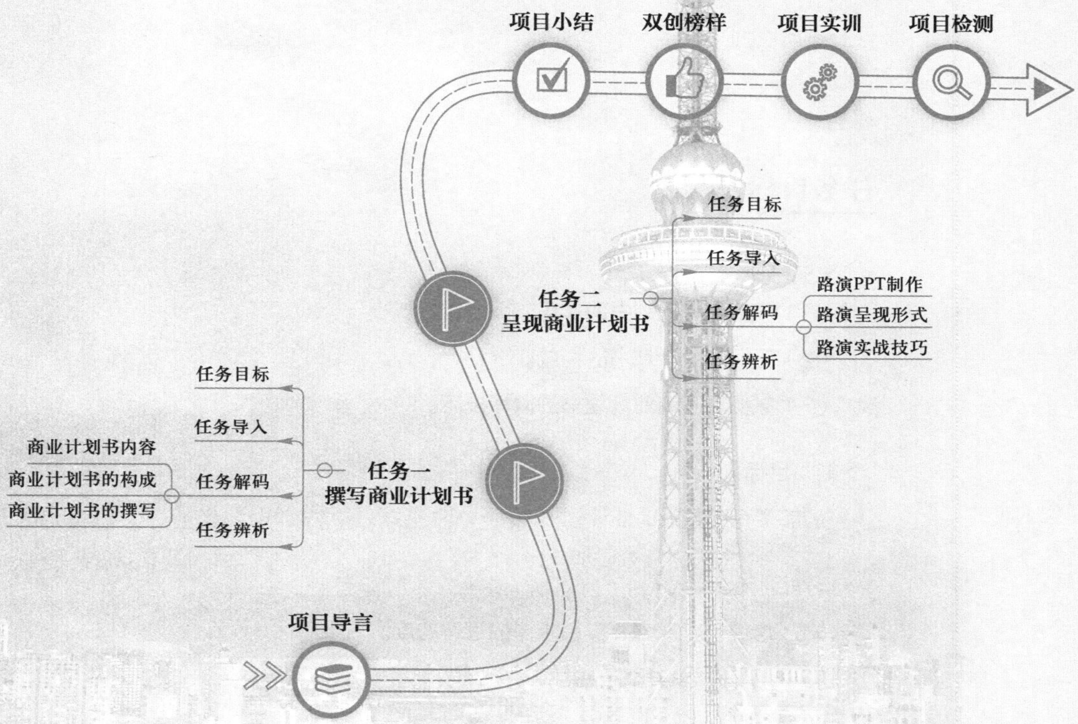


## 项目导言

商业计划书是创业者对自己的商业计划进行梳理和总结后,形成的书面文件，它是创业团队的行动纲领，也是获得投资者融资的必要材料，一份优秀的商业计划书可以让创业事半功倍。

# 任务一　撰写商业计划书

## 任务目标

### >>知识目标

（1）了解商业计划书的作用。

（2）理解商业计划书的构成。

（3）掌握撰写商业计划书的撰写技巧。

### >>能力目标

能够撰写完整的商业计划书。

### >>素养目标

（1）培养科学严谨、实事求是的写作态度。

（2）培养跨学科思维。

## 任务导入

融资的敲门砖

凯叔讲故事（北京凯声文化传媒有限责任公司旗下品牌）由王凯于2014年4月创立，早期主要通过微信公众号和App发布音频儿童故事，后拓展成原创工作室集群模式，从产出单一故事的音频产品模式，发展成为集声音戏剧、儿歌、漫画、视频课程、AI课程、随手听、智能听教机、自有童书等多维度于一身的内容服务商。今天的成功，与品牌完成6 600万美元C+轮融资密不可分。

天天鉴宝成立于2018年11月，同名App于2019年3月上线，区别于其他文玩电商平台，天天鉴宝在成立之初选择以“工具+内容+服务”切入市场。在这个领域，客户最大的需求是鉴真假、估价格，对此天天鉴宝首创了直播连线鉴定模式。目前注册客户已超2 000万人。电商业务上线9个月，月销售额已经破亿。今天的成功，与平台一年完成5轮融资，累计4 000万美元密不可分。

百家云成立于2017年，主要为以教育机构为主的客户提供一站式视频软件运营服务。当前百家云已经在华北、华东、华中、华南、东北等地建立了分公司、研发中心及办事处，员工超过350人，其中技术人员占比半数以上，有着完整的产品设计、测试、技术研发团队，能有效支持产品的快速更新迭代。今天的成功，与公司完成1.7亿元的融资密不可分。

凯叔讲故事，天天鉴宝，百家云等千百计企业的成功，都离不开在融资的时候，手里拿着的那一份优秀的商业计划书。

## 任务解码

商业计划书就像企业的“路线图”，可以帮助企业明确发展方向和目标，规划具体的行动步骤。而且，它还是吸引投资的“敲门砖”，能让投资者更好地了解企业的商业模式、市场前景和竞争优势。有了它，企业还能更好地评估和管理风险及时发现并解决问题。另外，商业计划书也有助于团队成员达成共识，提高沟通效率，共同实现目标。那么，商业计划书有哪些内容呢？

### 一、商业计划书的内容

#### （一）商业计划书的概念

商业计划书（Business Plan，BP），是创业者在初创企业成立之前就某一项具有市场前景的新产品，向潜在投资者、风险投资公司、合作伙伴等进行宣传游说，以取得合作支持或风险投资的可行性商业报告，用以描述创办一个新的风险企业时所有相关的内部和外部要素。商业计划书是一份全方位的项目计划，如市场营销计划、生产和销售计划、财务计划、人力资源计划等的集成，同时也是提出创业的前五年内所有中期和短期计划及实施方案的指导手册。

#### （二）商业计划书的作用

##### 1. 自我评价，理清思路

创业者应该以认真的态度对自己所有的、已知的市场情况和初步的竞争策略做尽可能详尽的分析，并提出一个初步的行动计划，通过商业计划书做到心中有数。另外，商业计划书还是创业资金准备和风险分析的必要手段。对初创的风险企业来说，商业计划书的作用尤为重要，一个酝酿中的项目，往往很模糊，通过制订商业计划书，把积极和消极的因素都书写下来，然后再逐条推敲，创业者就能对这一项目有更加清晰地认识。

##### 2. 凝聚人心，有效管理

一份完美的商业计划书可以增强创业者的自信，使创业者明显感到企业更易控制、对经营更有把握。因为商业计划书提供了企业全部的现状和未来发展的方向，使管理层和员工明确要从事什么项目和活动，将要充当什么角色，完成什么工作及自己是否胜任这些工作，从而对企业及个人的未来发展充满信心，也为企业提供了良好的效益评价体系和管理监控指标。商业计划书使得创业者在创业实践中有章可循。

3. 对外宣传，获得融资

商业计划书作为一份全方位的项目计划，它不仅是对即将展开的创业项目进行可行性分析，也是在向风险投资者、银行、客户和供应商宣传拟建的企业及其经营模式，包括企业的产品、营销、市场及人员、制度、管理等各个方面。在一定程度上是拟建企业对外进行的宣传和包装文件。

一份完美的商业计划不但会增强创业者自己的信心，也会增强风险投资家、合作伙伴、员工、供应商、分销商对创业者的信心。而这些信心，正是企业走向创业成功的基础。

## 二、商业计划书的构成

### （一）执行纲要

执行纲要是商业计划书的第一部分，是对整个商业计划书的简练概述，也是整个商业计划书的精华所在。多数风险投资者或合作伙伴在阅读商业计划书时，首先会仔细阅读执行纲要，从而对该商业计划书形成一个初步印象。因此，执行纲要的撰写效果在很大程度上决定了商业计划书的信息传递效果。本书将从内容、类型和写作要求三个方面，对商业计划书的执行纲要进行介绍。

1. 执行纲要的内容

有吸引力的执行纲要主要包括以下几个方面的内容。

（1）一句话概括创业项目的亮点。

（2）介绍创业项目的产品，不需要过多描述，只需要强调它为客户解决了什么问题。

（3）介绍管理团队和组织管理模式，最好的方法是将创业团队核心人员的专业背景、工作经验、取得的成就等用简表列出来。

（4）介绍进入行业的市场竞争情况，阅读商业计划书的人不一定也是该行业的行家，因此要在执行纲要中对市场竞争动态、市场饱和度和市场需求量等关键指标作出客观描述。

（5）清晰表述创业企业的商业模式，实际上这也回答了投资者最关注的问题，即这个创业项目能否盈利及如何盈利。

（6）说明需要筹措多少资金，并说明资金的用途，在这个部分还要解释资金注入的形式（权益性投资、贷款等）。

（7）展示公司的历史财务状况和未来财务预测，这部分要保证数据真实可靠，切忌弄虚作假。

执行纲要的撰写提纲没有所谓的最佳目标，不同类型的商业计划书执行纲要所强调的内容也有所差别，在确定以上七个部分都有所提及的基础上，每个创业团队还需进一步确定自己执行纲要的亮点：哪些部分最重要，需要着重强调；哪些部分无关紧要，可以一笔带过。

2. 执行纲要的类型

根据不同创业项目的情况，执行纲要可划分为提纲性摘要和叙述性摘要两种，提纲性摘要结构简洁明了，内容往往开门见山，目的在于让投资者能在最短时间内尽可能把握创业项目的特征。在写作方法上，提纲性摘要的每一段一般就是商业计划书每个部分的总结和归纳，因此提纲性摘要每一段只需要两三句话，用于阐述与创业项目关系最密切、给人最深刻印象的部分。提纲性摘要由于结构清晰，措辞简练，创业者在撰写这类执行纲要时把握整体逻辑较为容易；缺点则在于语言比较干涩，文章缺少文采，难以达到引人入胜的效果。

与提纲性摘要相比，叙述性摘要则采用大量精彩的措辞和带有修辞的表述，将商业计划书的内容以优美的形式呈现在投资者面前。在撰写叙述性摘要时，不是要对每个部分做出一成不变的概述，而是有重点地介绍并突出创业项目的特点，以文字调动投资者对创业项目的兴趣，提高投资者对创业项目的关注度。因此，叙述性摘要特别适用于需要语言描述的新产品、新市场、新技术等，以及有良好历史或背景的企业。

3. 执行纲要的写作要求

执行纲要应当按照以下要求进行写作。

（1）执行纲要要有针对性。在写作前，创业者应当首先明确商业计划书的目标阅读者是谁（风险投资者、潜在合作伙伴、供应商等）。其次要了解该目标阅读者的经历和背景，不同经历和背景的风险投资者，感兴趣的重点是不一样的，这也是创业者在撰写执行纲要时不能套用固定模板的原因。

（2）执行纲要应当放在商业计划书完成之后再撰写。既然执行纲要是对整个商业计划书的高度概括总结，没有经历商业计划书的制作与修改等流程，创业者很难从整体上对商业计划书的侧重点进行把握，也就很难通过执行纲要体现出商业计划书的亮点和精髓。

（3）执行纲要表述清晰，措辞客观真实。要让阅读者通过篇幅不长的执行纲要对某个创业项目感兴趣，不仅要求执行纲要能够用清晰的逻辑展现项目的机会和优势，也要求能够用有说服力又不至于夸张的表述，让阅读者看到商业计划书的与众不同之处。另外，创业者要严格控制执行纲要的字数，确保阅读者阅读执行纲要部分的时间在10分钟以内。

（4）执行纲要写完后一定要仔细检查。作为整个商业计划书的门面，执行纲要中不能出现任何语法错误或错别字，否则这些细小的差错会让风险投资者质疑创业者缺少严谨认真的态度，从而有可能使创业者因为这些小失误而丧失有价值的融资机会。

总之，创业一定要有感召力，能够打动投资者的心。在你向风险投资者推销自己的时候，有成百上千的人也在做着同样的事。因此，必须保证你的摘要能脱颖而出，才会有成功的机会。所以应该对商业计划书的执行纲要反复推敲，力求精益求精，趋于完美，争取尽最大可能给风险投资者留下美好的第一印象。

（二）行业痛点

痛点是一种客户常常要面对的高频刚需，是难以忍受但却可以被明显解决的问题。对痛点背后产生原因的根本分析，以及提出相应的解决方式，最终以产品的形式作为落脚点，是所有公司都需要做的一件事，也是构筑商业逻辑的基础。

1. 商业计划书中易出现的问题

（1）抓到了一个错误的痛点。这个就是所谓的伪痛点，比如有个项目叫“上门理发”。创业者提到客户的痛点是“太懒而不想出门理发”，这其实并不是一个真正的痛点，因为它低频又非刚需，并非难以忍受的问题，还有一大堆的替代性解决方案。这只是创业者为了迎合O2O的风口而造出来的伪痛点。

（2）对痛点的描述模糊不清。在商业计划书中，我们经常会看到创业者说了很多，一会儿站在客户的角度来说，一会儿站在产品的角度来说，这就会让人产生困惑——这个项目到底要解决什么问题？因此，商业计划书一定要进行直接且意义明确地描述。

（3）对痛点的分析不够深入。有些商业计划书读起来有一种隔靴搔痒的感觉，原因就在于对痛点的描述不够深入。

2. 痛点的描述

（1）提供场景。投资人有时候往往对你所从事的行业比较陌生，这种情况下，可以提供这个痛点产生的场景，利于投资人更好理解，也更有代入感。比如，一些做企业软件运营服务（Software as a Service，SaaS）工具，就可以在描述痛点时展示多个微信里的聊天记录证明协同和文件管理困难——这些痛点都让人有切身体会。

（2）引发思考。很多创业者在描述痛点的时候浅尝辄止，这就导致了很多投资人在阅读商业计划书的时候“无感”，这就要求创业者追问到痛点的本质，并提出相应的解决方案。

解决方案像是痛点的孪生兄弟，但困难的地方在于创业者面临的痛点几乎都是开放性问题——背后有无数种解法：如同样是解决客户充电的问题，就有桩式、柜式充电宝等，不同的解决方案下，决定了不同的商业路径、变现模式。这也就是商业的神秘和美妙之处——你根本不会知道哪个方案能够到达终点，你只能去不断试错，做出这个阶段下最好的选择。然而，早期投资人选择投资项目，在认可痛点和需求的情况下，通常会去选择自己心中最好的解决方案，这就带有主观的意味了，所以在商业计划书中体现“痛点–解决方案”这一模块，请记得要深刻合理，直接有效。

### （三）解决方案

解决方案是商业计划书中的核心部分，无论创业团队搭配得如何合理，创业想法如何新颖有趣，团队资源如何丰富充足，没有能够满足市场需求的产品，创业构想就无法转化为创业活动。在对商业计划书进行评估时，风险投资者会首先关注创业企业能提供什么样的产品，这些产品在多大程度上解决了客户的现存问题。因此，创业者需要用一定的篇幅，详细介绍产品的具体情况，向商业计划书阅读者展示企业产品的完整性和可持续发展前景。

#### 1. 产品介绍的内容

在商业计划书中，产品介绍应包括以下内容。

（1）产品的名称。

（2）产品的性能及特性。

（3）产品所处的生命周期。

（4）产品的市场竞争力。

（5）产品的研发过程。

（6）发展新产品的计划和成本分析。

（7）产品的市场前景预测。

（8）产品的品牌和专利。创业者可以结合创业项目本身的产品，有重点地选择最有特色的部分进行强调。

创业者应避免对上述内容进行单调的陈述，而要进行换位思考，站在客户和风险投资者的角度介绍产品能让对方更好地理解和接受。在撰写产品介绍前，创业者可以先思考以下问题，这将有助于写出更有说服力的产品方案书。

① 客户希望我们的产品解决什么问题？能从我们的产品中获得什么好处？

② 与竞争对手相比，我们的产品有哪些优缺点？客户选择我们产品的理由可能有哪些？

③ 为保证产品有持续的竞争力，我们可以采用何种方式去改进产品的质量、样式等？

④ 我们能为客户购买产品提供哪些便利？

⑤ 我们对未来的新产品开发有哪些计划？

⑥ 我们为自己的产品采取了什么保护措施？例如，已经拥有哪些专利许可证？

⑦ 我们的产品定价为什么能保证获取足够的利润？

在产品介绍的措辞上，创业者要使用通俗易懂的语言对产品进行介绍，使非专业人员的投资者也能明白。如果产品已经开发成型，创业者可以考虑附上产品原型、照片或其他介绍；如果提供的产品是服务，创业者则可以用图片的方式展现服务场景。上述内容可以放到商业计划书的附录中。

2. 产品介绍应重点强调的细节

尽管上一部分列出了若干产品介绍部分应该陈述的内容，但创业者在撰写时不应每个部分都平均分布篇幅，只有突出侧重点，才能引起阅读者的兴趣。产品介绍的重点可以考虑以下几个方面。

（1）产品的创意。只有当一个产品优于市场上已有的其他产品时，才能受到客户的青睐，所以清楚地解释新产品的与众不同之处，能够帮助商业计划书的阅读者理解这个产品的价值。例如，如果创业团队开发的产品具有技术创新性，那么就应该围绕该技术能提供何种功能做出详细解释，注意不要用过多的专业术语解释技术本身，而是关注这项新技术能带来什么新价值。有必要的话，可以把它与竞争对手进行比较讨论。如果该产品与市场上已有产品的差别并不是非常大，就应该立足于客户的立场，对自己产品的优劣进行客观评价，尽可能突出该产品的额外价值。

（2）产品的价格。价格决定了客户的接受程度，也决定了该创业项目的盈利空间。定价策略是市场营销学中的重要内容，创业者在掌握基础的定价理论后，可以对该部分内容进行详细介绍。具体而言，这部分内容应该包括每个产品的价格、价格形成基础、毛利及利润总额等，在撰写过程中要充分考虑所有可能的影响因素，以使最终确定的价格在逻辑上是合理的，并且是市场能接受的。

（3）产品的市场导向性。再好的技术和产品如果不考虑市场接受程度，也不可能成为成功的产品。2022年中国发明专利申请总量达到421万件，有效发明专利产业化率为36.7%，而高校发明专利产业化率仅为3.9%。这是由于高校很多师生虽然在技术研发方面具有专长和优势，但忽略了将技术与市场结合，包括没有考虑技术对现有需求的满足程度、技术量产化的成本、客户使用该项技术的便利性等。忽略了这些问题，投资者无法判断技术的市场前景和潜力，自然不会有投资的兴趣。

3. 撰写产品介绍的注意事项

创业者在撰写产品介绍时，还应当注意以下三个问题。

（1）从客户的视角组织语言。在编写过程中，创业者一定要把自己放在客户的角度对产品进行描述，以表明自己开发的产品能够很好地满足客户某些方面的需求，只有这样才能使自己的商业计划书打动阅读者。

（2）集中介绍最主要的产品。如果创业项目同时推出多种产品，在本部分的陈述中应该将语言集中在对重点产品、创业项目最有特色的产品、投入资源最多的产品，或者是创业项目的主打产品的介绍上。创业团队不能在商业计划书中追求大而全，试图将所有产品都介绍清楚，这样反而会让风险投资者觉得项目缺乏亮点，而且风险投资界有一个不成文的规定，即一般不会投资两个以上风险项目。

（3）避免过多介绍技术细节。商业计划书最主要的目标读者是风险投资者，这个群体大多精通金融财务，但对专业技术未必有太深的了解，因此商业计划书中没有必要也不能过于详细地进行技术论证，加入过多的技术细节势必会影响有效信息的传递，导致风险投资者对商业计划书的理解出现偏差。创业者不必担心自己的技术优势得不到体现，在风险投资者对创业项目感兴趣后，往往会召集专业人员对项目技术的可行性进行分析。因此，在这一阶段要尽量避免使用复杂的技术术语和引证。

### （四）核心优势

核心优势的主要内容：客户优势、产业优势、功能优势、成本优势、技术优势、管理团队优势、知识产权优势、销售渠道优势、有较高利润等，综上优势内容，作为成功吸引投资者的条件进行阐释。具备三个优势及以上为宜。

#### 1. 说明产品或解决方案的优势或核心竞争力

（1）项目与众不同的地方是什么？

（2）你的核心竞争力是什么？

（3）你的技术有没有门槛（有没有专利、软著等保护）？

#### 2. 横向竞品对比分析（选取关键维度做对比分析，要客观、真实）

（1）明确做竞争分析的目的。

① 竞争分析即通过分析对比竞争对手，明确自己在市场中的位置。对于创业者来讲，竞争分析可以帮助评估自己在市场中的位置。竞争对手是谁？处于行业和市场中的什么地位？竞争对手的哪些表现不能满足客户需求，从这里我们能发现什么机会？与它相比，我们给自己的定位在哪里？

② 学习竞争对手，帮助制定自己的商业战略。竞争对手是先于我们出现在市场上的，他们的产品已经得到了一部分人的认可，因此可以把竞争对手看作自己的探路者，它过去的发展历程都是新晋创业者学习借鉴、吸取教训的最好参照，可以帮助创业者少走弯路，做出更优化的决策。

③ 向投资人展示自己的竞争优势和机会。投资人看竞争分析一是要看在市场中你是不是有机会存活并发展壮大；二是要看你如何规划项目未来的发展。

所以，创业者必须重视竞争分析，基于事实和数据的客观分析是第一原则。

（2）竞争分析的内容。

① 定义竞争对手。潜在对手是谁，通常难以定位。但是应该考虑，在这个赛道上，未来是否还会出现更多其他竞争对手。一般来说，满足这几个条件的赛道，未来一定会出现很多竞争对手：行业平均利润率很高；市场门槛低，没有任

何前置许可限制；市场正在高速增长；市场高度不饱和，供需不平衡，需求大于供应；行业竞争少等。

② 分析竞争对手。分析竞争对手的第一步是收集竞争对手信息。分析目标竞争对手，要考虑这些问题：谁是当前的竞争对手？它们的市场份额如何？取得了哪些成绩？竞争对手的目标市场是什么？专注于哪个类型的客户，是服务于大众市场，还是细分市场？产品形态如何？满足客户什么需求？竞争对手的业务是否在保持增长？为什么？

（3）在商业计划书中展示关键内容：竞争对手的名称，关键信息、数据和指标。通过分析竞争对手，进而整理归纳出我们的优势、机会和策略。

① 利用表格/分栏，条理展示，作出对抗区分。一是利用表格，列出竞争对手的关键信息；二是通过分栏，展示对抗关系。PPT 设计通过亲疏对比，可以做出归类和区分。竞争对手分析展现的是一种竞争对抗关系。通过分栏，把竞争对手和我们自己做出区分，划清界限。

② 借助辅助图形，强调主要信息和形成关系。一是添加竞争对手和自己项目LOGO，使投资人更快速捕捉名单信息；二是利用颜色明暗，突出最想展示给投资人的内容，如自己的 LOGO 颜色正常，竞争对手的LOGO 调成灰度（去掉原有色彩，只有黑白灰）。

### （五）商业模式

一份成功的商业计划书一定要有一个科学的商业模式。商业模式重在商业逻辑能独自形成商业生态系统，能够让投资者一目了然地了解该产品的商业模式，商业模式的撰写主要从商业模式画布核心的九大要素入手。

#### 1. 价值主张

价值主张要阐述清楚产品能为某一特定群体或目标客户创造价值，且产品是满足目标客户需求，能解决其痛点的。价值主张可以是创新性的。

#### 2. 客户细分

此部分要通过对客户的细分，从而找准目标客户，描述清楚产品能够帮助客户解决什么痛点，给他们带来什么样的价值，怎样扩大消费或者形成重复购买。

#### 3. 渠道通路

此部分要阐述清楚客户通过哪些渠道可以直接接触到项目产品，接触的第一印象传递什么诉求，如何接触，渠道如何整合，哪些渠道最有效，哪些渠道性价比是最高的。

#### 4. 客户关系

此部分要阐述清楚想同目标客户建立怎样的关系，关系类型是什么，比如是B端客户还是C端客户还是加盟伙伴，如何与每个客户群体保持何种关系，哪些关系已经建立了，这些关系的成本如何，如何把它们与商业模式进行整合。

5. 收入来源

收入来源是商业模式的核心，也可以叫做盈利点，要阐述清楚打造哪些产品能让客户付费，有几种产品模式，他们是如何支付费用的，每种收入来源占总收入的比例是多少，主流产品和标杆产品的盈利安排是怎样的。

6. 核心资源

此部分要阐述清楚专利、团队、平台或模式，哪个是商业模式有效运转所必须具备的最重要的因素，价值主张需要什么样的核心资源，渠道需要什么样的核心资源。

7. 关键业务

此部分要撰写清楚为了保障商业模式可行而必须去做的任务。商业模式可以包含一个或者多个关键业务，包括产品如何从无到有生产出来，或者是为目标客户提供什么样的解决方案，或者是提供的服务内容是如何具体实现的。

8. 重要合作

此部分要阐述清楚让商业模式高效运转所必需的供应商与合作伙伴，谁是最关键的伙伴，谁是必不可少的供应商，在商业模式合作中执行哪些关键业务。

9. 成本结构

在商业计划书中有财务分析模块的情况下，此部分可以简写，主要体现出成本的概况，可以用表格完成高效的既视表现。

（六）营销方案

营销方案是一个以销售为目的的计划，指在市场销售和服务之前，为了达到预期的销售目标而进行的各种销售，以促进活动的整体性策划。营销策划是针对某一客户开发和某一产品营销而制作的规划，它的任务是为将朦胧的“将来时”转换为有序的“现在进行时”提供行动指南，由此而形成的营销策划方案则是企业开展市场营销活动的蓝本。

营销方案必须具备鲜明的目的性、明显的综合性、强烈的针对性、突出的操作性、确切的明了性等特点，即体现“围绕主题、目的明确，深入细致、周到具体，一事一策、简易明了”的要求。

商业计划书的第六个部分需要为创业项目制定产品（Product）、价格（Price）、渠道（Place）和促销（Promotion）四个方面的营销策略（4P组合），创业者可以借鉴市场营销经典的分析框架，进行分析。

1. 产品策略

商业计划书中对产品的描述应当包括实体产品与服务两个方面，商业计划书中的产品策略一般包含以下两个方面的内容。

（1）产品外观策略。在撰写产品外观策略时，重点是突出产品在外观造型、包装设计等方面的差异性，从而突出自身产品的特色。

（2）品牌设计策略。品牌设计策略是形成关于某个品牌的观念和看法。因此，之所以要在商业计划书中提及品牌设计策略，是为了向风险投资者表明这个创业项目的中长期目标，而不是仅仅依托产品本身完成频率较低的交易。品牌设计策略一般有以下几点要求。

① 品牌形象的塑造要围绕产品自身的优势来进行，这些优势包括用途、特性与品质。

② 品牌设计策略要简明易懂，易为广大消费者所知晓和接受。

③ 品牌含义要具有差异性，能够与现有竞争者明显区别开来。

④ 品牌外观设计要符合消费者的审美观。

⑤ 品牌设计要遵守国家的商标法。

2. 价格策略

对创业企业而言，确定定价是制定营销策略时必须考虑的问题，该部分内容也是风险投资者判断创业项目是否能够盈利、是否值得投资的重要依据。一般创业者容易陷入对价格制定的狭隘理解当中，即制定价格是为了获取更大利润，因此常用的做法是通过对竞争对手价格做初步了解后，在此基础上按百分比提高自己产品的价格。在风险投资者看来，商业计划书中的这种价格策略并不合理，因为单纯以利润最大化为目标进行定价，很可能使其产品进入市场时不会被客户接受，导致创业企业在起步阶段就面临危机。

为避免以利润最大化为目标制定价格策略带来的弊端，创业者在进行价格制定时，还应该进一步考虑其他非价格因素对创业企业长期发展的影响，在价格策略选择上纳入与其产品特点、企业间竞争状况相适应的多重目标或其他目标。总之，商业计划书中的价格策略无论如何制定，都要以市场需求为依据，坚持动态的应变观点，尽可能制定出具有弹性的产品价格，以求尽快将产品推向市场，并被风险投资者认可和接受。

3. 渠道策略

4P营销组合框架中的渠道实际上指的是产品的分销渠道（或称营销渠道），即产品所有权从生产者向客户转移过程中所经过的途径和通道。商业计划书中对渠道策略的撰写是对产品如何推向市场的设计，对创业企业的营销成本和营销效果有直接影响。创业企业在制定渠道策略时，一般会在直接销售策略与间接销售策略之间做出选择。

（1）直接销售策略。省略了中间商的环节，可以为创业企业节约可观的营销成本。

（2）间接销售策略。缓解创业企业自己从事销售的压力，同时拓宽消费者获取产品的渠道；借助中间商的专业力量销售产品，能够使创业企业专心搞好研发和生产等。

4. 促销策略

商业计划书中关于促销策略的内容撰写，应将重点放在如何对促销策略进行选择上。所谓促销策略选择，是指企业为了达到销售促进目标而选择最恰当的促销方式。创业企业选择恰当的促销策略，能够在新产品的市场推广中达到事半功倍的效果，但如果创业企业对促销策略使用不当，则很难实现自己制定的销售目标。很多风险投资者未必是技术领域的专家，但对于市场推广与运作往往有较深刻地理解，所以创业者在商业计划书中，应该表现出对促销策略有基本的理解，否则新产品的市场开发只会是纸上谈兵。

## 知识链接

### 制定营销方案的步骤

优秀的营销方案的提纲大约包括以下几项内容。

（1）整体分析：市场特征、行业分析、竞争对手分析、消费趋势分析、销售状况分析。

（2）本产品（公司）SWOT分析：优势、劣势、机会、威胁。

（3）整个环境PESTEL分析：政策、经济、社会、技术、环境、法律。

（4）营销战略规划：市场引爆点、市场布局、主导操作思路、运作模式、市场进入与运作思路及设计。

（5）营销战术规划：产品策略、产品定位与细分；价格策略；渠道策略、渠道选择、渠道拓展顺序、渠道规划、渠道占比、渠道销售量预测分析、上市时间计划。

（6）促销思路概要及促销与推广细案：上市渠道促销计划、上市终端消费者促销计划、上市终端推广计划、媒介促销安排、后期促销跟进计划。

（七）团队介绍

这部分需要向商业计划书阅读者介绍对创业项目起决定作用的核心成员，数量上以3—5人为宜，介绍顺序应以贡献大小或职位高低为依据。这部分需要介绍的内容包括教育背景、工作经验和业绩、能力和品质、团队整体优势和弱点等。

1. 教育背景

教育背景主要为阅读者提供创业团队学历、专业和相关资格证书等方面的信息，在罗列这些信息时，要注意强调与创业项目的相关性或与该成员担任职务密切关联，如果背景信息与创业项目或所任职位均无关系，那么便无须详细介绍。

2. 工作经验和业绩

工作经验和业绩主要是团队成员过去在哪些大公司任职，担任过什么职务，负责过什么项目，解决过什么问题，做过什么计划，获得过什么重大成就。如果创业企业的高级管理层中有人在业内拥有较好口碑并取得过较大成就，如某项技术研发成果在行业中有较大影响力，在介绍时有所提及会增加投资者的信心。

3. 能力和品质

能力主要指团队成员在开发、运营和发展创业项目过程中所需的胜任力，包括技术专长、生产管理、市场营销、财务管理、融资获取和员工激励等方面。其中，应当着重介绍团队核心成员。对于整个创业项目的掌控能力，彼得·德鲁克曾说，“作为企业和团队的主心骨与领导者，要想管理好别人，必须首先管理好自己”，因此创业团队成员在企业管理方面的优势需要在商业计划书中有所体现。

所谓品质，就是创业者的内在价值。风险投资者不仅是在对好的创业想法进行投资，也是在对创业者进行投资，因此创业者的品质也是风险投资者重点考虑的部分。在诸多创业者的品质特征中，创业人员的真诚与信用等级是风险投资者特别看重的，创业团队主要成员的性格品质应当在商业计划书中有所提及。

4. 团队整体优势和弱点

在管理团队介绍部分，除了单独介绍核心成员的学识、经历和个性特征，还需要突出团队整体特点和优势，因为任何创业项目的成功都离不开团队的合作。团队整体优势的介绍可以从团队知识结构、能力结构、动力结构、年龄结构等方面进行，并强调团队在这些方面的相似性或互补性，让商业计划书阅读者看出这个创业团队能够取长补短，是一个结构合理的整体。

另外，一个创业团队在初期不可能拥有所需的全部人才资源，这就意味着任何一个创业团队都是不完美的，也因为这样的团队缺憾，才需要通过商业计划书的撰写获取其他资源进行弥补。因此，商业计划书中应该实事求是地写出团队构成的不足，为完善团队还存在哪些方面的需求，以及希望通过商业计划书的陈述获取哪些方面的帮助。通过对团队存在问题进行客观分析，会让阅读者觉得该商业计划书是真实可信的。

（八）融资计划

商业计划书中的财务计划是根据创业企业发展制定的一套真实、客观和全面的财务规划。创业团队应对财务计划部分给予足够的重视，风险投资者大多在财务分析和预测方面有扎实的基础，他们期望能从财务计划部分看出创业企业未来经营的财务损益状况，进而理性判断自己的投资能否换来理想的回报。因此，创业者科学制定财务计划对于整个项目获得足够资金、增加融资可能性具有十分重要的作用。

1. 融资说明

制作商业计划书的重要目的之一就是获取融资，因此在财务计划部分，创业者应当清晰表明自己的融资需求，可供参考的写作内容包括以下几个方面。

（1）以创业企业所处的发展阶段和未来发展规划为依据，写明创业企业的资金需求，包括融资金额、资金用途及使用资金后预期达到的目标。

（2）写明融资方式、资本结构、融资抵押、担保以及融资条件等。

（3）商业计划书的财务计划中必不可少的说明就是融资后的所有权分配问题进行详细说明。

2. 财务预测

在商业计划书中提供一个清晰有逻辑的财务预测方案，是说服商业计划书阅读者、成功获取融资的重要因素，但做好财务预测需要较强的财务专业能力，对于缺乏专业知识的创业者而言，可以向外部寻求帮助。一份规范的财务预测一般包括以下内容。

（1）损益表。损益表又称为利润表或收益表，反映的是创业企业在一定会计核算期间的收入与费用相配比形成的净收益等。

（2）资产负债表。资产负债表是反映创业企业在特定日期财务状况的报表，体现出该企业所拥有或控制的资源、需要承担的财务义务和所有者对企业净资产的所有权等问题。

（3）现金流量表。该表格是以现金及现金等价物为基础编制的表格，反映的是创业企业在特定会计期间现金及现金等价物流入和流出的情况。

3. 基本财务指标分析

除了上述财务报表，商业计划书中还应当呈现创业者和风险投资者都关注的财务指标。这些指标可以将创业企业的经营业绩和财务状况以直观的方式呈现出来，为风险投资者提供决策基础，具体包括偿债能力指标、运营能力指标和盈利能力指标。

4. 盈亏平衡分析

盈亏平衡分析是通过盈亏平衡点来分析创业项目成本与收益平衡关系的方法。创业项目的经济效果受到诸如投资、成本、销售量、定价等多种因素的影响，当这些因素的变化达到某一个临界值时，就能够判断该项目对不确定性因素的承载能力，从而为最终决策提供财务依据。常用的盈亏平衡分析包括线性盈亏平衡分析与非线性盈亏平衡分析，其中线性盈亏平衡分析更为常用。

（九）风险对策

创业风险来自创业活动有关因素的不确定性。在创业过程中，创业者要投入大量的人力、物力和财力，要引入和采用各种新的生产要素与市场资源，要建立或者对现有的组织结构、管理体制、业务流程、工作方法进行变革。这一过程中必然会遇到各种意想不到的情况和各种困难，有可能使结果偏离创业的预期目标。

创业环境的不确定性，创业机会与创业企业的复杂性，创业者、创业团队与创业投资者的能力与实力的有限性，是创业风险的根本来源。研究表明，由于创业的过程往往是将某一构想或技术转化为具体的产品的过程，在这一过程中，存在着几个基本的、相互联系的缺口，它们是上述不确定性、复杂性和有限性的主要来源，也就是说，创业风险在给定的宏观条件下，往往就直接来源于这些缺口。

在商业计划书中，除了客观分析创业项目可能遇到的风险，创业者还应该花更多时间考虑如何应对可能遇到的风险，即在商业计划书中制定应对风险的策略。以下四个策略可供参考。

1. 应对行业风险的策略

在撰写商业计划书时，创业者可以从以下角度提出应对行业风险的策略。

（1）强调企业在生产技术、产品质量、管理水平、科研水平方面的优势。

（2）提供具有较高性价比的产品，坚持以客户为中心的经营方针。

（3）强调产品的核心竞争优势。

2. 应对经营风险的策略

经营风险是由创业企业自身引发的风险，属于非系统风险，应对这类风险的一般策略如下。

（1）对加快相关产品开发做出规划。

（2）强化销售队伍和售后服务，保持与客户的良好合作关系。

（3）与供应商建立良好牢固的合作关系。

（4）积极营造良好的工作环境和科研环境。

3. 应对市场风险的策略

对可能遇到的市场风险进行预判，并制定相应的对策，是创业者开始创业活动前必不可少的工作环节，从已有的创业经验看，可以采取的应对措施包括以下几种。

（1）充分利用各广告媒体，加强企业和产品宣传。

（2）建立完善的市场信息反馈体系，制定合理的价格策略。

（3）适时调整产品结构，增强创业企业面对市场的应变能力。

（4）提高产品质量标准，在未来一段时间内努力降低产品成本，提高产品的综合竞争力。

4. 应对管理风险的策略

对创业企业而言，管理风险一方面来自创业团队内部的稳定性，另一方面来自创业企业主要管理者的素养和观念。降低管理风险的一般策略是加强组织结构的建设，在稳定现有创业团队结构的基础上，建立适应性强的组织结构和有效的激励约束机制，减少对个别主要创业者的过分依赖，加强对管理者综合素质的培养。

## 三、商业计划书的撰写

### （一）商业计划书撰写的基本要求

1. 结构合理

基于理清创业思路、寻找合作伙伴、获得投资人融资等需求，商业计划书必须有合理的结构和清晰的脉络，使读者能够灵活地选择他们想要阅读的部分。这样才能帮助创业者分析问题，帮助合作伙伴和投资人迅速找到他们所关注的问题的答案，找到他们特别感兴趣的话题。

2. 分析客观

商业计划书要用客观分析作为支撑，不能出现模糊不清、模棱两可的描述。因此，商业计划书通常引用大量真实数据，使潜在合作伙伴、投资人等可以仔细权衡商业计划书中的论据是否有说服力。

3. 简单易懂

商业计划书应该采用简单易懂的语言描述创业项目，过多复杂、难以理解的陈述会使读者感到厌烦。投资人通常在短短的几分钟之内就会判断一份商业计划书是否有投资价值。因此，商业计划书的编写应该将复杂问题简单化。

### （二）商业计划书撰写的主要原则

1. 语言简洁专业

商业计划书作为一种商务文书，在语言表达和措辞选择上应体现出商业领域的专业特色，行文过程中应避免出现太多主观猜测和想法。有些创业者会在商业计划书开头占有篇幅描写自己的创业历程、感受或心得，这样的做法是不可取的。为了有效达到用商业计划书打动风险投资者的目的，计划书撰写时应该开门见山，采用简洁的表达方式，帮助阅读者在最短时间内抓住这个创业项目最吸引人之处。

2. 结构重点突出

通过以上部分的学习可以看出，商业计划书包含很多内容，创业者在写作之前也需要尽可能多地收集资料和数据，但在写作过程中，不应试图对每个构成部分平均分配篇幅。商业计划书的阅读者不会有足够的时间和耐心从一份商业计划书中自己寻找亮点和重点，这就需要创业者在商业计划书的结构安排上掌握重点突出的原则，有侧重点地对内容进行表述和安排。至于什么才是重点，需要创业者结合项目自身的类型和特点来确定。

3. 逻辑严谨科学

商业计划书的每个构成部分之间都应体现出逻辑联系，而不是毫无章法的平铺直叙，基本逻辑就是这个创业项目如何取得成功。创业者始终围绕这个基本逻辑撰写商业计划书，就会形成一条清晰的脉络——所有构成部分都会将阅读者引导到“该项目是能够成功的”这个结果上。遵循逻辑严谨科学原则的另一个好处，就是在带着商业计划书与风险投资者面谈时，无论对方就商业计划书哪个部分提出疑问或是感兴趣的问题，创业者都能够从容自如地回答；如果没有成熟的思考脉络，很可能无法回答投资者提出的问题。

### （三）商业计划书撰写的基本技巧

一份商业计划书应该让风险投资者在几分钟时间内就能决定是否投资一个项

目，因此，商业计划书除了应该具有完整的结构和内容，也需要创业者掌握撰写的技巧，在有效的篇幅内更有效地传达有利于创业项目呈现的信息。

1. 用数据呈现事实

在商业计划书的某些部分采用数据来体现观点，比使用文字更简洁有力。如果数据来自创业者亲自调研或是权威机构，这些数据的呈现还能提高商业计划书的可信度。因此，无论创业者是否擅长，都应该在商业计划书中加入数据说明。

2. 关键点要反复强调

由于阅读者往往时间有限，在阅读商业计划书时一般不会从头到尾仔细读完。如果创业者希望阅读者看到某些关键点，如项目的创新之处、团队的核心竞争力或是某些先进技术等，可以在商业计划书中反复强调。需要注意的是，反复强调不是重复，而是恰当地安排内容结构，使其出现在合适的位置上。

3. 表达方式形象化

除了数据能够起到代替文字的作用，商业计划书中的图片也具有很好的示范作用。在撰写商业计划书时，可以穿插一些展现产品外观、设施场地或证明材料的图片，既能有效地解释含义，吸引读者的注意力，又可打破单调的文字格局，尤其是有些难以用语言进行表达和叙述的内容，可以用图片的形式来传递，需要注意的是，商业计划书正文当中尽量不要出现图片，图片往往穿插在附件和备查资料当中。

4. 保证信息的准确性

商业计划书中的所有信息都必须保证真实准确，这就要求创业者投入大量的时间和精力对商业计划书进行检查校对，无论里面出现的内容失实是有意为之还是笔误，都会让商业计划书阅读者质疑整个创业项目的真实性，甚至会降低整个创业团队的信誉。

5. 慎用最高级词汇

任何一个创业者都希望自己的商业计划书能够给阅读者留下好印象，但商业计划书中尽可能不要出现自夸的词汇，尤其是一些最高级词汇，诸如“最好的”“了不起的”“完美的”等字眼，否则可能会引起风险投资者的怀疑，降低商业计划书的可信度。创业者在写作时应该把握好尺度，使用符合实际情况的形容词和关键信息，客观传递商业计划书的信息。

6. 引入第三方的积极评价

在推荐自己的产品时，一个较好的策略就是引入第三方的评价来提升可信度。心理学实验表明，“借他人之词赞美自己更容易让对方接受”，这种效应在商业计划书阅读过程中同样存在。对创业者而言，可以引入的第三方评价包括媒体报道、权威机构验证、知名合作伙伴评价等。添加这类内容可以有效增强创业项目的真实性，既让创业企业的实力和产品形象得到更好地展示，也极大增强风险投资者的投资信心。

## 任务辨析

下面看看大学生新新和业业是如何认识商业计划书的。

新新：商业计划书好难写啊，要不咱们就别写了，干就完了！

业业：那可不行，商业计划书是我们创业的纲领性文件，我们需要把所有要做的内容落实到书面上，按部就班地去做，可不能拍脑袋蛮干啊！

新新：可是，我是学市场营销的，写点相关的介绍和内容可以，其他技术啥的我可不会写啊！

业业：团队成员的互补很重要，大家齐心协力，各取所长，集合大家的智慧，我们可以出色完成的。

新新对商业计划书的理解比较浅显，不知道其重要性，让畏难心理占据了主导，业业对商业计划书有一定的认知，并且通过良好的沟通，很好地消除掉了新新的畏难情绪。创业过程充满挑战，也会出现各种问题，一份好的商业计划书，既可以成为团队创业过程的纲领性文件，对创业内容查缺补漏，并且在大赛、融资等多场景都能起到重要作用，可以让创业少走弯路，提高效率，凝聚团队。

# 任务二　呈现商业计划书

## 任务目标

### >>知识目标

（1）了解商业路演的基本方法。

（2）掌握商业路演PPT的制作方法。

### >>能力目标

能够制作并展示商业计划书PPT。

### >>素养目标

（1）培养商务沟通素养。

（2）提高商务写作专业素养。

## 任务导入

魅点创新技术主题路演

2023年8月24日，“中国一汽研发总院·魅点创新技术主题路演”在长春一汽NBD总部旗境创新空间成功举办。本次主题路演共筛选出18项技术进行现场技术展示，吸引了包括富奥、富维、富晟在内的多家供应链企业踊跃参与，旨在共同发掘新技术、新趋势、新场景，助力产品竞争力提升，堪称一场汽车技术领域的“饕餮盛宴”！

主题路演活动伊始，研发总院技术创新管理部副部长进行了精彩的开场致辞，并介绍了本次创新技术交流会的背景与安排。

随后，研发总院技术创新管理部部长从组织架构、发展历程、创新生态等方面向与会嘉宾介绍红旗魅点技术的研发情况。活动现场，对精选的6项魅点创新技术进行现场路演讲解，其余12项技术也先后以展板和实物样件的方式向与会嘉宾进行了展示，充分展示出新技术的独特魅力和美好应用前景，现场讨论氛围非常热烈。

参会代表深刻感受到红旗在技术创新、产品研发等方面的卓越成果，也坚定了大家坚持自主创新，不断突破关键核心技术的信心与决心，多家企业以此契机开展了与一汽的深度合作，为开创新时代中国品牌汽车产业创新发展开辟了新道路。

本次活动的圆满举办，离不开研发总院的领导与各部门的配合，也离不开与会企业的大力支持，使得本次路演活动圆满举办成功。

本次主题路演活动成功搭建了魅点创新技术交流与展示平台，围绕集团各子品牌对魅点技术需求，发挥研发总院一体化统筹协同的作用，不断吸引新技术及供应商加入自主创新的洪流之中，为打造民族汽车品牌做出贡献！

（资料来源：钛祺「中国一汽研发总院·魅点创新技术主题路演」圆满举办.搜狐网，2023-08-26.有删改.）

## 任务解码

路演PPT是展示创业项目的“利器”，它可以帮助创业者在有限的时间内，以简洁明了的方式展示项目的关键信息，吸引观众的注意力。一份好的路演PPT不仅可以增强说服力，还可以作为视觉辅助工具帮助创业者更好地控制演讲时间。那么，路演PPT该如何制作呢？

### 一、路演PPT制作

#### （一）路演PPT制作

路演PPT需要对商业计划书内容进行高精度浓缩，并且在设计上需要精良的编排和美化。早期创业者的路演PPT，真正缺少的不是信息而是对信息的梳理，而是缺少可以使观看者信服的陈述与表达。一个好的路演PPT应该讲述一个令人信服且逻辑通顺的故事，通过实验和研究数据有力验证了的商业模式，在结尾有经充分研究推导出的明确融资数额。

##### 1. 问题/痛点分析

问题和痛点分析可能是路演PPT中最重要的部分之一。500 Startups（全球顶尖风险投资机构）的合伙人戴夫·麦克卢尔主张“强调问题所在而非解决方案”的原因是，太多创业者在推销他们的解决方案时用力过度，却没有让潜在投资人明白他们要解决的问题是什么。在针对此问题的幻灯片中你需要尽可能简洁地说明以下几点。

（1）问题/痛点是什么？

（2）你怎么知道这是一个问题？你有一手或者二手的研究数据来支持这个问题吗？

（3）你要为谁解决这个问题？

##### 2. 解决方案

通过问题/痛点分析，成功告知投资人，某一个群体中有一个重要的问题需要解决，并且它也已经通过研究得到验证，下一步就要开始讲述如何解决这个问题。以下是解决方案中需要重点回答的问题。

（1）人们现在正在使用的其他解决方案是什么？为什么这些解决方案都没有真正解决问题？

（2）你的解决方案是什么？

（3）你的方案为什么比其他解决方案更好？最终能带来的好处是什么？

（4）你的方案有什么专利或者独特之处吗？

3. 数据验证

在问题/痛点分析和解决方案的展示之后，大多数投资人此时的关注点主要集中在解决方案的数据验证上。事实上，大多数投资人不在乎产品的细节，他们的第一直觉是评估你的公司是否是一个好的投资目标。通常称数据验证的幻灯片为“关键幻灯片”，因为它是决定了投资人是否会继续看下去的幻灯片，数据验证应该主要解答下列问题。

（1）你有多少付费客户或客户？

（2）你每月或每年产生多少收入？

（3）你每月的增长额是多少？

（4）你实现盈利了吗？

（5）你有重要的合作伙伴吗？

（6）你有来自客户的嘉奖或者高的净推荐值吗？

4. 产品介绍

解决方案已经阐述了产品能提供的所有好处，在进行产品介绍中，要给投资人产品的快速演示，在不透露过多细节的同时向他们解释产品是如何工作的。尽量用简洁的语言来解释并放上几张产品截图。

（1）你的产品是如何工作的？

（2）它如何为你的客户带来价值？

5. 市场分析

投资人需要看到项目对市场的详细分析，主要指标有市场总量（Total Available Market，TAM），可服务市场总量（Serviceable Available Market，SAM）和实际可服务市场总量（Serviceable Obtainable Market，SOM），如果你的目标市场细分，要阐述清楚以下问题：

（1）TAM、SAM、SOM有多大？

（2）客户画像（Ideal Customer Profile，ICP）是什么？谁是你的早期使用者？

（3）你的生命周期价值和获得成本是多少？客户流失率是多少？

6. 竞争分析

创业者听到的最受打击的问题之一可能就是：“如果××（某行业巨头）用

更多的资源进入你的市场，你怎么应对呢？”这个问题没有真正的答案，因为除非那个行业巨头真的这样做，否则没人知道会发生什么。

这里你可以展示的是你在适应市场和获得市场份额上的信心，同时展示你当前的客户满意度和忠诚度。你需要考虑下列问题。

（1）你的市场定位是什么？

（2）如何防止竞争对手夺走你的市场份额？

（3）你的成功秘诀是什么？你将如何变得比竞争对手更优秀？

### 7. 商业模式

创业专家阿什·莫瑞亚曾说过：“一个创业者的真正产品不是解决方案，而是一个行得通的商业模式。创业者真正该做的是随着时间的推移系统性地降低商业模式的风险。”因此，本部分应该展示你的商业模式的工作原理以及它如何通过早期试用者得到了验证。这里要解答的关键问题有以下两个。

（1）你如何盈利？

（2）你的商业模式如何通过实验或案例研究获得了验证？

### 8. 市场推广策略

在确定的目标市场和商业模式后，应让投资人知道你将如何获得这个市场。市场推广策略应该已经在小范围内得到了验证，也应该已经确定了最有效的客户获取渠道。以下是市场推广需要解决的问题。

（1）你将如何让你的产品出现在客户面前？

（2）基于你当前的资源，你将关注哪些渠道？你做了什么来验证这些是最有效的渠道？

（3）你有竞争力的分销策略是什么？

### 9. 融资需求和财务数据

路演的核心诉求是融资需求，投资人应该明白为什么你的公司会是一个好的投资机会，投资人需要知道投资额度问题以及以下问题。

（1）你需要多少资金来进一步验证你的商业模式？

（2）你手上的钱还能花多久？你还要花销多少？

（3）资金将如何分配？钱会花在什么东西上面？

（4）获客成本是多少？你有多大的信心让它能够保持在一定范围内？

### 10. 核心团队

详细列出团队成员各自的职务和过去的经历，向投资人解释为什么你的团队是执行这个点子的最佳选择。

（1）你的团队里有谁？他们有什么相关技能和经验？

（2）你是如何认识你的联合创始人的？你们过去一起做过什么可以表明你们能继续共事？

（3）你有哪些顾问？他们的经验与你正在解决的问题有什么关系？

11. 未来愿景

项目的愿景应该在PPT中作为重要的宣传标语，或者放在PPT最后，提醒你的投资人为什么他们应该重视你的项目。向投资人提供了所有事实、数据和检验信息后，如果这些都达到了他们的标准，他们接下来会想知道为什么你能把你的项目做成。

（1）你的愿景是什么？

（2）什么在激励着你实现这个愿景？

（二）大赛路演PPT制作

1. 网络“盲评”PPT制作

大赛的比赛初期项目遴选主要以网络盲评为主，网评时评委要评的项目很多，不建议大家事无巨细，将全部信息罗列在PPT上，导致网评PPT内容太多，正确的做法是：内容上，逻辑清晰地展示项目所属赛道要求的所有内容，并把重点突出显示，以确保评委能快速看懂项目，看到项目亮点，最重要的是能根据PPT内容评分，不要出现因内容缺失导致评委无法准确评分的情况（如有些项目PPT中不放商业模式或团队介绍），页数建议20~30页。

2. 现场路演PPT制作

进入决赛路演阶段，项目要用路演PPT进行现场路演，并回答评委的提问。此时展示的路演PPT是商业计划书的精华概括，要能配合路演人5分钟的讲解，让评委迅速知晓项目亮点，给评委留下深刻印象。

路演PPT在内容上不求全面，但求精练，展示的一定是项目最核心的内容，并且排版设计要精美，充当路演最给力的助攻，页数建议在20页以内。

3. 网评PPT与路演PPT的不同

（1）网评PPT主要有以下特点。

① 内容更详细。网评PPT是给评委直接看的书面材料，项目成员不能进行讲解，所以为了能让评委看懂，网评PPT内容要比路演PPT更详细，标题等必要的文字说明不能少。

② 内容逻辑性强。这点保证让评委能快速看懂项目，通过标题、大纲等设计，层层递进，清晰展示项目信息。

③ 排版简洁即可，不要有动画。网评PPT的排版可以不像路演PPT那么精美，但页面一定要是简洁的、清晰的，看起来舒服的。并且网评时，评委基本只浏览PPT大纲页，不会点开播放，如设计过多动画效果，特别是图片/文字叠加动画，页面会显得混乱，不建议设置动画等复杂效果。

（2）路演PPT主要有以下特点。

① 内容精练，重点突出。路演PPT是配合路演人进行现场讲解的，所以内

容上可以只展示精华内容，语句要精练，重点要突出，让评委一眼就能看到每页PPT的重点内容。

② 内容可立体展示。网评PPT主要是内容的静态展示，路演PPT则可以加演示动画、视频等，让内容展示更多样立体，让现场路演效果更吸睛。但要注意适度，太多、太复杂的设计反而增加了路演难度。

③ 和路演人的路演紧密配合。路演PPT和路演人的现场讲解是相辅相成的，二者紧密配合，才能呈现出彩的路演效果。

## 案例分享

### 如何做出吸睛的路演PPT

在内容上，路演PPT的大纲可以与项目商业计划书的撰写大纲一致，也可以调整，只要能达成路演目标就可以。下面给大家提供一个路演PPT的内容大纲及注意要点做参考。

说明：以下图片均来源于2022年“互联网＋”大赛银奖项目：龙之禹·环净卫士——乡村生活垃圾无害化处理技术赋能者，已获得使用许可。

（1）是什么——项目概述。项目概述要高度概括项目核心信息，简单直接有高度，能体现项目使命、取得的成绩等。

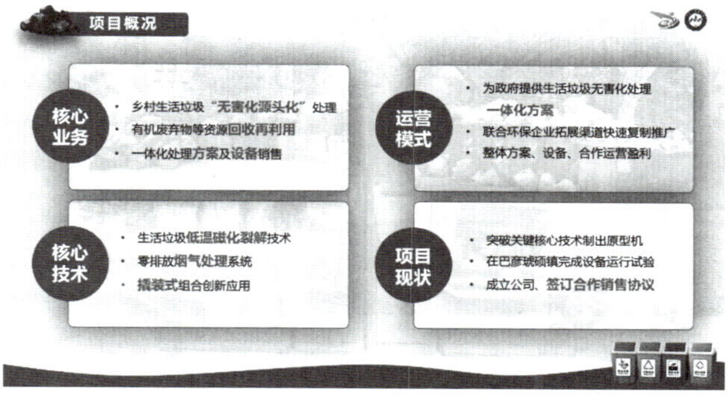


（2）为什么——痛点需求。项目痛点需求要有理有据有数据。可以从政策、市场、行业、客户等方面着手分析，用数据等清晰地展示出项目痛点。

（3）怎么做——产品及商业模式。针对痛点，项目提供的解决方案——产品是什么，以及推广策略等都可以在这部分介绍。商业模式介绍上，能用图示表达的一定要用图示，一目了然。

（4）谁来做——团队介绍。团队介绍要专业奉献有态度。对一个项目而言，团队是项目核心竞争力的来源之一，要客观专业地介绍项目成员，精准地展现出项目成员对项目的意义所在，还可在路演中通过具体事例举例等举措，展示出项目成员的贡献及对待项目积极的态度。

（5）现在如何——项目现状。项目现状要有图有进度。使用图片/具体数据等对项目现阶段取得的成果等进行展示，能让评委直观地了解目前项目的开展效果，以及现阶段项目的情况。

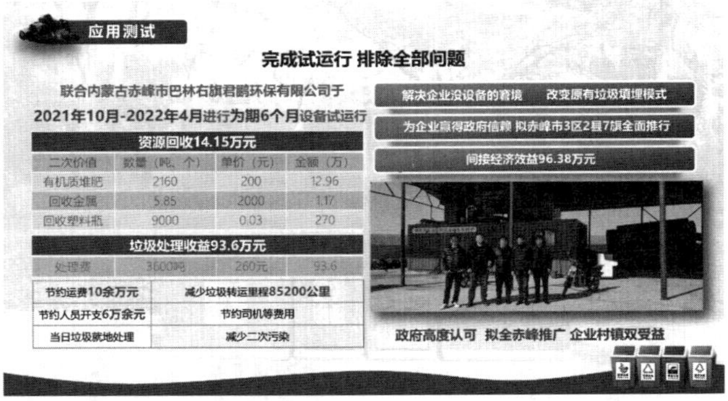

（6）有何计划——规划及融资。项目未来规划如何，计划融资多少，用途是什么，用数据等向评委清晰展示。其次，在路演PPT的排版美化上，可以借鉴其他优秀路演PPT。

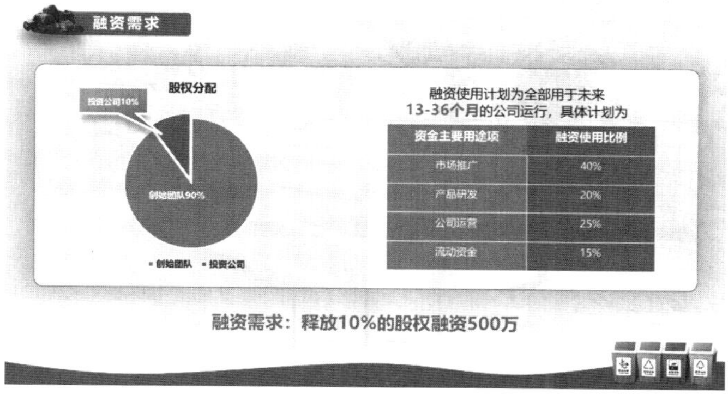


（7）字越少，事越大。一页PPT只放一个核心信息，适合用来展示项目的核心竞争力等重要信息。

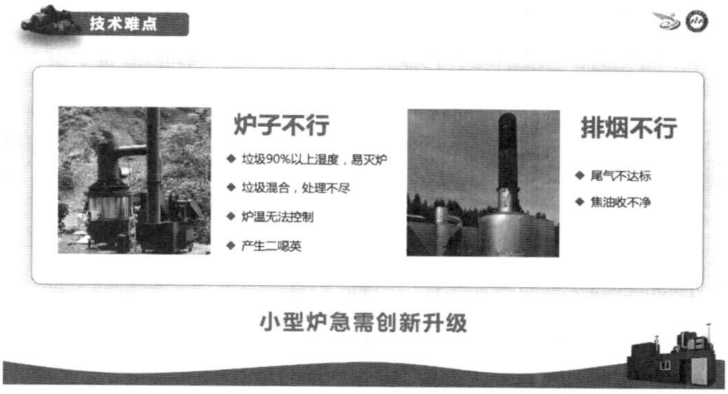


（8）将字转换为图。把文字内容转化为图片或图表的形式，越直观越好。适合展示项目结构原理、商业模式等。

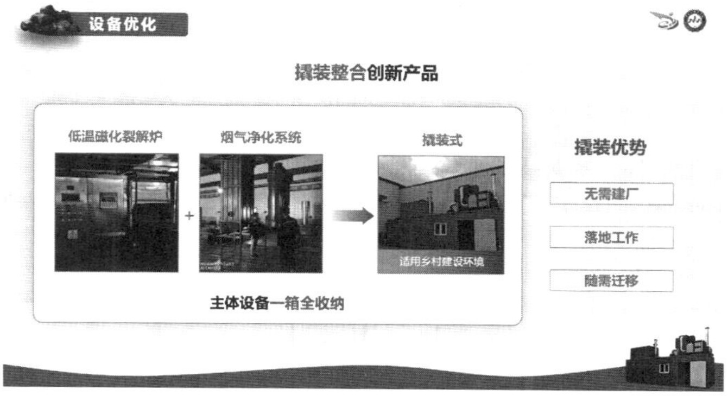


（9）把字变大、变色，凸显重点。数据等重点内容可以通过放大及变色来凸显，但颜色最多不超过三种。

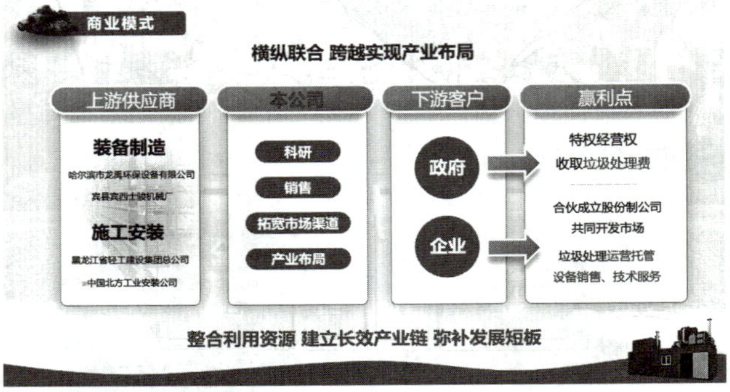


（10）单张图可全屏，多张图排整齐。路演PPT如果只有一张图，可以放大到整个页面或占满半个页面，如果多张图片，一定要对齐排版。

## 二、路演呈现形式

路演融资涉及的方面很多，总结起来可归为四大类型，分别是参观型路演、活动型路演、现场展示型路演、网上路演。

### （一）参观型路演

参观型路演指的是邀请投资人到企业内部来参观，从参观企业的过程中感受到公司的文化、产品的好坏，从而产生投资的兴趣。参观型路演企业必须具备以下两大特质。

（1）具备较强的影响力、领导力。企业必须在行业内具备一定的名气和影响力，因为这样投资人才会愿意接受企业的要求，去企业内部参观。

（2）具有极强的引领创新能力。企业要有可以被别人学习、借鉴的东西。

### （二）活动型路演

活动型路演指的是通过举办沙龙的方式来吸引投资人。这种类型的路演需要企业花费大量的时间和精力，但在短时间内看不出什么收益。活动型路演能立竿见影看到回报的时候很少，几乎都要经过一段时间的孕育，才能从中得到投资人的投资。要做活动型路演，企业必须具备以下三种特质。

（1）教育能力。指企业的文化和精神能在多次的活动交流中对投资者起到潜移默化影响的能力，让投资人在无形中认可企业的文化。

（2）分享能力。只教育能力还不够，还需要分享能力。因为企业只有把自己的优势分享出去，才能被更多的人看到。

（3）分享精神。具备了教育能力和分享能力，还需具备分享精神。企业只有主动分享出自己的优势，才能吸引投资人主动投资。

### （三）现场展示型路演

现场展示型路演就是让创业者和投资人直接对接、直接负责，这样做的好处就是便捷，而且成功率极高。有一种投资叫作“对接投资”，对接投资的直接作用就是让创业者与投资人心交心，让投资当场发生。现场展示型路演企业需要具备下面三种特质。

（1）有完善的路演系统和路演线路图。因为这种现场型路演很多时候不止一场，大多需要经过多次的路演。因此一个完善的路演系统和线路图非常重要。

（2）有好的平台作为支撑。这种大型、长时间的路演没有平台作为支持是很容易出现错误的。有大平台支撑就能有一定的安全保障，同时，也可借助大平台的名气吸引更多的投资人。

（3）精准的针对性。现场展示型路演具有非常精准的针对性，因此，企业要在很短的时间内精准地阐述、展示出企业或产品最有优势的地方。可以通过PPT、影像工具等帮助企业表达得更为精准快速。

### （四）网上路演

在中国，网上路演现已成为上市公司的重要展示平台，也是推广股票发行的重要方式。网上路演是通过网上互动交流模式和新闻发布模式对企业或产品进行宣传、推广，网上路演的形式也已由最初的新股推介，演绎为业绩推介、产品推介、上市抽签、上市仪式直播、重大事件实时报道等多种形式。可以说，网上路演在证券市场信息披露及信息交流方面的探索，取得了初步的成功。

## 三、路演实战技巧

### （一）商业路演技巧

在路演前，中小企业务必需做好充分的准备工作，想好自己真正的路演需求，企业是否需要融资，需要什么方式的融资，是否做好引进投资的准备等问题。另外，对企业的真实情况，特别是对以下关键点也要有全面认识和总结，让沟通时能精准传递企业信息。

#### 1. 商业模式

商业模式最好用一句话能说清楚，定位真正属于自己的潜在客户，明确地说出给谁解决什么问题，带来什么价值。

2. 行业背景

国家政策、众所周知的主流宣导的几乎可以不讲，只需讲你可以做什么，正在做什么，下一步准备做什么。

3. 团队和资源

介绍现有业务中比较关键的团队成员，有多少说多少；明确落实可以调配的资源及程度，不确定的内容可以不讲。

4. 盈利模式

投资人总是对这个部分最感兴趣。你怎么盈利呢？详细地介绍你的产品和定价，然后用事实来证明市场正在焦急等待着你的产品的进入。

5. 融资计划

说清楚需要多少钱，越细越好；说清楚融资的钱花在哪些地方，越细越好；说明未来三年的市场规划，以及估值逻辑。

6. 路演效果增强

企业路演在常规准备的基础上，想要更好地获得路演效果可从以下几点入手。

（1）讲故事。以一个动人的故事开始你的演讲，这会勾起听众想要继续听的兴趣。如果你可以把你的故事和听众们联系起来的话就更加完美了，你所讲的故事应该是有关于你的产品所要解决的问题的。

（2）关于企业的优势专长。分享产品独一无二的地方，以及为什么它能解决你所提到的问题。这一部分最好简约而不简单，要做到投资人听过以后，可以轻松地向另一个人介绍你到底在做什么，尽量少使用行业里的生僻词汇。

（3）企业的经营成果。投资人投资第一看重的是团队，第二才是项目创意。在演讲的前段，你就应该要让投资人对你和你的团队刮目相看。说说你和团队到目前为止取得的成就，例如销售额，订单量，著名合伙人，火爆产品等。

（4）如何获取客户。这是路演和商业计划中经常被遗忘掉的部分。你要怎么定位你的潜在客户？得到一个客户要花多少钱？什么样的推广才算是成功？

（5）竞争对手分析。这也是路演中非常重要的一环。许多创业者在这部分都没有充分的准备和翔实的数据，来说明他们和竞争对手的不同。能够最好地展示你相对竞争对手优势的方式就是表格：把不同的方面放在表头，把你和竞争对手放在最左列，然后一个方面一个方面进行比较，一个一个说明你的优势。

（6）退出机制。如果你融资额在100万美元以上，那么大部分投资人都想知道你的退出机制是否明晰。比如是希望被收购，还是上市，或者以别的退出方式？

7. 路演过程中应当避免的错误

讲一个好的商业故事跟说一段精彩的“段子”完全不同，虽然使用的手法基本相似，但是讲商业故事的时候不是容易过于平淡就是过于离奇，尤其是关于创业这一类的，在现实生活中经常碰到这种例子。你不可能具体教一个企业怎么去讲故事，就像你不可能去教一个人怎么形成某种个性，不过，至少可以告诉企业应该避免哪些错误。

（1）只是叙述，没有渲染。讲故事最基本的诀窍之一就是“要渲染，不要只是叙述”，当然渲染的前提是内容真实。跟听众交流的时候，不要只是平铺直叙，而是要告诉他们你做了什么以及你感受到了什么，用真情实感去打动他们，然后让他们自然而然地产生共鸣。大众一般不会只是被动地接受一个事实或者某些信息，他们在听的过程中会不停地加入他们自己的理解跟感受。

（2）太多行业专业名词。在路演中应避免堆砌各种费解的专业名词及枯燥的营销宣传片。

（3）不够个性化。不管你的企业是销售剃须刀，还是销售云计算构架或者医疗器械设计，都会最终涉及使用产品的个人。讲故事的时候要尽量突出故事的主角，把人物勾画得活灵活现，以至于让听众迫不及待地想听取故事的下文，或者迫不及待地想知道产品的特别之处。人心相通，塑造真实的故事才能让人产生共鸣。

（4）总是从头开始叙述。没有必要总是从头开始讲故事，除非要说的是怎么安全降落一架飞机，或者怎么去组装一个宜家的家具。用新颖的、跳跃式的方式来讲故事，比罗列近年大事记要好得多。而且你也不需要一开始就想着能吸引大家的注意力。跟客户的感情互动要慢慢深入，不是说耗到一定时间营销就能自然而然成功的。如果想引起消费者注意的话，你的故事必须循序渐进地制造紧张空气，一步步引领他们到大结局，这样的结局不一定是消费者预先能猜测得到的。

当你在考虑用什么样的素材来讲故事的时候，你可以先把它们当作单个的互不牵连的元素看待，把它们分别记在便利贴上，然后进行排列组合。这个练习可以帮你改变以往按照顺序来做事的习惯。现在就开始吧，想象自己就是个制片人，手上拿着那些便利贴。先举几个听众可以感同身受的例子，让他们仔细品味的同时，再告诉他们企业发展的时候是怎样经历这些感受的。利用这样的方法，就算人们已经猜到故事的结局了不过是要让他们买你的产品，你也可以让他们真切地体验一把企业发展壮大的过程，看看客户是怎么找上门的，了解下你的产品为什么跟别人的不同。

（5）缺少冲突。公司，尤其是创业公司里永远会有问题发生，这些素材其实最有利于拿来讲述一个有关责任、赔偿以及补救的故事。不光消费者更容易信任一个愿意公开认错的企业，那些不愿意承认错误的竞争对手也会因你的真诚而付出代价——消费者被你吸引了。

讲一个一帆风顺的故事并不能直接使营销获得成功。就像如果电影里的主角每次都毫无悬念地获得胜利的话，就没人会去看这个系列电影了。其实是电影里描述主角对自身的怀疑以及对情况的担忧会引导观众一路跟下去。尽量去渲染主人公在到达目的地前的艰难险阻吧，让人们看看到底是什么阻挡了他成功的道路。通过营造这种无助或者自我怀疑的氛围，你可以让观众产生同情感，并且增加了整个故事的真实性。

（6）造假。你讲述的故事必须真实，一个虚假的故事只能带来消费者的失望和愤怒。

好的营销策略是尽量把讲故事的方式融入企业文化中去，甚至让它成为企业诚信文化的一部分。让每个人都参与其中是很重要的一个办法。故事本身可以体现一个公司正在做什么，哪些地方做得还不错，哪些地方需要改进。当领导层抱着透明、诚实、充满人性关怀的态度讲述企业故事的时候，他们的员工会更加积极地工作，哪怕在企业有困难的时候也会如此。

（二）大赛路演技巧

1. 路演准备

（1）对项目有充分的理解和认知，能够逻辑清晰地介绍出项目。

（2）准备PPT。PPT展示的内容包括：产品概要、市场分析（包括细分市场分析）、产品定位、产品优势及产品壁垒、目前状况、商业模式、发展规划、项目团队（主要是创始人）等。注意PPT字数不宜过多。

（3）准备一份适合在路演时讲的商业计划书。因为场地和时间的关系，少有观众能够仔细阅读一大堆文字阐述。更重要的是，太多的文字会让你的演讲缺乏焦点。建议你选几张能突出你核心主题的图片，再配上一些精练的文字，然后把那些需要详细解释的东西放在脑子里，在比赛时娓娓道来即可。

（4）充分了解比赛，选择参加与项目相符的主题路演活动。主办方通常会邀请与主题背景符合的投资人或者专家担任评委，如果你的项目与主题相差太远，那么很难获得大多数评委的青睐，也基本没有获奖可能。要评估团队项目的设想是否合理，并告诉投资人团队所需的融资规模、原因以及将要如何运用这笔资金。

（5）预演和调整。要做好充分的准备工作，汇报人一定要提前练习几遍PPT的内容，保证汇报时内容的连续性和完整性，以防在答辩现场出现卡顿、忘词的现象。如果你在正式路演前，根据活动规则进行多次模拟预演，就可以在路演中更好地判断自己的商业计划书内容和说明时间是否需要调整。

（6）注意路演时的精神面貌。好好休息，调整状态，让自己能够以最佳的精神面貌进行路演。

2. 路演稿制作

路演现场，项目路演时说什么极其重要，稍不注意说错一两句话都可能影响到评委对项目的评价，所以路演前务必要写好路演稿。

路演稿不仅能帮助我们从容完成路演，避免现场紧张乱说话，甚至在无话可讲的状况，还能通过对内容的精心设计，让我们的路演更精彩，更打动人心。所以，顺利晋级省赛、国赛的项目，一定不要吝惜对路演稿的精力投入。

路演稿内容构成：可划分为三部分：开场—项目介绍—结尾。通过金奖项目的实例为大家拆解每部分具体怎么写。

① 开场词：路演的开场非常关键，它决定了听众对项目的第一印象。好的开场一定是能立马吸引人注意的，能让人乐意继续往下听的。设计项目路演的开场可以有以下几种方法。

第一，开门见山式。这是最常见的开场方式，即先问好，再介绍自己或项目情况，主要采用“公司+路演人+学校+项目介绍”形式展开项目介绍：介绍公司，介绍我担任什么（职位+姓名），来自哪里（学校），带来什么（项目介绍）。

第二，设置悬念式。通过设置悬念来牢牢抓住听众的注意力，这个悬念可以是一个问题或一句话，也可以是现场做一个实验（结果需要等路演结束时揭晓），还可以是其他创新方式。

第三，情景代入式。讲个故事，让听众产生情感的共鸣，仿佛置身某个场景之中。有了这层共鸣后，后面的路演也更能打动听众。

第四，视频导入式。简单问好后，通过视频介绍，先引起评委兴趣，让评委对项目有直观地了解，后续介绍时会更得心应手。

② 项目介绍：是路演稿最重要的内容，是评委了解项目并打分的主要依据。好的项目介绍，那能让人听完对项目有清晰明了的了解。要写好项目介绍部分的路演稿，内容要做到与路演PPT呼应，逻辑要做到清晰明了。有关各部分内容撰写，接下来结合往届金奖项目的路演稿，进行实例讲解。

第一，市场痛点。市场痛点部分的路演稿，是项目介绍不可或缺的部分，要做到让评委认可，肯定项目存在的价值及意义，并对后续的路演有一定的期待。可通过报告/数据等统计信息（背景说明），整理出行业存在的问题，并阐述解决问题的必要性和急切性（痛点介绍），最后引出本项目提出的解决方案以及具备的独特优势等信息（解决方案及优势）。

第二，商业模式。商业模式是赛道评审要点明确的考核内容，好的商业模式是决定项目能否长远的因素之一。项目运营模式、盈利模式等元素可放在商业模式板块介绍。注意，有些项目的商业模式以模型展示，需在路演稿中进行逻辑清晰地阐述，避免路演时因“即兴发挥”而出现“看图忘字”的情况。

第三，项目亮点。项目亮点必须有，这是项目能脱颖而出的条件之一，根据往届金奖项目情况，亮点的来源大家可参考以下几方面：国家助力成就项目亮点；竞品分析凸显项目亮点；核心技术阐明项目亮点；专利证书侧面凸显亮点；获奖情况放大项目亮点。

第四，现状及规划。现状及规划也是路演稿必备的内容，其能让评委清晰看到项目已获得价值和团队已做努力，也能侧面反映团队成员的商业思维。这部分内容主要包括内容有：融资需求、股权分配，营收现状、未来规划等。需注意大多融资情况均以图示表达，路演稿中要有针对图示的讲解。

第五，团队介绍。优秀、凝聚力强的团队是项目的核心竞争力来源，也是项目中唯一不能复制的存在，其重要性不言而喻。如果团队由首席科学家、创业顾问等人员组成，且有较契合项目的身份背景、工作经历，建议详细介绍以凸显项目的专业性。

第六，带动就业。能否带动就业是各赛道评审规则中明确会考核的要素，有带动就业的项目，更让人相信项目的影响力以及成就。带动就业部分路演稿，可包括怎样做到的，具体的成效如何等要素。

第七，结尾词。与开头类似，结尾词的作用也不容忽视，一场高分路演一定是有头有尾，头尾分明的。通过观看往届金奖项目路演后可以发现，很多优秀项目都会选择在介绍结束时，喊出自己的项目口号与愿景，大家在撰写自己的路演稿时也可参考。

③ 路演稿撰写技巧：合理的路演稿形式，能促使高效的路演练习，进而产生高分路演。

第一，加入时间限制。路演有严格的时间要求，但很多团队由于时间把控失误，会出现讲太慢内容没讲完，只能草草结尾的情况，这其实是非常影响评委对项目的印象的。因此，路演时一定要把控好时间，不要超时。建议各备赛团队在准备路演稿前，先明确所在地区的路演限制时间，一般为5~8分钟，再对每页PPT的演讲时间按照重要性进行初步规划，在每页路演PPT的路演稿部分加入演讲用时，让路演人员开展时间及内容的辅助练习，规避正式路演时出现突发状况。核心技术、商业模式等项目重点、亮点部分可多花时间讲解。

第二，加入动作语气标注。路演并不是路演人员的独白，而是一场有情绪的演讲，这样的路演会很加分。可通过语气、语调、肢体动作来调动现场情绪。备赛时可根据路演稿对应内容，对情绪要求、肢体动作进行标注。例如，讲到项目唯一性、卓越数据等亮点信息时，音量可以适当提高，自信地讲解；讲到商业模式时可适当放慢语速，给评委一定时间思考；讲到项目愿景时，情绪可适当激昂，辅以手部动作，展示出项目的宏大愿景。

第三，PPT内容不用全说。PPT内容较多，但路演时间有限时，不用将全部内容都叙述一遍，将每页重点阐述出来即可。路演本就考验大家在有限时间内传达重点信息的能力，如果全都念一遍，那路演稿、路演就没有意义了。比如，讲到竞品分析时，可直接将自己的产品优势用百分比、提高倍数等数据表示出来，不用逐项进行对比再得出结论，那样很浪费时间。

第四，从事实出发。诚实是必须的，一定不能造假，要相信评委比你懂得多，如果造假，肯定会在答辩环节暴露出来。比如，在竞品分析部分，实事求是地展示出自己的优势即可，不要出现过分比较、拉高数据、无依据猜测等情况。

第五，反复修改。真正路演前，路演稿要反复修改。项目、PPT的不断优化、路演人的练习反馈都会使路演稿反复修改。大赛未至，修改不止，好的路演稿都是修改而来的。

第六，熟记于心。路演人一定要对路演稿熟记于心，正式路演前要多背、多练，时间、内容、衔接语句等都要很熟练，以达到看见路演PPT页面，就能想起当前页面所要传达的重点、时长要求等。

3. 路演内容

（1）吸引力。在路演时，要特别重视第一句话。你要讲一个有吸引力的、能让天使投资人兴奋的故事，这个故事可以是未来你的项目能够实现的某个场景，也可以是目前客户的痛点、刚需。

注意：第一句话一定要把项目概念说清楚。例如，“某App是一款真实可靠的找兼职应用，客户群体主要是大学生……”

汇报时抓重点、明诉求，汇报时一定要说到点子上，突出企业或项目的亮点和高度，对于产品的运营方式需要思考清楚，即如何通过亮点去吸引客户，如何通过差异化的体验去打败对手。

（2）展现自身优势。拿出让市场惊羡的技术、创新的经营模式。换句话说，就是为什么只有你能作到行业第一。

这时候，初创业者一定要注意对自己个人的包装，因为在天使投资人眼里，早期项目就是投入。如果你家里有创业背景，或自己之前经营过项目，那无论成功与否都可能是加分项。

（3）如何回答专家的问题。一般而言，企业在大赛路演时会提到诸如团队、财务、市场、产品、竞争等方面能达到什么程度的问题，专家关心的是：为什么你能做到，你是怎么做到的？所以对专家的问题，在实事求是回答的同时，要有一定的闭环逻辑性和技巧性，对这类问题要有相对明确的解决方案。

投资人经常会问到财务模型。初创业者很难有足够的数据去支撑一个足够靠谱的预估模型，这时候创业者可能很慌。其实在大部分情况下，你比投资人更了解你的市场和你的技术。大多数投资人只是想通过这个问题来了解你对市场的看法、了解程度以及你的设想是否合理。你能做的，应该做的，就是告诉投资人你想要融资的规模，融资的原因及你打算怎样花这笔钱。

“被行业巨头跟进怎么办？”在互联网领域，天使投资人很喜欢问这个问题。创业者被问到的时候，千万不能慌。因为如果业界巨头真看中了你的领域，意味着市场前景不差。从好的方面来想，有行业巨人开拓市场、培养客户习惯，小创业公司跟在后面捡剩余市场份额，做细分、垂直领域，也能发展得很滋润。所以，镇定下来，强调初创企业的灵活性，凸显差异化竞争的优势就行。

（4）注意时长。避免把宝贵的时间浪费在项目背景介绍等无价值的说明中。不要被主持人提醒还剩一分钟时，才开始匆匆解说自己项目的具体情况，直接结果是项目核心价值没能得到最好地阐述。

路演一定要预估好时间，简单明了地说明产品的目标客户和满足了客户的哪些需求、产品的市场容量和盈利模式、团队成员和目前项目所处的状态。对于成立时间不长或销售不多的企业，企业发展历程不容易讲，但可讲述企业成立的前期背景和基础，同时把重点放在团队成员、项目的创新性（技术、模式等）以及市场前景，给人留下较大的想象空间。

4. 语音语调和肢体语言

（1）语音语调。路演者需要声情并茂地将路演信息和要点传达给听众，这样更易于观众接受和理解。语音语调在路演中十分重要。

① 能够让听众清楚地了解路演者传达的信息要点。

② 保持路演时的节奏感，在指定时间内不急不缓地完成一场完整的路演。

因此，在语速方面我们需要注意两点：一是将语速保持在正常语速120字/分钟左右，该快的时候快点，该慢的时候慢一些，做到抑扬顿挫，快慢结合；二是精准评估路演的时间，比如做一场8分钟的路演，就一定要根据时间准备内容，然后根据要点调整语速，使整场路演看起来较为完美。

很多时候，听众在观看路演的过程中会昏昏欲睡，或者太过紧张而分散了注意力，就是因为路演者不能以正确的语音语调与语速传递出自己的信息，没有做到抑扬顿挫地表达自己的内容。

（2）肢体语言。如果我们的肢体语言不到位，将会影响整个路演的效果。那么，该如何调整我们的肢体语言？

① 眼神交流。眼神代表了一个人的很多东西，比如这个人是否真诚、可靠、自信等，路演者与观众最基本的互动就是眼神的交流，这会让观众充分感受到你对他们的重视，增强他们的存在感。

② 保持开放的姿态。路演者保持开放的目的，是表明自己和听众之间没有任何的障碍物。

③ 运用适当的手势。手势是整个路演当中至关重要的。手势与语言合理搭配，能够反映出路演者思维的清晰程度，与听众更好地互动。

## 任务辨析

下面看看大学生新新和业业是如何认识商业计划书的。

新新：终于完成了商业计划书，我们的创业筹备大功告成！

业业：是啊，真是历尽千番磨难，终于取得“真经”啊！

新新：那接下来我们就可以大刀阔斧地开干了吧？

业业：现在暂时还不行，我们需要根据完成的商业计划书制作商业路演的PPT，然后参加各种商业融资路演活动，争取为我们的项目融资。

新新以为完成了商业计划书的撰写，创业筹备工作就完成了，但不知道商业计划书的另一个作用就是完成商业路演的蓝本。业业对商业路演有较为正确的认知，知道商业融资路演的重要性，及时把这一重要问题进行了推动。商业计划书的一个重要作用就是获取投资者的认可，投资者更希望创业者能够准确高效地对创业项目进行表达，因此，路演的PPT制作及路演人的现场表达和应变变得十分重要，成为创业获取资金的关键战役，需要高度的浓缩和能力的磨砺。

## 项目小结

商业计划书是一份全方位的项目计划，其主要意图是递交给投资者，以便于他们能对企业或项目做出评判，从而使企业获得融资。商业计划书有相对固定的格式，它几乎包括反映投资者所有感兴趣的内容，从企业成长经历、产品服务、市场营销、管理团队、股权结构、组织人事、财务、运营到融资方案。只有内容翔实、数据丰富、体系完整、装订精致的商业计划书才能吸引投资者，让他们看懂你的项目商业运作计划，才能使你的融资需求成为现实，商业计划书的质量对你的项目融资至关重要。而商业计划书的精准内容的展示，需要将其精华与重点凝练成路演PPT进行商业路演。商业计划书与路演PPT成为获取融资、打动投资者的“终端武器”，也是现在各类双创大赛的必要内容环节。

## 双创榜样

### 张迪：传承百年滋味　仁义缔造辉煌

张迪，1988年出生，2006年考入黑龙江职业学院工商企业管理专业，2009年毕业，2019年荣获哈尔滨市文化广电和旅游局授予的哈尔滨市第六批市级非物质文化遗产项目“代表性传承人”称号，目前为哈尔滨老仁义餐饮公司总经理。

张迪出生于餐饮世家，祖父辈都是餐饮工作者，现经营着一家哈尔滨的百年清真老字号饭店——老仁义。2006年，张迪怀着对未来的憧憬，开启了大学的学习生活。为了能将品牌传承下去，将这个老字号做大做强，他有针对性地选择了企业与酒店管理专业。在校期间，他认真学习，积极参加各项活动，收获颇丰，获得过校级一等奖学金，曾担任校园广播站站长、学生会干部、工商大讲台的负责人等。这些经历锻炼了他的人际沟通能力、语言表达能力，也为日后工作奠定了很好的基础。

2009年毕业后，作为品牌传承人，张迪毫不犹豫地回到道外老店工作。从前厅的服务工作到后厨的备菜烹饪，他将每个环节铭记于心。经过几个月的观察研究和反复推敲，他发现老店的经营模式太过传统，不适合老店继续发展，于是，他将所学的现代化管理方式融入企业，创新性改变了父辈们传统的服务模式和经营理念，有效提升了老店的市场竞争力。

2009年，张迪开设了自己的第一家分店——老仁义黄河路店，同时他认真梳理企业文化和视觉识别系统（Visual Identity，VI）重新架构、重金打造新的就餐环境，使老字号老仁义这个品牌有了全新的改变。

2017年，张迪及时抓住市场迭代升级的机会，转型做了商场店，将品牌带入商业圈，接受消费者和市场的双重考验，不断升级服务质量和品牌形象，得到了广大食客的认可和喜爱。截至2023年哈尔滨市区共有七家店，并开设了第一家外埠店沈阳店，第二家外埠店郑州店即将开业。

毕业十余年来，张迪始终坚守初心，不忘始终，深耕细作，带领着老仁义这个品牌不断前行。他也曾经历过失败、感受过迷茫，当然他更明白坚持的力量。正可谓“不积跬步，无以行千里”。他相信学弟学妹们只要坚持自己的梦想，努力肯干，不好高骛远，都能闯出属于自己的一番天地。

## 项目实训

### 撰写树洞猫咖商业计划书

#### 一、实训目标

撰写树洞猫咖商业计划书。

## 二、实训内容

每位同学按照表7-1，完成一份树洞猫咖商业计划书，作为期末成绩计入总成绩。

表7-1　商业计划书

| 序号 | 名称 | 内容 |
|---|---|---|
| 1 | 项目基本情况 | 项目名称：树洞猫咖 |
| | | 主要产品： |
| 2 | 团队成员 | |
| 3 | 指导老师 | |
| 4 | 项目概述及前期基础 | |
| 5 | 市场预测分析及定位 | |
| 6 | 产品介绍及痛点分析 | |
| 7 | 商业模式 | |
| 8 | 营销策略 | |
| 9 | 财务分析 | |
| 10 | 团队介绍 | |
| 11 | 政策支持 | |
| 12 | 竞争分析 | |
| 13 | 其他说明 | |

## 三、考核评量

授课教师根据实训目标，对学生的实训情况进行综合考评，并完成表7-2的填写。

表7-2　考核评量表

| 序号 | 评量内容 | 分值 | 要求 | 团队赋分依据 | 得分 |
|---|---|---|---|---|---|
| 1 | 商业计划书的完整性 | 70分 | 认真填写计划书，内容翔实，有事实依据 | 1. 内容完整；<br>2. 数据翔实 | |
| 2 | 商业计划书的创新性 | 30分 | 拥有一定的创新点、亮点 | 具有一定创新性 | |
| 总分：________ | | | | | |

## 项目检测

制订商业计划书

# 项目八

# 创办新企业

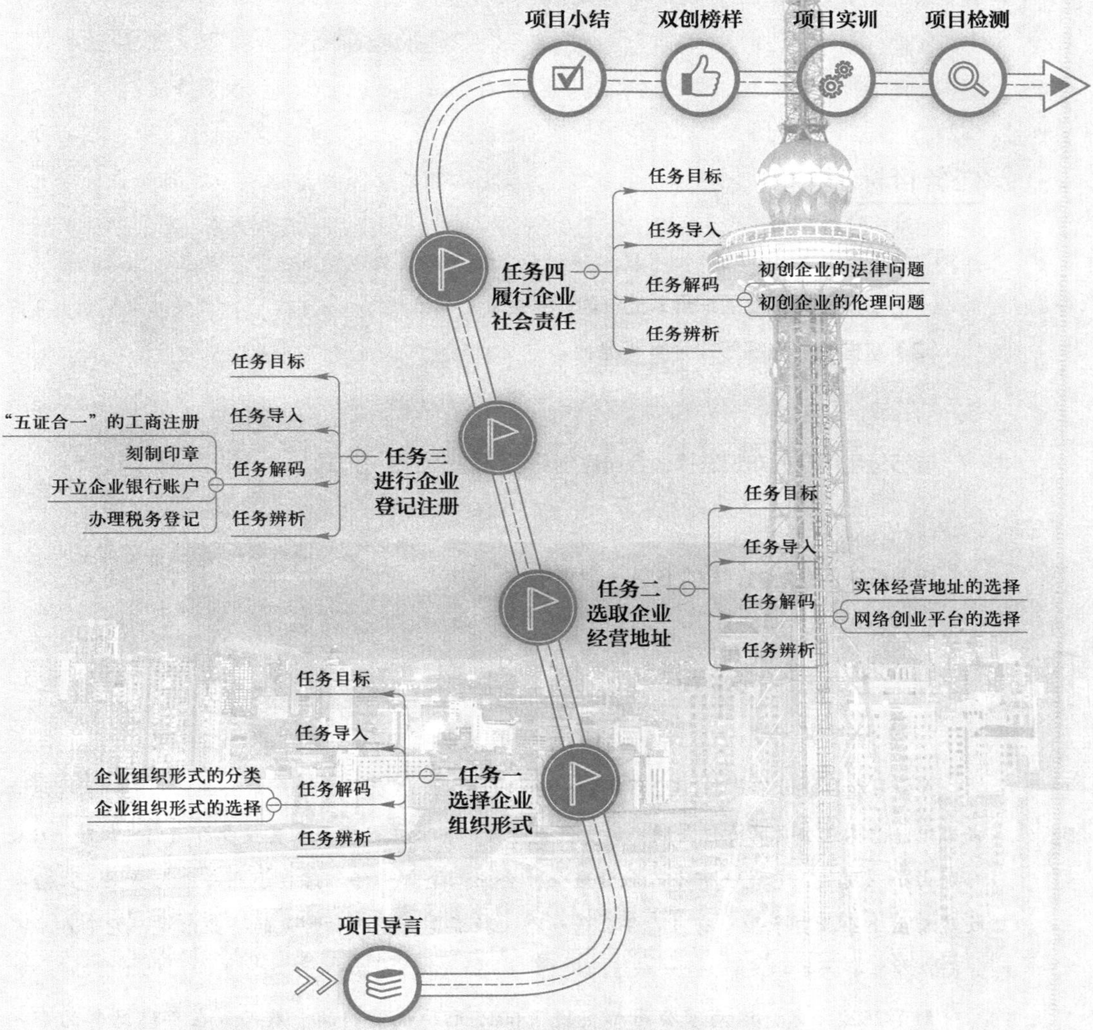


## 项目导言

西汉文学家刘向说过：“耳闻之不如目见之，目见之不如足践之。”千百年来，多少思想家、教育家为我们阐述了一个亘古不变的真理：百闻不如一见，百见不如一做。通过积极开展创业实践活动来深入体会其相关管理和实践知识的精髓。

# 任务一　选择企业组织形式

## 任务目标

### >>知识目标

（1）了解不同企业组织形式的优势、特点。

（2）掌握企业组织形式分类情况。

### >>能力目标

能够运用所学的知识选择适合自身创业项目的企业组织形式。

### >>素养目标

培养解决问题能力，树立创业一盘棋思维。

## 任务导入

### 企业利润与个人实际收益

A公司和B公司都是在2022年年初创办的新企业。A公司由小新牵头成立，是一家有限责任公司，意味着公司的责任与股东的责任是分开的，股东只需承担其投资份额内的风险。B公司则由小业发起，它是一家个人独资企业，企业的全部责任都落在小业一个人身上，风险和收益都由小业独自承担。有限责任公司和个人独资企业是两种常见的企业形式，它们在多个方面存在显著的差异。

到了2022年末，这两家公司都实现了60万元的税前利润。然而，在年终结算的那一刻，小新却发现，他若想从A公司取出资金用于个人消费，还需要额外缴纳一笔税款。这令小新有些惊讶，因为在小新最初的设想中，公司的利润应该大部分都可以转化为个人收入。

相比之下，小业在B公司的情况就完全不同了。作为个人独资企业的所有者，小业无需在取出资金时再次缴纳税款，因为企业的利润已经等同于小业的个人收入。这种差异使得小业在年终结算时，实际收益比小新多了3万多元。

小新开始深入思考这种差异的原因。原来，A公司作为有限责任公司，除了需要上缴企业所得税外，当小新从公司取出利润作为个人收入时，还需要再缴纳个人所得税。而B公司作为个人独资企业，只需要缴纳一次税款，即企业所得税，因为企业的利润直接就是企业的个人收入，无需再次缴税。

这一发现让小新感到有些无奈。虽然A公司和B公司的注册资本相同，年利润也相同，但因为企业形式的不同，最终导致了他们实际收益的显著差异。这也让小新更加深刻地理解了不同类型企业在税务处理上的不同，以及这些差异如何影响到他们的实际收益。

有限责任公司和个人独资企业在投资主体、法律形式、设立条件、注册资本、股东责任和税务处理等方面都存在着显著的差异。选择哪种企业形式，需要根据实际情况和需求进行综合考虑。在这个案例中，企业形式在税务处理中的重要作用，以及这种处理对企业主个人收益的影响。无论是小新还是小业，他们都需要对自己的企业形式有深入的了解，以便在经营过程中做出最有利的决策。这也提醒创业者，在注册成立公司时，选择合适的企业形式是非常重要的，因为它将直接影响到企业创始人的税务负担和实际收益。

## 任务解码

企业组织形式是指企业财产及其社会化生产的组织方式，它表明财产构成、内部分工协作与外部社会经济联系的方式。企业组织形式决定了企业的组织结构和法律地位。同时也决定投资人的投资风险责任范围，企业的组织形式必须与创业者、服务对象及投资者的目标相符合。

### 一、企业组织形式的分类

1993年12月29日第八届全国人民代表大会常务委员会第五次会议通过《中华人民共和国公司法》（现行版本为2018年修订版）之后，1997年2月23日第八届全国人民代表大会常务委员会第二十四次会议和1999年8月30日第九届全国人民代表大会常务委员会第十一次会议分别通过《中华人民共和国合伙企业法》（现行版本为2006 年修订版）和《中华人民共和国个人独资企业法》，至此，我国企业相关法律基本健全。企业的基本组织形式主要分为个人独资企业、合伙企业和公司三大类型。

#### （一）个人独资企业

个人独资企业是指依照《中华人民共和国个人独资企业法》在中国境内设立，由一个自然人投资，财产为投资人个人所有，投资人以其个人财产对企业债务承担无限责任的经营实体。个人独资企业主要有如下特点。

（1）个人独资企业的出资人为一个自然人。

（2）个人独资企业的财产归投资人个人所有。该企业财产不仅包括企业成立时投资人投入的初始资产，还包括企业存续期间积累的资产。投资人是个人独资企业财产的唯一合法所有者。

（3）个人独资企业不具有法人资格，投资以其个人财产对企业债务承担无限责任。这是个人独资企业的重要特征。也就是，当投资人申报登记的出资不足以清偿个人独资企业经营所负的债务时，投资人就必须以其个人财产乃至家庭财产来清偿债务。

（二）合伙企业

如果两个或两个以上的人共同进行创业，那么可以选择合伙制作为新创企业的法律组织形式。根据《中华人民共和国合伙企业法》，合伙企业是指在中国境内设立的由各合伙人订立合伙协议，共同出资、共同经营、共享收益、共担风险，并对合伙企业债务承担无限连带责任的营利性组织。

1. 合伙企业的特征

（1）合伙协议是合伙企业成立时的基础。合伙人之间是平等的，合伙企业的利润和亏损，由合伙人依照合伙协议约定的比例分配和分担。合伙协议未约定利润分配和亏损分担比例的，由各合伙人平均分配和分担。

（2）合伙企业不具有法人资格。合伙企业的合伙人对企业债务承担无限连带责任。所谓无限连带责任，主要指合伙企业财产不足以抵偿企业债务时，合伙人应以其个人乃至家庭财产清偿债务，而且债权人可以就合伙企业财产不足清偿的那部分债务向任何一个合伙人要求全部偿还。

2. 合伙企业的类型及区别

合伙企业包括普通合伙企业和有限合伙企业两种类型。两者最大的区别在于有限合伙企业有两种不同的所有者，即普通合伙人和有限合伙人。其中，普通合伙人对合伙企业的债务承担无限连带责任，而有限合伙人仅以投资额为限对合伙企业的债务承担有限责任，但后者一般不享有对组织的控制权。另外，普通合伙企业合伙人可以用货币、实物、知识、产权、土地使用权或者其他财产权利出资，也可以用劳务出资。但有限合伙企业有限合伙人不得以劳务出资。普通合伙企业除了要有合伙企业的名称、经营场所以及从事合伙经营的必要条件外，设立合伙企业还需要具备以下条件。

（1）合伙企业必须有两个以上合伙人，合伙人应当具备完全民事行为能力，且能够依法承担无限责任者。

（2）合伙人应当遵循自愿、平等、公平、诚实、信用的原则订立合伙协议，合伙协议应载明合伙企业的名称、地点、经营范围、合伙人出资额和权责情况等基本事项。

（3）合伙人应当按照合伙协议约定的出资方式、数额和缴付出资的期限，履行出资义务。合伙人出资可以用货币、实物、土地使用权、知识产权或者其他财产权利，上述出资应当是合伙人的合法财产及财产权利。合伙人以劳务出资的，其评估办法由全体合伙人协商决定。

（三）公司制企业

1. 公司制企业的类型

公司是现代社会中最主要的企业形式。它是以营利为目的，由股东出资形成，拥有独立的财产，享有法人财产权，独立从事生产经营活动，依法享有民事权利、承担民事责任，并以其全部财产对公司的债务承担责任的企业法人。所有权与经营权分离，是公司制的重要产权基础。与传统“两权合一”的业主制、合伙制相比，创业者选择公司制作为企业组织形式的重要特点就是仅以其所持股份或出资额为限，对公司承担有限责任；另一个特点是存在双重纳税问题，即公司盈利要上缴公司所得税，创业者作为股东还要上缴企业投资所得税或个人所得税。根据《中华人民共和国公司法》，我国的公司分有限责任公司（包括一人有限责任公司和国有独资公司）和股份有限公司两种类型。

（1）有限责任公司。其股东以其认缴的出资额对公司承担责任，公司以其全部资产对公司的债务承担责任。创业者设立有限责任公司，除了要有固定的生产经营场所和必要的生产经营条件之外，还应当具备以下条件。

① 股东符合法定人数。根据《中华人民共和国公司法》第二十四条规定：有限责任公司由五十个以下股东出资设立。需要注意的是，我国一人有限责任公司是在2005年10月27日第十届全国人民代表大会第十八次会议修订通过的《中华人民共和国公司法》中加入的。

② 股东出资的规定。有限责任公司的注册资本为在公司登记机关登记的全体股东认缴的出资额。法律、行政法规以及国务院决定对有限责任公司注册资本实缴、注册资本最低限额另有规定的，从其规定。股东可以用货币出资，也可以用实物、知识产权、土地使用权等可以用货币估价并可以依法转让的非货币财产作价出资，但是，法律、行政法规规定不得作为出资的财产除外。

③ 股东共同制定公司章程。法律对有限责任公司章程有明确的要求，要求应当载明的事项包括公司名称和住所，公司经营范围，公司注册资本，股东的姓名或者名称，股东的权利和义务，股东的出资方式和出资额，股东转让出资的条件，公司的机构及其产生办法、职权、议事规则，公司的法定代表人，公司的解散事由与清算办法。

④ 有公司名称，建立符合有限责任公司要求的组织机构。股东认为需要规定的其他事项。其全部资本分为等额股份，股东以其认购的股份为限对公司承担责任，公司以公司全部资产对公司的债务承担责任。

（2）股份有限公司。其全部资本分为等额股份，股东以其认购的股份为限对公司承担责任，公司以其全部资产对公司的债务承担责任。设立股份有限公司要有公司名称，要建立符合股份有限公司要求的组织机构，要有固定的生产经营场所和必要的生产经营条件，股份发行、筹办事项要符合法律规定。除此之外，根据《中华人民共和国公司法》规定，设立股份有限公司，还应具备下列四个条件。

① 发起人符合法定人数。设立股份有限公司，应当有二人以上二百人以下为发起人，其中须有半数以上的发起人在中国境内有住所。

② 股东出资的规定。股份有限公司采取发起设立方式设立的，注册资本为本公司登记机关登记的全体发起人认购的股份总额。在发起人认购的股份缴足前不得向他人募集股份。股份有限公司采取募集方式设立的，注册资本为在公司登记机关登记的实收股份总额。法律、行政法规及国务院对股份有限公司注册资本实缴、注册资本最低限额另有规定的，从其规定。

③ 股份发行、筹办事项符合法律规定。

④ 发起人制定公司章程，采用募集方式设立的经创立大会通过。

2. 不同类型公司制企业的区别

（1）两种公司在成立条件和募集资金方面有所不同。有限责任公司的成立条件比较宽松一点，股份有限公司的成立条件比较严格；有限责任公司只能由发起人集资，不能向社会公开募集资金，股份有限公司可以向社会公开募集资金；有限责任公司的股东人数，有最高和最低的要求，股份有限公司的股东人数，只有最低要求，没有最高要求。

（2）两种公司的股份转让难易程度不同。在有限责任公司中，股东转让自己的出资有严格的要求，受到的限制较多，比较困难；在股份有限公司中，股东转让自己的股份比较自由，不像有限责任公司那样困难。

（3）两种公司的股权证明形式不同。在有限责任公司中，股东的股权证明是出资证明书，出资证明书不能转让、流通；在股份有限公司中，股东的股权证明是股票，即股东所持有的股份是以股票的形式来体现的，股票是公司签发的证明股东所持股份的凭证，股票可以转让、流通。

（4）两种公司的股东会、董事会权限大小和两权分离程度不同。在有限责任公司中，由于股东人数有上限，人数相对来讲比较少，召开股东会也比较方便，因此股东会的权限较大，董事经常是由股东自己兼任的，在所有权和经营权的分离上，程度较低；在股份有限公司中，由于股东人数没有上限，人数较多且分散，召开股东会比较困难，股东会的议事程序也比较复杂，所以股东会的权限有所限制，董事会的权限较大，在所有权和经营权的分离上，程度也比较高。

除了上述三种企业的基本组织形式外，还有一种比较特殊的个体经营形式——个体工商户。2022年9月26日国务院第190次常务会议通过《促进个体工商户发展条例》自2022年11月1日起施行。《促进个体工商户发展条例》是目前适用于个体工商户的最新法规，条例第4条明确规定，个体经济是社会主义市场经济的重要组成部分，个体工商户是重要的市场主体，在繁荣经济、增加就业、推动创业创新、方便群众生活等方面发挥着重要作用。另外，成立农民专业合作社，也是大学生返乡创业重要形式选择。国家持续深化简政放权、放管结合、优化服务改革，优化营商环境，积极扶持、加强引导、依法规范，为个体工商户健康发展创造有利条件。

## 知识链接

个体工商户与个人独资企业的区别

首先，个体工商户和个人独资企业适用的法律法规不同，个体工商户是依据《促进个体工商户发展条例》设立的，个人独资企业是依据《中华人民共和国个人独资企业法》设立的。

通常来讲，个人独资企业规模要比个体工商户大一些；个人独资企业必须有固定的经营场所，个体工商户不需要有固定的经营场所；个人独资企业需要有相对健全的财务核算制度，个体工商户不一定有健全的财务核算制度；个人独资企业的投资人和经营者有可能不同，个体工商户的投资者和经营者是一致的。

与个人独资企业相比，个体工商户的债务如属于个人经营的需以个人财产承担；以家庭经营的，则需以家庭财产承担。个人独资企业的出资人在一般情况下，仅以其个人财产对企业债务承担无限责任。在新企业设立登记时，明确以家庭共有财产作为个人出资的，才依法以家庭共有财产对企业债务承担无限责任。

此外，个人独资企业可以设立分支企业、子公司，而个体工商户是不可以的。

## 二、企业组织形式的选择

各种企业组织形式都有各自的法律特征，所以，企业创立初期，创业者应及时明确和规范企业的组织形式，否则在企业高速成长期，很可能会引发各类法律风险和内部矛盾，影响企业发展。对创业者而言，选择一个合适的企业组织形式非常重要，因为这不仅关系到企业的注册流程、企业纳税的多少、创业者个人需承担的责任、创业者的融资行为等，也在一定程度上决定了企业未来的走向。企业组织形式有很多，各有各的特点，因此创业者必须考虑企业组织形式的法律规定及组织形式间的不同，在此基础上甄选出最合适的企业组织形式。

### （一）企业组织形式的比较

个人独资企业、合伙企业（包括有限合伙）、有限责任公司（包括一人有限公司和国有独资公司）、股份有限公司等企业组织形式在法律法规、法律关系、责任形式、投资主体、出资方式、事务决定权、解散程序、所得税征收等方面有着各自的特点，为了便于比较，个体工商户也纳入对比表（表8-1）中，便于创业者做出最佳的选择。

表 8-1 企业组织形式及个体工商户情况对比

<table>
<tr><th rowspan="2">比较项目</th><th rowspan="2">个人独资企业</th><th rowspan="2">个体工商户</th><th colspan="2">合伙企业</th><th rowspan="2">有限责任公司</th><th rowspan="2">股份有限公司</th></tr>
<tr><th>普通合伙</th><th>有限合伙</th></tr>
<tr><td>法律法规</td><td>《中华人民共和国个人独资企业法》</td><td>《促进个体工商户发展条例》</td><td colspan="2">《中华人民共和国合伙企业法》</td><td colspan="2">《中华人民共和国公司法》</td></tr>
<tr><td>法律关系</td><td colspan="2">无章程或协议</td><td colspan="2">合伙协议</td><td colspan="2">公司章程</td></tr>
<tr><td>责任形式</td><td colspan="2">无限责任</td><td>无限责任</td><td>有限责任</td><td colspan="2">有限责任</td></tr>
<tr><td>投资主体</td><td colspan="4">自然人</td><td colspan="2">自然人、法人</td></tr>
<tr><td>出资方式</td><td colspan="2">无限制</td><td colspan="2">约定的货币、实物、土地使用权、知识产权或其他财产权利与劳务等</td><td colspan="2">法定的货币、实物、工业产权、非专利技术、土地使用权等</td></tr>
<tr><td>事务决定权</td><td colspan="2">投资者个人</td><td colspan="2">普通合伙人</td><td>股东会</td><td>董事会、股东大会</td></tr>
<tr><td>解散程序</td><td colspan="2">自行解散</td><td colspan="4">注销</td></tr>
<tr><td>所得税征收</td><td colspan="4">个人所得税（经营所得）</td><td colspan="2">企业所得税</td></tr>
</table>

通过对比可知，要根据创业项目的特点来选择企业组织形式，因为不同类型的企业在法律法规、责任承担和税收负担等方面都有较大的区别。公司制企业具有法人资格，公司制企业的股东承担有限责任，而其他组织形式的创业者要承担无限责任。当然相应的，公司制企业的设立要求也更高，特别是在注册资金上，一些特定行业的注册资金要求还比较高。

此外，在税收待遇上，个体工商户、个人独资企业和合伙企业适用个人所得税，公司企业适用企业所得税，自然人股东股利收入适用个人所得税，公司企业的股东税负更大。

### （二）组织形式选择的影响因素与策略

#### 1. 新企业所处行业

对于一些特殊的行业，法律规定只能采用特殊的组织形式，如律师事务所只能采用合伙形式而不能采用公司形式。对于银行、保险等行业只能采用公司制。因此，根据新企业所处行业选择企业的组织形式是首要考虑的因素。对于法律强制性规定了的行业，只能按照法律的要求选择组织形式。

2. 风险承担能力

创业者自身的风险承担能力是创业者必须考虑的重要因素之一，企业组织形式与创业者日后承担的风险息息相关。公司制企业股东仅以出资额为限承担责任，普通合伙制企业投资人、个人独资企业投资人都要承担无限责任。选择后两种企业组织形式，创业者要承担较大风险。

3. 税务因素

由于不同的企业组织形式所缴纳的税不同，因此选择企业组织形式必须考虑税负问题。根据我国现行税法规定，个人独资企业和合伙企业的生产经营所得计征个人所得税，公司制企业既要缴纳企业所得税，又要在向股东分配利润时为股东代扣代缴个人所得税。因此，从税收筹划的角度，选择个人独资企业和合伙企业税负相对较低。

4. 融资需要

如果创业者资金充足，拟投资的事业所需资金需求也不大，则采用合伙制和有限责任公司制均可；如果日后发展业务所需资金规模非常大，建议采取股份有限公司组织形式。

5. 经营期限考量

对于个人独资企业，一旦投资人死亡且无继承人或者继承人决定放弃继承，则企业必须解散；合伙企业由合伙人组成，一旦合伙人死亡，除非不断吸收新的合伙人，否则合伙企业寿命也是有限的。因此，合伙企业和个人独资企业经营期限都不会很长，很难持续发展下去。但公司制企业则不同，除出现法定解散事由或股东决议解散外，原则上公司制企业可以永远存在。

当然，除了上述因素外，还可以从投资权益的自由流通和经营管理需要等多个方面就企业组织形式的优劣进行分析比较，进而选择最合适的组织形式。

## 任务辨析

下面看看大学生新新和业业是如何认识企业的组织形式的。

新新：只要有好的创新创业项目就可以，选择什么样的企业组织形式并不重要，都是大同小异。

业业：企业组织形式很重要，可以给公司带来不一样的收益，如有限公司一般以查账征收方式，缴纳企业所得税，一般是企业净利润的25%。而个人独资企业则有查账征收和核定征收两种方式，缴纳的是个人所得税，个人独资企业税率适用的是5%—35%。另外，对于利润及亏损：独资企业，业主无需和他人分享利润，但其要一人承担企业的亏损。合伙企业，如果合伙协议没有特别规定，利润和亏损由每个合伙人按相等的份额分享和承担。有限公司和股份公司，公司的利润是按股东持有的股份比例和股份种类分享的。对公司的亏损，股东个人不承担投资额以外的责任。

新新没有意识到不同的企业组织形式的选择对创业者的重要性，盲目地选择企业组织形式可能给创业活动带来极大的风险，也有可能使企业丧失重要的发展机会，失去融资的渠道。企业通过学习已经了解到选择正确的企业组织形式对创业者的重要性，这会降低创业风险，也有利于企业未来的发展规划。

# 任务二　选取企业经营地址

## 任务目标

### >>知识目标

了解企业经营地址选择的步骤和区域因素。

### >>能力目标

（1）具备正确运用企业经营地址选择的相关知识选择企业经营地址的能力。

（2）能够为自己创办的企业选择合适的经营地址。

### >>素养目标

培养创新思维，拓展战略眼光。

## 任务导入

荣耀Life旗舰店选址

2019年6月，一家打破传统零售模式的概念型科技潮牌体验店——荣耀全国首家Life旗舰店落户成都量子光艺术中心。自开业起，这家店就不乏媒体和城中科技潮人的关注。大家纷纷热议它酷炫的建筑外观、创新大胆的体验空间设计以及与电竞、滑板文化结合等诸多亮点，却鲜有人知道，荣耀Life全国首店为什么选址在此。

1. 店铺独特性和昭示性是首店选址的重要考量

是否要入驻拥有大量客群基础的成熟购物中心？这听起来对于任何一家首店来说都似乎是个好的选择，这也是最初荣耀的选址构想之一。但在反复梳理该店定位的过程中，一些关键词逐渐浮现：独栋、LOFT、玻璃外观、工业气息、开放互动式……荣耀希望这家店的外观是具有辨识度的、别具一格的。为了满足其个性化的需求，荣耀锁定了毗邻成都远洋太古里的量子光。这座外形独特、拥有玻璃幕墙的建筑让荣耀眼前一亮，双方迅速进入洽谈阶段，并最终达成合作。量子光不仅能满足首店对于店铺具有独特性、昭示性的要求，还充分配合了荣耀后期在建筑改造、装修设计上的一些创意，包括将更大面积的幕墙改造为玻璃，增加店铺的通透感等。

2. 首店最爱客流量大，客群精准更重要

客流量大，显然是每家首店在选址时都会放在首位考虑的因素之一。在成都，荣耀自然将目光投向坐拥庞大消费人群的春熙商圈。但对于一家首店而言，客流量只是第一步，找到精准的消费客群才是王道。仲量联行为荣耀推荐量子光的一个重要原因便是，两者拥有高度重合的目标客群及文化交叉。首先，荣耀Life旗舰店希望吸引更多科技潮流青年，并成为“花粉”聚集阵地；另一方面，荣耀长年赞助国际滑板赛事，运动酷玩已融入其品牌基因。而成都量子光，不仅其主场馆每年承办超过220场专业电竞赛事，还配备了滑板公园等设施，汇集了大量热爱科技、运动、娱乐、时尚的年轻客群。荣耀Life旗舰店选址量子光，两者结合使多元文化在此融合，“1+1>2”效果凸显，令其真正成为科技潮玩达人的街头据点与社交阵地。

（资料来源：仲量联行.仲量联行独家解读华为荣耀Life首店选址策略.2019-08-19.有删改.）

## 任务解码

新创企业选址是创办新企业前期准备工作中的一项十分重要的工作。不论创办何种企业，地点的选择都是决定成败的一大关键因素，企业的组织形式与创业者、服务对象及投资者的目标相符合。

### 一、实体经营地址的选择

#### （一）选址的步骤

（1）列出“必需的”和“希望的”选址条件。

（2）对照选址条件确定被选地点。

（3）造访被选地点，挑选三处较好位置。

（4）按照“必需的”和“希望的”选址条件，对选择的几个地点进行比较。

（5）在每天的各个时段到各个地点实地观察，计算客流量。

（6）咨询有经验人士，获得帮助。

（7）综合分析各种信息和意见。

（8）作出选址决策。

#### （二）区域因素

创业企业选址首先应该考虑选择所在区域。创业者应结合企业本身业务类型，用长远的眼光和全面的角度来选择区域，因为公司的首次定址区域对于其未来的发展方向与发展潜力都有着重要影响。

## 知识链接

### PESTEL 分析模型

PESTEL 分析模型又称大环境分析，是分析宏观环境的有效工具，不仅能够分析外部环境，而且能够识别一切对组织有冲击作用的力量。它是调查企业外部影响因素的方法，其每一个字母代表一个因素，可以分为六大因素，即政治因素（Political）、经济因素（Economic）、社会文化因素（Sociocultural）、技术因素（Technological）、环境因素（Environmental）和法律因素（Legal）。

（1）政治因素：是指对企业经营活动具有实际与潜在影响的政治力量和有关的政策、法律及法规等因素。

（2）经济因素：是指企业外部的经济结构、产业布局、资源状况、经济发展水平及未来的经济走势等。

（3）社会文化因素：是指企业所在社会中成员的历史发展、文化传统、价值观念、教育水平以及风俗习惯等因素。

（4）技术因素：技术因素不仅仅包括那些引起革命性变化的发明，还包括与企业生产有关的新技术、新工艺、新材料的出现和发展趋势以及应用前景。

（5）环境因素：一个组织的活动、产品中能与环境发生相互作用的要素。

（6）法律因素：组织外部的法律法规、司法状况和公民法律意识所组成的综合系统。

### （三）商圈与产业聚群因素

从微观角度来看，新企业选址还需考虑商圈与产业聚群因素。不同的行业需要不同的场地，在选址时首先应该考虑是否和你的创业项目所处行业吻合。

#### 1. 商圈

创业者通过对比商圈，主要确定流通类企业店铺、实体经营场所的选址，参考因素有商圈的人流量、客流量、购买力大小、交通的便利性以及其他辅助设施等。

#### 2. 产业聚群

创业者通过对比产业聚群，主要确定制造业企业产品加工上下游链条是否能够形成聚群来进行选址，如果产品的上下游相关企业可形成“一小时生活圈”或“两小时生活圈”，则能有效地实现交易成本的大幅度降低，降低创业者实地经营风险，发挥产业链优势。

## 案例分享

### 沙县小吃开启创业之路

邓世奇，1954 年 10 月出生于沙县湖源乡锦街村。1978 年从部队退伍后，邓世奇承包了一家照相馆。

1985年从照相馆辞职后，邓世奇经营了一家小吃店。饭店一直由妻子掌厨，他则负责里外的张罗、管理。夫妻俩各尽所长，小吃店经营得很好。1988年，他们在沙县城关李纲路盖起了房子，并在自家的楼下继续开小吃店。由于妻子姓原，加上小店采用原生态食材制作，烹饪出来的小吃原汁原味，因此取店名为“原家小吃”。

然而这第一家店开得不顺利，最后夫妻两人赔了本钱，带出来的钱也没了。“我们都想去跳海了。”夫妻俩只能摆地摊。设备很简单：两个炉子，撑起一块塑料布。地摊不顺利，不怎么赚钱。两个月后，邓世奇找到了一家店。夫妻俩连夜找人凑到了9 000元，7 500元交了房租。

小店开张第一天，营业额388元，邓世奇喜上眉梢。厦门外来务工人员多，沙县小吃物美价廉，受到欢迎，从此一炮打响，小吃店天天食客盈门。没几年工夫，他们又在厦门的竹坑路开了4家店面，并且家家生意火爆。

1997年，沙县建成小吃街，邓世奇返乡创业。他一口气租下小吃街5个店面，花费8万多元精心装修；请来了8位厨师，筛选精加工小吃品种，推出了40多个小吃品种；打出了“原家小吃城”的招牌，内设包厢和雅座。

2006年正月，邓世奇进军上海，开了两家以“沙县原家小吃”冠名的连锁店。

企业要提升，必须摆脱家族式的管理模式，邓世奇大胆引进能人，改革内部管理机制。他把原家系列的小吃店交给几个子女去独立经营，自己和妻子则脱身出来，于2007年10月，正式成立“沙县原家餐饮管理有限公司”。

如今，通过公司培训并开店营业的原家小吃加盟连锁店遍布全国各地。他们统一门标、柜台标；统一店员服装、台牌、餐桌布；统一形象海报和宣传片；上墙价格表和订餐礼卡，统一印着沙县原家小吃的标识；统一由公司定期邮寄原家“秘料包”，保持原家小吃风味的一致。

目前，这些加盟连锁店的经营都普遍生意兴隆，并与公司保持紧密的联系。

### （四）其他参考因素

在确定区域以及商圈或者产业聚群后，具体选址还需要结合企业自身具体情况，考虑租金承受能力、周边交通和停车问题、场地是否符合国家有关行业规定等因素。

#### 1. 租金承受能力

新企业往往在初创期需要租场地办公。通常在租场地时，租金的支付方式是“押一付三”，这就需要创业者一次性支付四个月租金。这时，创业者既需要考虑启动资金是否足够，还要考虑现金流是否充足。同时，预估场地销售额、测算企业盈利是否可以满足租金与管理费用等支出项目。如经营服装类项目，如果营业额足够大，就算租金再贵，也是可以租用的，但若场地客流量不够、营业额微薄，就算租金再便宜也要放弃。

#### 2. 周边交通和停车问题

对于流通类新企业选址来说，周边交通的便捷性与停车的便利性也是决定企业选址的重要因素。比如经营餐厅类项目，有时地段很好，却因为无法停车阻碍客户的光临。如果是选择办公楼，停车位是否充足，地铁、公交线路是否便捷，也是影响创业企业经营发展的重要因素。

3. 国家有关行业规定

国家对各行各业都有一定的规定，如经营餐饮业的场地应该满足环保和卫生部门相关要求；有噪音和污染的企业要远离居民区，同时还要达到国家环保部门的有关标准。有一些特殊行业，还应获得有关部门的资质审批，如社会力量办学，需要得到教育部门审批，满足对教学场地相应硬件的规定要求。因此，不论企业所处哪种行业，创业者一定要了解行业相关法律法规，确定是否符合国家规定再做决定，以免造成不必要的损失。

## 二、网络创业平台的选择

创业者需要对各大网络创业平台的优劣势加以比较，做出适合自己的选择。

### （一）网络创业平台分类

目前国内主要网络创业平台的分类如表8–2所示。

表 8–2 网络创业平台分类

| 分类标准 | 细分 | 企业实例 |
| --- | --- | --- |
| 交易覆盖范围 | 国内贸易 | 中国供应商、中国制造网 |
| | 国际贸易 | 阿里巴巴、敦煌网 |
| 交易行业分类 | 综合性平台 | 当当网 |
| | 垂直型平台 | 中国化工网 |
| 平台运行模式 | B2B（商业对商业） | 阿里巴巴、中农网 |
| | B2G（商业对政府） | 政府采购网 |
| | B2C（商业对消费者） | 天猫超市、永辉超市 |
| | C2C（消费者对消费者） | 淘宝网、易趣网 |
| | F2C（厂商对消费者） | 小米商城 |
| | C2M（消费者对生产者） | 淘宝聚划算、优必上 |
| | O2O（线上到线下） | 美团网、饿了么 |
| 产品信息传递的方式 | 中心化平台 | 京东商城、天猫商城 |
| | 新媒体平台 | 抖音、哔哩哔哩、今日头条 |

### （二）典型平台介绍

1. 淘宝网

淘宝网是国内深受欢迎的网购零售平台，可在平台内注册个人店铺和企业店铺。店铺在注册时需要绑定支付宝账户并完成支付宝实名认证。淘宝店入驻流程如图8–1所示。

图 8-1　淘宝店入驻流程

2. 京东商城

京东是中国最大的综合网络零售商，也是中国电子商务领域最受消费者欢迎和具有影响力的电子商务网站之一。目前，京东在C2M领域已经有了相对成熟的商业模式和开发能力，并通过C2M模式催生了众多贴合消费者需求，甚至引领消费者的功能。京东招商如图8-2所示。

图 8-2　京东招商

3. 拼多多

拼多多成立于2015年9月，客户通过发起和朋友、家人、邻居等的拼团，可以以更低的价格，拼团购买优质商品。拼多多旨在凝聚更多人的力量，用更低的价格买到更好的东西，在购物过程中体会更多的实惠和乐趣。通过沟通分享形成的社交理念，拼多多形成了独特的新社交电商思维。作为新电商开创者，拼多多致力于将娱乐社交的元素融入电商运营中，通过“社交+电商”的模式，让更多的客户带着乐趣分享实惠，享受全新的共享式购物体验。

2019年12月，拼多多入选2019中国品牌强国盛典榜样100品牌。截至2020年年底，拼多多年活跃买家数达7.884亿，成为中国客户规模最大的电商平台。2021年全年，拼多多年成交额（GMV）为24 410亿元，2022年9月1日，拼多多上线跨境电商平台，暂定名为“Temu”。

4. 主要直播电商平台

（1）淘宝：月活超过7亿人，模式为商家，主播带货。

（2）抖音：月活超过4.7亿人，模式为网络主播娱乐加上带货（不包含海外tiktok数据）。

（3）快手：月活超过2.7亿人，模式为网络主播娱乐加上带货。

（4）微博：月活2.9亿人，模式为微博KOL（关键意见领袖）和网络主播娱乐。

（5）拼多多：月活2.5亿人，模式为商家直播。

（6）西瓜：月活1.5亿人，模式为达人直播带货。

（7）京东：月活8 800万人，模式为商家直播，明星直播。

（8）小红书：月活5 000万人，模式为垂直领域KOL，明星直播。

（9）哔哩哔哩（B站）：月活4 500万人，模式为垂直领域UP主（上传者），B站直播。

## 任务辨析

下面看看大学生新新和业业是如何认识选取企业经营地址的。

新新：经营地址随便选，“酒香不怕巷子深”，只要我卖的产品质量好，口碑好，还会怕没有客户？

业业：新创企业的选址一经确定将会长久地影响企业的管理与盈利情况。不同地区的消费能力、税收政策、消费偏好都是不同的，选择适合自己创业项目的营商环境，首先要做好企业的选址工作。

新新没有意识到选取企业经营地址的重要性，做起事来就会事倍功半，花费更多的精力去做宣传和推广，还不一定有好地段的企业生意好。业业已经意识到选取企业经营地址的重要性，在创业初期就会占得先机，而且在经营过程中会事半功倍，更少的推广宣传费用，更低的税负，更多的优质消费者会让业业赢在起跑线上。

# 任务三　进行企业登记注册

## 任务目标

>>知识目标

（1）了解新创企业登记注册所需的相关手续。

（2）掌握企业登记注册的流程。

>>能力目标

能够准备充分的材料，按照法定流程完成企业登记注册。

>>素养目标

熟悉相关的企业法律法规，了解企业可能面临的风险，完成企业登记注册。

## 任务导入

做正经生意莫当“黑户”

在当前社会经济生活中，政府行政审批领域简政放权，为企业登记注册提供了极大的便利，但仍有很多人没有意识到企业注册登记的重要性，忽视不按政策和法律相关规定登记会产生的严重后果，最后受到法律的严厉惩处。

经查，刘某某未经行政机关核准领取营业执照，自2019年11月15日开始，擅自在广州市海珠区新港西路122、124号广州市海珠区长江（中大）服装辅料广场市场内多家商铺，以个人名义对外从事销售服装辅料的经营活动，其间，大量储存、销售多个已注册商标的图形标识，涉及9个注册商标，数量合计24.8万余个。后经鉴定，上述商标标识均非注册商标权利人制造，为伪造的注册商标标识。

当事人销售伪造注册商标标识的行为，属于《中华人民共和国商标法》第五十七条第（四）项所指的“伪造、擅自制造他人注册商标标识或者销售伪造、擅自制造的注册商标标识的”侵犯注册商标专用权的违法行为。另据《关于办理侵犯知识产权刑事案件适用法律若干问题的意见》(法发〔2011〕3号)第九条第(二)项关于“尚未销售他人伪造、擅自制造的两种以上注册商标标识数量在三万件以上的”规定，当事人行为已涉嫌构成犯罪。海珠区市场监管局依法将当事人涉嫌犯罪案件线索移送公安机关追究刑事责任。

(资料来源：半月沙龙学习！2个典型案例希望经营者引以为戒.2020-12-16.有删改.)

## 任务解码

根据我国相关法律规定，新创企业必须经市场监督管理部门批准登记、颁发营业执照，并获得有关部门颁发的经营许可证，才算有了合法经营身份，方能开展各项法定的经营业务。

### 一、“五证合一”的工商注册

随着2016年10月1日“五证合一、一照一码”登记制度在全国范围内的正式实施，现在设立企业工商注册的流程得到了极大简化，此举进一步为企业开办和成长提供了便利化服务。

## 知识链接

#### “五证合一”办证模式

“五证”即营业执照、组织机构代码证、税务登记证、社会保险登记证和统计登记证。“五证合一”登记制度(以下简称“五证合一”)。国务院办公厅于2016年6月30日发布了《关于加快推进“五证合一、一照一码”登记制度改革的通知》(国办发〔2016〕53号)，要求从2016年10月1日起，全国范围内实施“五证合一、一照一码”登记制度。其中，“一照”指五证合为一张营业执照；“一码”指营业执照上加载的市场监督管理局直接核发的统一社会信用代码。办证模式改革前后的变化对比如表8-3所示。

表8-3　办证模式改革前后的变化

| 比较项目 | 改革前 | 改革后 |
| --- | --- | --- |
| 办理证件 | 需要办理营业执照，组织机构代码证、税务登记证、社会保险登记证、统计登记证 | (1)只需办理一个营业执照；<br>(2)由市场监管部门向企业颁发加载组织机构代码、税务登记号、社会保险登记证号和统计证号的营业执照 |
| 部门申报 | 市场监管、质监、税务、人社、统计部门 | 只需要在多证合一受理窗口办理即可 |
| 材料准备 | 向五个部门提交五份材料 | 只需要提交一份材料，各部门共享 |
| 办理时间 | 办理时间至少半个月 | 只需要最多三个工作日可领证，有时甚至能现场领证 |

### （一）“五证合一”办理流程

“五证合一”采取“一表申请、一窗受理、并联审批、一份证照”的办证模式。办证模式的创新，大幅度缩短了办证时限，企业只需等待两个工作日可办理以往至少15个工作日才能够办结的所有证件，办事效率得到提高。在实际申办中，还需格外注意以下两个办理流程的细节问题，以提高效率和通过率。

#### 1. 企业名称预先核准

首先，需要进行企业核名操作。核名时首先要选择企业的形式，准备最多5个企业名称，到市场监督管理局领取《企业名称预先核准申请书》。企业在其中填写准申请的企业名称、注册资本、企业类型、企业住所（经营场所）、投资人等信息，市场监督管理局上网检索是否有重名，如果没有重名，便会核发《企业名称预先核准通知书》。

## 知识链接

### 实际地址注册和虚拟地址注册

创业企业在工商注册时会发现，公司地址上出现了实际地址注册和虚拟地址注册，实际地址和虚拟地址的区别与要求是什么？创业企业要如何去选择实际地址注册和虚拟地址注册？

实际地址就是这个地址是真实存在的，按照市场监督管理局的规定，某些行业必须提供实际地址注册的注册地址，如美容美发、餐饮、批发等行业。注册地址应是商用，或者商住两用。需要注意的是，居民住宅地址是不可以用来注册公司的，同一地址只能注册一家公司。实际地址注册可以是租赁场地，也可以是符合要求的自有房产，注册公司时需要提供房产证明或租赁合同等资料。实地注册后期办公地址迁移需要做变更。

虚拟地址注册单看字面意思，会感觉虚拟地址好像是虚无缥缈的东西，其实虚拟地址不能说它不存在，也不能说它是虚假的地址，它是由第三方提供的用于注册公司的注册地址。因此，虚拟地址只能用于注册公司，不能用于办公，如政府招商园区地址，因拥有税收扶持政策而成本较低。

因此，虚拟地址注册公司时不需要提供租赁合同和房产证，后期若办公地址迁移，虚拟注册的地址无须变更，可在任意处办公，但工商事务和税务还是要在这个地址所属辖区的市场监督管理局、税务局办理。

实际注册地址和虚拟注册地址各有利弊，创业者应结合自身的资金实力、行业及运营规划选择。如果想有属于自己的办公场地，想让公司看起来正规，那就选实际地址注册；如果不需要办公场地或者想节省创业成本缓解资金压力，那就选择虚拟地址注册，等到后期公司发展起来，有一定的规模，资金实力充足，可以租赁或自建经营场所。

需要特别指出的是：依据《中华人民共和国公司法》和《中华人民共和国公司登记管理条例》有关规定，公司注册地址与经营地址必须保持一致。

2. 审核领证

办证人通过市场监管网报系统填写《新设企业五证合一登记申请表》，然后持审核通过后打印的《新设企业五证合一登记申请表》，前往大厅“多证合一”受理窗口核对信息，生成工商注册号。同时，窗口专人将企业材料扫描，与《工商企业注册登记联办流转申请表》一起传递至质监、国税、地税、社保、统计五部门，由五个部门分别完成后台信息录入。最后打印出载有五个证号的营业执照。

### （二）“五证合一”办证资料归纳

就新设企业而言，要想顺利完成“五证合一”的办证流程，需要认真细致准备以下资料。

（1）法定代表人身份证原件，全体股东身份证复印件。

（2）各股东间股权分配情况。

（3）《企业名称预先核准通知书》原件。

（4）市场监督管理部门审核通过的企业经营范围资料。

（5）企业经营场所的租赁合同（租期一年以上）一式二份及相关产权证明（非住宅）。

（6）如果企业为生产型企业，还要有公安局消防科的消防验收许可证。

## 二、刻制印章

新设企业申请刻制企业相应的印章时，须持营业执照复印件、法定代表人和经办人身份证复印件各1份，以及由企业出具的刻章证明、法人代表授权委托书到公安局指定的机构进行刻章。一般来说，企业常用的印章有五种如表8-4所示。

表 8-4　企业常用印章

| 印章种类 | 用途 |
|---|---|
| 公章 | 公章代表企业的最高效力。它不管对内、对外都代表了企业法人的意志，使用公章可以代表企业对外签订合同、收发信函、开具企业证明 |
| 合同专用章 | 合同专用章在企业对外签订合同时使用，相关合同在企业经营范围内签约时必须盖上合同专用章才能生效，因为它代表着企业需承受由此产生的权利和义务 |
| 财务专用章 | 财务专用章的用途比较专业化，一般针对企业会计核算和银行结算业务使用 |

续表

| 印章种类 | 用途 |
| --- | --- |
| 法人名章 | 法人章就是企业法人的个人用章，它对外具备一定的法律效力，可以签订合同、出示委托书文件等 |
| 发票专用章 | 发票专用章就是企业在经营活动中购买或开具发票时需加盖的印章 |

## 三、开立企业银行账户

### （一）银行账户的种类

新设企业在取得营业执照与企业印章后可以到银行开立公司账户，通常称为公司对公账户。公司对公账户分为以下四类。

#### 1. 基本存款账户

基本存款账户是企业的主要存款账户，主要用于办理日常转账结算和现金收付以及存款企业的工资、奖金等现金的支取。

#### 2. 一般存款账户

一般存款账户是存款人因借款或其他结算需要，在基本存款账户开户银行以外的银行营业机构开立的银行结算账户。该账户可以办理转账结算和现金缴存，但不得办理现金支取。

#### 3. 临时存款账户

临时存款账户是企业的外来临时机构或个体工商户因临时开展经营活动需要开立的账户。

#### 4. 专用存款账户

专用存款账户是企业因基本建设、更新改造或办理信托、政策性房地产开发、信用卡等特定用途开立的账户。

### （二）银行开户手续的办理

新设企业开立不同的账户，所需材料也不同，创业者需要根据企业业务需求开立不同账户，具体开户手续办理参照表8–5。

表 8–5　企业对公账户开户手续

| 企业对公账户 | 开户手续 |
| --- | --- |
| 基本存款账户 | 当地市场监督管理机关核发的企业法人执照或营业执照正本 |
| 一般存款账户 | 基本存款账户的开户人同意其独立核算单位开户的证明 |
| 临时存款账户 | 当地市场监督管理机关核发的临时执照 |
| 专用存款账户 | 有关部门批准的文件 |

## 四、办理税务登记

新设立企业领取营业执照后，需要前往税务机关办理相应的后续事项，才能进行正常缴税。

首先，新设立企业纳税人需要办理国地税一户通，到税务机关的办公点（行政服务中心地方税务局登记窗口、各属地主管税务机关）取得《委托银行划缴税（费）三方协议书》（一式三份），加盖本企业公章后，到银行开设缴税（费）专用账号（一般是企业的基本存款账户），银行在协议书上盖章并退回两联，纳税人将银行盖章的协议书送到主管税务机关办理划缴税（费）登记手续。

其次，新设立企业在办完首次涉税业务后，按期持续申报是企业要注意的关键事项。

## 知识链接

### 关于创业企业可抵减税费的相关规定

《中华人民共和国企业所得税法》（以下简称《企业所得税法》）规定，高新技术企业的企业所得税税率为15%，比普通企业低10%。同时，《中华人民共和国企业所得税实例条例》规定："创业投资企业采取股权投资方式投资于未上市中小高新技术企业2年以上（含2年），凡符合规定条件的，可按其对中小高新技术企业投资额的70%抵扣该创业投资企业的应纳税所得额。"按照《企业所得税法》第二十七条规定，企业下列所得可以免征、减征企业所得税。

（1）从事农、林、牧、渔业项目的所得。

（2）从事国家重点扶持的公共基础设施项目所得。

（3）从事符合条件的环境保护节能节水项目所得。

## 任务辨析

下面看看大学生新新和业业是如何认识企业注册登记的。

新新：我就是想做点小买卖，什么注册登记啊，太麻烦了。我自己小本经营，挣的钱还不够交税的，我可不想注册。

业业：进行企业注册登记是开展经营活动的基本前提，无证经营是违反法律的，这不仅侵犯了消费者的合法利益，经营者自身也会面临各种各样的法律和经营风险。

新新没有意识到企业注册登记的重要性，根据我国相关法律规定，新创企业必须经市场监督管理部门批准登记、颁发营业执照，并获得有关部门颁发的经营许可证，才算有了合法经营身份，方能开展各项法定的经营业务，否则会受到法律的惩处。业业已经意识到企业登记注册是开展经营活动的基本前提，也是经营者保护自己经营权益的重要前提，业业的创业思想是正确的。

# 任务四　履行企业社会责任

## 任务目标

### >>知识目标

了解初创企业面临的法律与伦理问题。

### >>能力目标

能够通过了解初创企业面临的法律与伦理问题，加强企业伦理建设。

### >>素养目标

引发学生对创立企业相关法律法规的关注，树立诚信契约精神。

## 任务导入

### 做好企业自律，承担社会责任

随着无人机被越来越多人所熟知，航拍、送快递、电力巡线、救灾抢险这些场景下，都能见到无人机的身影，可以说，无人机几乎能用于各行各业之中，它的身影如今随处可见。但这一新兴产业遇到的问题也不少，首当其冲的便是“黑飞”带来的巨大安全隐患。

近年来，无人机频繁闯入各地机场“净空区”，造成多次航班晚点，深圳、杭州、西宁等多地机场已“中招”。此前，网络上出现一段无人机近距离拍摄民航客机飞行的视频，一时舆论哗然。然而，目前关于无人机的法律法规尚不明确，对无人机的监管处于灰色地带。

大疆创新2016年3月2日晚间发布消息称，为保障公共空域安全并保障客户的飞行体验，大疆创新为其无人机产品设置了机场禁飞区和限飞区。大疆无人机在飞控和图像处理方面是业界翘楚，销售总额更是占全球商用无人机总额的70%。大疆创新不断投入资源研发迭代电子围栏技术，既是为了保证自身产品更高的安全性，也是为了促进行业有序发展，把产业蛋糕做大，是多赢的结果。一个企业除了盈利之外，还担负着更多的社会责任。作为无人机行业的领头人，大疆创新为自己的产品划出了可飞与不可飞的界限，并不断地完善技术，为自己的产品和客户行为提供技术引导和相关行为规范，体现了企业的自律和社会责任感。

企业的社会责任感是企业发展的基石，这里的社会责任感不仅仅是捐款做公益这么简单和片面，企业在创造利润的同时，还要承担对员工、消费者、社区和环境的责任，在企业的管理运营和产品规范上更应该有所作为。近些年来，曾有不少企业为了盈利，做出违背行业底线与社会责任感的事：三鹿奶粉事件，公众对国产奶粉始终无法完全信赖；腾格里沙漠腹地的工业园区将污水排进腾格里沙漠深处，严重污染了当地的环境；某互联网知名企业为莆田系提供平台，导致无数患者被误导，耽误病情甚至失去生命。在企业运营的过程中，政府部门的监管往往无法全面覆盖，这时企业的自律和对自身社会责任感的承担往往显得至关重要。

希望国内有更多的企业向大疆创新学习，不管是对自己的产品，还是对客户和社会都切实肩负起责任来，做好企业自律。做好产品规范和企业自律，切实履行企业的社会责任，在赚取利润的同时不逾越规矩，才是企业运营的良好状态。

（资料来源：靓丽又恬然的工匠d.大疆无人机：引领未来科技之路，2023-06-16.有删改.）

## 任务解码

企业履行社会责任主要表现在法律责任和伦理责任两个层面。法律是维护每个创业者切身利益的准则，基于伦理与社会经营的道德防线。所以初创企业一定要知晓相关的法律知识并坚守诚信。

### 一、初创企业的法律问题

创业者尽心经营自己的事业是本分，但经营过程中切不可触碰法律法规的红线。特别是如果创业者没有法律意识或者缺乏必要的法律知识，不会运用法律武器去维护自己的合法权益，轻则是经济上的巨大损失，重则身陷囹圄，使整个创业事业一败涂地。

企业初创期需要注意的法律问题主要包括以下三个方面。

#### （一）人力资源管理方面的法律问题

##### 1. 人力资源管理方面的法律责任风险

企业如何适应劳动法律法规的新调整，企业人力资源管理如何防范劳动关系中的法律风险，是企业面临的重要和紧迫的现实问题。任何违反法律法规的行为，都会给企业自身带来法律上的隐患和风险。因此，企业劳动用工中的法律责任风险，值得企业高度关注。

（1）在制定企业规章制度上的法律责任风险。用人单位应按照《中华人民共和国劳动合同法》（以下简称《劳动合同法》）关于规章制度制定程序的规定，对自己的规章制度进行清理，使规章制度符合法律规定，并进行公示、培训，才能使规章制度在用工管理中发挥应有的作用。

（2）在员工招聘中的法律责任风险。招聘是人力资源管理工作的第一个环节。根据《劳动合同法》有关规定，劳动者患病或者非因工负伤等情形，在规定的医疗期内的，用人单位不得解除劳动合同。另外，即便医疗期届满，用人单位解除劳动合同也受到严格限制。

（3）在劳动合同管理中的法律责任风险。具体包括以下两个方面。

① 劳动合同订立中的法律责任风险。有的企业沿袭传统的用工习惯，存在不与劳动者签订书面劳动合同、试用期过后再签正式劳动合同、未将劳动合同文本交付劳动者、劳动合同文本未载明法定必备条款等情形，这些行为都违反了法律关于订立劳动合同的规定，是企业面临的法律隐患。

② 劳动合同解除和终止时的法律责任风险。《劳动合同法》对于劳动合同的解除给出了具体规定，加大了对用人单位违法解除劳动合同的惩罚力度。

#### 2. 人力资源管理的法律责任风险防范

创业者经常遇到人力资源管理的法律风险，为了更好地管理员工，避免上述问题的出现，创业者在设立企业之初应构建企业劳动管理方面的制度，具体应该包括以下方面。

（1）制定公司的规章制度，规章制度应包括考勤制度，以及生产和销售流程方面的制度，保证企业的各个环节都有制度管控。

（2）招聘员工时要明确员工的工作岗位及招聘条件，并签订劳动合同，明确解除劳动合同的情形，而且解除劳动合同的情形要在符合劳动法的情形下具有可操作性。

（3）制定公司的员工手册，员工手册是企业规章制度、企业文化与企业战略的浓缩，是企业内部的法律法规，员工手册还可以起到展示企业形象、传播企业文化的作用。

### （二）合同管理方面的法律问题

#### 1. 合同管理方面的法律责任风险

合同是现代企业从事经营活动和对外经济交往的主要手段，合同的签订与履行是企业取得经济效益的主要途径，合同风险是企业法律风险源头，大部分法律风险都是因为合同本身不完善或者合同履行过程出现了问题而产生的。因此，合同管理在企业管理中占有非常重要的地位，充分认识其在生产经营过程中的重要作用，防范合同管理过程中可能出现的法律风险，对企业健康发展、创造更大经济效益具有十分重要的意义。常见情形包括以下几方面。

（1）合同签订过程中因合同主体不符合法律规定导致的合同无效。我国《中华人民共和国民法典》（以下简称《民法典》）和《劳动合同法》规定，因主体不符合法律规定方签订合同将导致合同无效。因主体不适格，导致合同无效后，合同所有条款中只有争议解决条款对双方当事人有约束力，其他条款均无效，双方订立合同的目的不能得以实现，造成人力物力的浪费，给企业带来经营风险。

（2）因合同签订不符合法定程序而导致的合同无效。合同在履行过程中可能会因为某种原因发生主体的变更，如将合同的权利义务转让给第三人。合同主体发生变更后，第三方的信用程度和履约能力对合同一方来说存在未知的风险。比如合同履行过程中的债权转让，转让人只需通知债务人即可，债务人对受让人的情况可能并不了解，此时受让人对债务人来说就是一个新的风险。某些合同在履行的过程中，内容不可避免会发生变化。合同条款的制定者不可能穷尽合同双方需要完成的每一项工作，已经约定的条款根据现实情况的变化可能会发生变化，原来的合同条款可能已经没有履行的必要。此时合同内容的变化对双方当事人来说就意味着风险的产生。

（3）在合同履行过程中因相对方履约能力降低而给合同当事人带来的法律风险。履约能力即合同当事人履行合同的能力，履约能力既包括支付能力也包括生产能力。合同当事人作为市场主体，内部的风险和外部的风险都可能影响到其支付能力和生产能力因诚信缺失导致的合同欺诈。

2. 合同管理方面的法律责任风险防范

合同管理在企业运营中扮演着至关重要的角色。有效的合同管理可以维护企业的权益，减少法律纠纷的风险，并确保合作伙伴之间的良好关系。然而，在合同管理过程中存在着各种法律风险，企业应当重视并采取相应措施来防范这些风险。

（1）明确合同条款。为了防范合同管理中的法律风险，企业在起草合同时应当十分明确地规定合同条款。合同条款应当详细描述各方的权利和义务，明确约定各种可能的情况下的责任承担，以及违约的后果。合同条款的明确性可以帮助企业在合同履行过程中更好地应对潜在的法律纠纷。

（2）合规审核。企业在签订合同之前，应当对合同内容进行合规审核。合规审核包括对合同是否违反相关法律法规进行验证，以及对各项合同条款的合法性和有效性进行评估。这可以帮助企业避免因合同违规而引发的法律风险，并确保合同在法律上具有可执行性。

（3）风险评估和管理。在合同管理过程中，企业应当进行全面的风险评估和管理。评估内容包括评估合同中各项条款对企业权益的潜在影响，以及合同履行可能面临的各种风险。通过制定相应的风险管理计划，企业可以预防潜在的法律问题，并及时采取措施应对已经发生的法律纠纷。

（4）合同备案。为了更好地管理合同，企业应当建立健全的合同备案制度。合同备案的目的是确保合同的存档和查阅便捷，并提供必要的证据以支持企业在法律争议中的主张。合同备案工作应当包括合同的保存、分类整理，合同扫描件的电子备份等措施，以便在需要时快速检索和调取合同相关信息。

（5）合同履行和监督。合同的履行和监督是防范法律风险的重要环节。企业应当建立健全的合同履行和监督机制，确保各方按照合同约定履行其义务，及时发现和解决合同履行过程中出现的问题。合同履行和监督工作可以通过建立相应的内部流程和监控措施实现，例如定期检查合同履行情况，与合作伙伴保持及时沟通等。

（6）定期审查和更新合同。长期以来，法律环境和商业环境都会发生变化，因此企业应当定期审查和更新现有的合同。通过定期审查合同，企业可以对合同条款进行修订和更新，以适应新的法律要求和商业需求。定期审查合同还可以帮助企业及时发现存在的法律风险，并采取措施加以解决。

通过以上措施的综合运用，企业可以在合同管理过程中降低法律纠纷的风险，保护企业的合法权益，确保良好的合作关系。

### （三）股权方面的法律问题

#### 1. 股权构建的法律责任风险及防范

良好的股权架构是初创企业成长的基石，一个好的股权架构与机制对于创业团队的未来融资、发展决策甚至创业的成功与否都起着关键作用。

创业者在考虑股权架构时，控制权如何实现，如何保障投资者权益并实现投资人与创始团队之间的权衡都需要加以细致考虑。除此之外，避免触碰法律红线，是实现初创企业发展过程中不可忽视的要素。

#### 2. 股权投资的法律责任风险及防范

（1）股权直接投资中的法律风险及防范。直接投资指投资者直接开厂设店从事经营，或者投资购买企业相当数量的股份，从而对该企业具有经营上的控制权的投资方式。直接投资的主要特征是投资者对另一经济体的企业拥有永久利益，而初创企业在成立之初如遇到股东虚假出资，可能会使现代公司资本制度难以实现，引发大量的法律风险。因此，作为投资者需要重点关注对虚假出资的定义、方式、法律责任。

（2）股权转让中的法律风险及防范。股权转让，是公司股东依法将自己的股东权益有偿转让给他人，使他人取得股权的民事法律行为。

① 既有债务转让中的法律风险。

② 隐性债务转让中的法律风险。

### （四）知识产权方面的法律问题

#### 1. 知识产权方面的法律责任风险

（1）商标权法律风险。

（2）专利权法律风险。

（3）商业秘密法律风险

2. 知识产权方面的法律责任风险防范

（1）企业商标在提交注册时，一定要及时查询是否存在相同或近似商标，以免商标被撤销或被认定侵权。此外，如果发现自己的商标被侵权，要及时采取有效措施制止侵权，使企业能在较大程度上保护自己的利益。

（2）企业在进行专利申请事情时也要慎重考虑，以免在专利保护与商业秘密保护两方面的落空；此外，在知悉企业秘密的重要员工之间的劳动合同以及重要技术商业合作中要写入保密义务和竞业禁止等条款，增加违反此类义务可能会面对的严厉的违约责任；另外企业还可以对重要技术人员采取提高薪酬、福利待遇，股权分配等措施，提高员工的忠诚度，防止其外流。通过上述措施可以在一定程度上保障商业秘密的外泄。

## 二、初创企业的伦理问题

在现实的经营活动中，一些创业者为了获得更高的利润，采取各种非法手段（如欺诈行骗、商业贿赂、侵犯劳动者与消费者权益等），以期达到营利的目的。这些行为严重扰乱了市场秩序，引起社会和人们对企业的极大不满，因此，诚信守法，培育良好的企业信誉应作为企业发展的最基本伦理观。

企业伦理（又称企业道德）是指企业从事活动时所应遵循的道德原则和行为规范。主要包括企业内部处理员工之间、企业与客户之间、企业与其他利益相关者之间以及企业与社会之间的行为规范。新创企业对其伦理观念的梳理，彰显了企业经营过程中以人为本和积极承担其社会责任的理念。不管对于新创企业还是发展成熟的企业来说，都需要重视对企业伦理方面的建设，主动承担社会责任，才能保障企业的长远发展。

### （一）企业伦理的主要内容

1. 企业与股东

企业一定要为股东利益最大化服务，因此，企业需要积极、努力地获取利润，进而为股东创造更多的收益。但是也需要注意对企业经营权和所有权进行划分，充分发挥职业经理人的作用，确保企业运营良好。

2. 企业与员工

企业与员工之间的关系主要依据劳动合同而定，包括劳资主体双方如何互信、劳资双方如何保有稳定和谐的关系、职业伦理及职业素养提升等。

3. 企业与客户

企业与客户之间主要是服务伦理，企业需要以客户的实际需求作为企业发展创新的出发点，满足客户的实际需求，也是企业生产的重要价值。

4. 企业与同行

企业与同行企业之间的竞争主要是竞争伦理，企业应该秉承良性竞争和积极竞争的原则，杜绝恶性抹黑、挖人墙脚以及窃取他人商业机会的不良行为。

5. 企业与社会

企业与社会的发展密不可分，企业的生产和发展离不开社会。企业应该主动承担社会责任，重视社会公益活动，提升企业的社会形象，注重企业发展与社会环境的绿色协调发展。

6. 企业与政府

企业与政府之间属于政商伦理，企业不但需要遵守政府制定的相关法律法规，还应该贯彻落实政府制定的相关政策。

对于新创企业来说，企业的伦理建设首先应该明确企业的伦理目标，之后是规划并严格执行企业伦理的准则，最后注意强化企业内部的伦理教育，进而推动企业组织的伦理建设。良好的企业伦理环境能有效地降低企业的内部交易成本，并为企业营造一个和谐的社会关系。初创企业为了健康稳健发展，除了关注产品的价格、质量与服务之外，还必须承担起企业伦理、社会责任等。

（二）企业经营中存在的伦理问题

近年来，我国本土初创企业（尤其是中小企业）迅速发展，在国民经济和社会发展中的地位和作用日益增强，但在经营管理中也存在一些伦理道德问题，主要集中在以下几方面。

（1）初创企业管理者没有树立企业的价值观和道德观，偷税漏税，损害国家利益、集体利益。

（2）一些初创企业管理者道德意识淡薄，忽视道德在企业管理中的作用，把全部精力都用在抓生产和经济效益上；有的企业甚至制假售假，扰乱市场秩序，损害广大消费者的利益。

（3）初创企业内部没有形成良好的伦理氛围，企业管理者没有把员工视为企业的伦理执行者，不能充分调动员工的工作积极性，甚至工人的工作条件、最低工资等没有保障，直接损害职工的切身利益。

（4）初创企业未能树立起良好的自身形象，也成为制约企业发展的一个重要因素。

（三）加强企业伦理建设

初创企业在激烈的国际竞争环境中生存、发展，就必须加强企业伦理建设，从根本上改变对企业伦理的认识，尽快建立负有责任的良好的企业信誉。伦理是企业生存与发展的基础。企业追求的经济目标中应该包含关于伦理道德的要求，应该保证经济目标与伦理目标的统一，同时企业加强对员工的道德教育，提高员工的道德境界。

1. 加强社会监督，约束企业的行为

企业作为社会的成员，其行为也处于社会的监督之下。对企业的监督应是一个全方位的监督，可以从法律监督、环境监督和自我监督三个方面来考虑。

（1）法律手段作为国家的一种强制性手段，具有至高无上的权威。以法律监督为手段促进道德建设，首先可以提高道德的权威性，其次可以增强道德的规范性，也可以强化道德的监督性。

（2）环境监督是检验企业是否履行道德义务的一种不可缺少的手段。环境监督包括传播监督、人际监督和组织监督。

（3）"道德的基础是人类精神的自律"。企业只有在自我不断地对照、反省、提示、监督下道德境界才可能不断提高，成为一个有高度道德觉悟的个体。

2. 企业管理者提高认识，处理好各种关系

（1）处理好"义"与"利"的关系。

企业"求利"，必须坚持目的与手段在道德上的统一性，即善的目的必须用善的手段来实现，对利益的获取必须"取之有道""以义取利"。这是企业生产经营活动中应该遵循的一条重要道德原则。

（2）处理好国家利益与企业自身利益、长远利益与当前利益的关系。

企业在生产经营过程中是否兼顾国家利益以及在多大程度上兼顾国家利益是我们判定一个企业形象的客观标准。作为企业管理者，如果没有长远眼光，只顾眼前利益，利欲熏心，实质上是对企业生存和发展极不负责。这种得不偿失的企业短期行为，是每个企业在生产经营活动中应该杜绝的。

（3）处理好竞争与合作的关系。

企业与企业相互之间的竞争，客观上要求我们每个企业都要处理好企业与企业之间的关系问题。首先，企业在市场中是地位平等的竞争对手，因此，企业之间竞争必须坚持"公平竞争"的道德原则；其次，企业之间互为竞争对手而不是战场上的敌手，因此市场竞争反对尔虞我诈，不择手段是不可取的；再次，市场中企业与企业之间又是相互依存的，这就要求企业在竞争中要讲协作，要处理好竞争能力与协作的关系。

（4）处理好企业行为与企业行为责任的关系。

企业的行为若触犯法律，企业就要承担法律责任；企业的行为若违背社会道德，企业就应承担其社会责任，因此，企业在经营管理中，必须正确处理自身的行为与责任的关系，不能只顾赚钱、不顾行为后果。加强企业伦理道德建设就是要从企业的行为责任意识入手，才能最终达到实效。

3. 加强企业道德教育，提高员工道德境界

企业道德教育是企业道德得以转化为员工的内在品质，对企业管理实践发生

作用的必备环节。在某些海外企业界，员工的道德教育始终是和企业命运紧密结合在一起的。许多企业悬挂着“伦理进入企业，心灵进入工作场所”“在企业中要有伦理，职业上要有心”的口号，他们以“明朗、爱和、喜劳”为中心内容普遍开展伦理道德教育，启迪和培养员工的心灵。可以说，企业的发展取决于员工的业务素质，更取决于其道德潜力。

## 任务辨析

下面让我们看看大学生新新和业业是如何认识企业的社会责任的。

新新：企业实现了经济目标就是满足了社会的需求，创业者既要经营企业又要承担社会责任，会影响企业的快速发展。

业业：企业若要长期发展，就必须承担社会责任，企业在追求利润的同时，也要有对社会负责、向道德看齐的意识。

新新过分看重企业自身，我们要知道企业的发展不仅仅为了盈利，也是一种道德的履行。业业很好地诠释了企业对社会负责的意义，用科学的管理来使企业自身利益与社会责任相结合，使我们的社会更加和谐。

## 项目小结

通过本项目的学习，了解不同企业组织形式的特点，创业者结合自身特点与创业项目选择合适的企业类型，树立了创业“一盘棋”思维。了解企业经营地址选择的步骤和区域因素，具备正确运用企业经营地址选择的相关知识选择企业经营地址的能力，能够为自己创办的企业选择合适的经营地址。了解新创企业登记注册所需相关手续；掌握企业登记注册的流程，能够准备充分的材料，按照法定流程完成企业登记注册。培养探究能力，能顺利地注册企业。另外，要知晓相关的法律知识，明确企业应尽的义务和社会责任，认清初创业最常面临的法律问题和伦理风险，最终创业成功。

## 双创榜样

### 李贵丹：精学苦练强技能，厚德唯实会计人

李贵丹，2011年毕业于黑龙江职业学院会计专业，2014年与合伙人共同创

立哈尔滨立人会计咨询有限公司。

1. 创业是一条艰难路

李贵丹毕业后先在哈尔滨一家会计事务所工作，在工作的过程中不断积累经验并成功通过了中级会计师的考试。那时的会计咨询行业刚刚崭露头角，会计咨询公司遍地开花却鱼龙混杂，但是李贵丹看到了会计行业未来的前景，她想要施展自己的抱负，创建自己的企业文化，创业的想法就此生根。在这期间，她发现合伙人关于企业的理解和自己出奇地相似。仿佛高山流水遇知音，两位杰出的朋友在这里相遇，在家人朋友的支持下戎马与共，在哈尔滨的黑土地上打下一片自己的江山。

2. 以专业为核心，打造严谨立人

“专业，严谨，高效，优质”，以专业为核心的这些理念是立人公司从一开始就树立起来的核心价值观，这样一种价值观在公司的成长过程中，尤其是面临一些重大决策的时候，起到了至关重要的作用。李贵丹认为“守住会计从业人员的底线，保管好自己的信用，诚实守信是最基本的会计职业道德。”这也是公司“专业”的定义。公司主要从事工商注册代理、税务登记代理、财税信息咨询、企业管理咨询和代理记账业务，是一家专门服务于中小型企业的专业会计代理公司。公司将为新设立公司提供公司登记注册、代理记账、报税、财务管理、税收筹划等一条龙服务，为企业节约管理成本。为已设立的企业提供代理记账、纳税申报、企业财务管理、税收筹划等代理服务。同时，还根据企业需要为企业办理各类年检、各类保险、审计、验资等服务。每一项工作都积累了大量的数据，“精准，无误”是以专业为基础积累出来的评价。现公司已成立近八个年头，这八年来，李贵丹携手伙伴为几百家中小企业做过纳税筹划财务外包和财税咨询等业务。代理的客户涵盖各种行业，包括工业、商业、交通运输业、咨询服务业、广告业、建筑安装业、进出口企业等。并且随着业务水平的不断提高和社会资源的不断扩展，李贵丹又与高校老师合作成立了哈尔滨先验科技有限公司，为科技型中小企业进行高企培育和政府项目申报的中介机构。目前已经帮助几十家企业成功取得高新技术企业的证书，同时为客户成功申报了省级、市级中小企业公共服务平台。累计为客户取得近千万的政策奖补资金的支持。

3. 追忆似水年华

聊到在校期间，李贵丹充满感慨：“三年的大学生活是我人生中的一个里程碑。学校教会了我很多，不仅有渊博的知识，还有做人的道理，更重要的是出了校门后能够养活自己的专业技能。”“专业，严谨”是刚刚入校时会计基础老师给大家上的第一课，所谓厚积才能薄发，在校期间的积极努力，自我学习的坚定毅力为李贵丹毕业后的人生之路奠定了坚实的基础。

李贵丹凭借自己娴熟的专业技能和诚实守信的职业操守赢得了业界的好评，

她以巾帼不让须眉，红颜更胜儿郎的干劲，谱写着为社会铺好路、为社会服务好的“龙职”精神。

## 项目实训

## 树洞猫咖的企业类型的选择

### 一、实训目标

通过企业性质的比较进行树洞猫咖注册类型的选择，强化学生对企业注册类型的认知，训练学生创立企业的能力，促使学生将前期的创业项目落地为真实的创业企业。

### 二、实训内容

创新创业项目——树洞猫咖的主创成员在做好了一系列创业准备之后，准备进行公司的登记注册。赵宇作为项目的发起者准备投资30万元，并负责树洞猫咖的经营管理；张迪准备金较少，因此只能拿出10万元。

根据两位创始人出资比例及对树洞猫咖的贡献，就企业的不同类型对企业未来发展的影响及责任进行分析，协商企业创立类型，并完成表8-6的填写。

表 8-6　树洞猫咖企业类型选择过程

| 序号 | 思考步骤 | 记录 |
| --- | --- | --- |
| 1 | 创立者亲疏关系 | |
| 2 | 注册资本金比例 | |
| 3 | 可供选择的企业注册类型 | |
| 4 | 可供选择的企业注册类型的优缺点 | |
| 5 | 树洞猫咖的企业类型选择 | |

### 三、考核评量

授课教师根据实训目标，对学生的实训情况进行综合考评，并完成表8-7的填写。

表 8-7　考核评量表

| 序号 | 评量内容 | 分值 | 要求 | 团队赋分依据 | 得分 |
|---|---|---|---|---|---|
| 1 | 树洞猫咖注册类型的选择 | 50 分 | 对树洞猫咖注册类型进行小组内讨论，要求有理有据。 | 小组成员进行讨论，各小组派 1~2 人发言，并记录小组讨论过程。 | |
| 2 | 树洞猫咖企业类型选择过程的填写 | 50 分 | 认真填写表格，具有创新点。 | 表 8-6 填写是否清晰完整。 | |

总分：__________

## 项目检测

创办新企业

# / 参考文献 /


[1] 张竹筠，陈庆南，范贤昌. 大学生创新创业实务［M］. 北京：高等教育出版社，2023.

[2] 高丽华，王蕊. 创新创业基础［M］. 北京：高等教育出版社，2022.

[3] 陈吉胜，韩红. 创新思维与创业基础［M］. 北京：高等教育出版社，2022.

[4] 姜文龙. 大学生创新创业基础教程［M］. 北京：高等教育出版社，2019.

[5] 范德皮尔，维恩，洛基茨. 商业模式革新：为客户创造全新价值的六大方法，梁庆祥译［M］. 广州：广东经济出版社，2022.

[6] 吉家文，李转凤. 创新创业基础［M］. 北京：高等教育出版社，2021.

[7] 王平. 大学生创新创业教育基础教程（微课版）［M］. 北京：中国传媒大学出版社，2021.

[8] 张汝山. 大学生创新创业教育［M］. 北京：高等教育出版社，2020.

[9] 刘升学，陈善柳，胡杨. 大学生创新创业基础（微课版）［M］. 北京：中国传媒大学出版社，2020.

[10] 邓白君，黄洁琦，曹继娟. 创业小白实操手册［M］. 北京：机械工业出版社，2020.

[11] 黄萧萧. 创新创业创未来（微课版）［M］. 成都：电子科技大学出版社，2020.

[12] 周延波，王正洪. 创新思维方法与实践［M］. 2版. 武汉：武汉大学出版社，2021.

[13] 姜国权，姜福佳等. 大学生创新创业基础［M］. 北京：中国水利水电出版社，2020.

[14] 博克，乔治. 商业模式工具书（实战版）［M］. 北京：人民邮电出版社，2020.

[15] 魏梅金. 探索式创新思维与应用［M］. 北京：中国铁道出版社，2020.

[16] 贾金斯. 学会创新：创新思维过程与方法［M］. 北京：中国人民大学出版社，2017.

[17] 罗玲玲，武青艳，代岩岩. 创新思维与创新方法［M］. 北京：机械工业出版社，2020.

[18] 胡飞雪. 创新思维训练与方法［M］. 北京：机械工业出版社，2009.

[19] 张香兰，程培岩. 大学生创新创业基础［M］. 北京：清华大学出版社，2018.

**读者意见反馈**

为收集对教材的意见建议，进一步完善教材编写并作好服务工作，读者可将对本教材的意见建议通过如下渠道反馈至我社。

**咨询电话** 400-810-0598
**反馈邮箱** gjdzfwb@pub.hep.cn
**通信地址** 北京市朝阳区惠新东街 4 号富盛大厦 1 座 高等教育出版社总编辑办公室
**邮政编码** 100029

**资源服务提示**

授课教师如需获得本书配套教学资源，请登录“高等教育出版社产品检索信息系统”（https://xuanshu.hep.com.cn/）搜索本书并下载资源，首次使用本系统的用户，请先注册并进行教师资格认证。

**联系我们**

高教社高职就业创业教育研讨 QQ 群：1035265438